ASSUMINDO O
CONTROLE

ASSUMINDO O CONTROLE

UMA HISTÓRIA SOBRE COMO ENCARAR A REALIDADE, SIMPLIFICAR PROCESSOS E GERAR GRANDES RESULTADOS

GINO WICKMAN
& MIKE PATON

TRADUZIDO POR CLAUDIO CARINA

Este livro é uma obra de ficção. Nomes, personagens, lugares e situações são fruto da imaginação do autor e foram descritos de maneira fictícia. Qualquer semelhança com eventos, locais e pessoas reais, vivas ou não, terá sido mera coincidência.

Título original: *Get a Grip*

Copyright © 2012, 2014 por Gino Wickman e Mike Paton
Copyright da tradução © 2025 por GMT Editores Ltda.

 Unique Ability® é uma marca registrada, protegida por direitos autorais e conceitos integrais da The Strategic Coach, Inc. Todos os direitos reservados. Usado com permissão por escrito. Saiba mais em www.strategiccoach.com.

Focus Day®, V/TO®, The Meeting Pulse®, Level 10 Meeting®, The Issues Solving Track®, LMA®, The People Analyzer®, GWC®, Delegate and Elevate®, 3-Step Process Documenter® e Six Key Components® são marcas registradas da EOS Worldwide, LLC. Todos os direitos reservados.

Entrepreneurial Operating System®, EOS®, Traction®, EOS Implementer®, Certified EOS Implementer®, Professional EOS Implementer®, Organizational Checkup®, EOS Process®, EOS Model® e The EOS Life® são marcas registradas da EOS Worldwide, LLC.

Todos os direitos reservados. Nenhuma parte deste livro pode ser utilizada ou reproduzida sob quaisquer meios existentes sem autorização por escrito dos editores.

coordenação editorial: Sibelle Pedral
produção editorial: Livia Cabrini
preparo de originais: Heloisa Fernandes/Mastertexto
revisão: Hermínia Totti e Luis Américo Costa
diagramação: Valéria Teixeira
capa: DuatDesign
impressão e acabamento: Bartira Gráfica

CIP-BRASIL. CATALOGAÇÃO NA PUBLICAÇÃO
SINDICATO NACIONAL DOS EDITORES DE LIVROS, RJ

W627a
  Wickman, Gino
    Assumindo o controle / Gino Wickman, Mike Paton ; tradução Claudio Carina. -1. ed. - Rio de Janeiro : Sextante, 2025.
    336 p. ; 23 cm.

    Tradução de: Get a grip : how to get everything you want from your entrepreneurial business
    ISBN 978-65-5564-961-1

    1. Empreendedorismo. 2. Produtividade industrial. 3. Planejamento estratégico. I. Paton, Mike. II. Carina, Claudio. III. Título.

24-94270   CDD: 658.4012
                                           CDU: 005.51

Meri Gleice Rodrigues de Souza - Bibliotecária - CRB-7/6439

Todos os direitos reservados, no Brasil, por
GMT Editores Ltda.
Rua Voluntários da Pátria, 45 – 14º andar – Botafogo
22270-000 – Rio de Janeiro – RJ
Tel.: (21) 2538-4100
E-mail: atendimento@sextante.com.br
www.sextante.com.br

Para minha mãe, Linda Wickman, a
pessoa mais forte que conheço.
— Gino Wickman

Para "Pop" Art Pfeil, o contador de histórias
e professor que existe em mim.
— Mike Paton

SUMÁRIO

INTRODUÇÃO 9

CAPÍTULO 1 **O INCIDENTE** 15

CAPÍTULO 2 **ENCAIXE** 33

CAPÍTULO 3 **FOCO** 55

CAPÍTULO 4 **VISÃO PARTE 1** 107

CAPÍTULO 5 **VISÃO PARTE 2** 159

CAPÍTULO 6 **GRANDES MOVIMENTAÇÕES** 217

CAPÍTULO 7 **A SESSÃO ANUAL** 277

CAPÍTULO 8 **TRAÇÃO** 323

SOBRE OS AUTORES E O SOE 329

AGRADECIMENTOS 331

INTRODUÇÃO

Esta é uma fábula empresarial diferente de qualquer outra que você já leu. A história de uma empresa que bateu no teto, narrada aqui, tem inspiração na vida real. Exaustos e frustrados, seus líderes decidem adotar um sistema prático e confiável que melhora imensamente o desempenho dos negócios e a qualidade de vida de todos.

O Sistema Operacional Empreendedor (SOE) não é uma teoria, não está repleto de conceitos abstratos nem se resume a uma grande ideia. Trata-se de um sistema completo, com ferramentas simples e fáceis de usar, que ajudou milhares de empreendedores no mundo todo a obter o que desejam de seus negócios.

Conduzimos pessoalmente centenas de empresas nesse processo. Se os detalhes soam verdadeiros, é porque de fato não inventamos nada. Mas qualquer semelhança com questões que você enfrenta em sua organização, com sua equipe de liderança ou seus colaboradores é pura coincidência. Este livro não é baseado em uma história verdadeira, e sim em centenas de histórias verdadeiras. Todas as experiências relatadas aqui foram vividas pelo menos vinte vezes por vários clientes.

Esperamos que os personagens realistas e as situações familiares o ajudem a entender como resolver seus problemas mais importantes e comuns como líder. As ferramentas vão auxiliar você a simplificar, esclarecer e executar sua visão. Constatamos – muitas e muitas vezes – que os resultados da implementação do SOE são notáveis. Mas não acredite apenas em nós. Veja o que dizem proprietários de empresas que o adotaram:

"Nos dez anos anteriores à implementação do SOE nossa empresa teve um crescimento substancial e sólido da receita. Mas chegamos a um teto. Nossos líderes não estavam alinhados, havia confusão sobre regras e direções, uns culpavam os outros e protegiam seus territórios – e o lucro caiu bastante. Com o SOE desenvolvemos uma equipe de liderança confiável, engajada, focada e capacitada. Voltamos a crescer, expandindo instalações, adquirindo empresas e satisfazendo os clientes de modo mais consistente. O melhor de tudo é que tivemos lucro mesmo nos anos difíceis, e consigo traçar estratégias eficientes para nosso caminho a longo prazo, em vez de me concentrar em questões do dia a dia. Em uma escala de 1 a 10, dou 10 à experiência como um todo (e não costumo dar muitas notas máximas)."

— Joe Cekola
Presidente da Imperial Beverage

"Antes de começar a jornada com o SOE, com frequência pequenas e grandes questões atrapalhavam nosso crescimento. Implementar o sistema nos ajudou a enxergá-las e a resolvê-las. Agora temos uma visão fenomenal (e muito clara) para nossa empresa, contamos com a estrutura certa para atingir o próximo nível e fazemos contratações estratégicas, com base em nossos valores essenciais, para termos as pessoas certas nos lugares certos. Crescemos 25% ou mais em cada um dos últimos três anos e, talvez mais importante, estamos curtindo o processo. Temos uma grande equipe que trabalha arduamente, mas somos cada vez mais capazes de desligar no fim do dia e aproveitar o tempo com a família. Não poderia ser melhor."

— Dave Kolb
CEO da Global Tax Network

"Após 27 anos de atividade, uma desaceleração econômica e uma nova equipe de gestão, adotar o SOE era tudo de que precisávamos na Brogan & Partners. Graças a isso, aceleramos a tomada de decisões, o que nos permitiu fazer muito mais num período mais curto. Simplificando, o processo nos ajudou a tomar decisões difíceis, mas corretas, para o negócio. Descobrimos nossa verdadeira cultura e aprendemos a viver com esses valores. A Brogan & Partners ficou mais forte, a equipe de gestão se tornou mais responsável e já vemos resultados com a chegada de novos clientes, mais receita e melhor rentabilidade."

— Ellyn Davidson
CEO da Brogan & Partners

"Há cinco anos terminamos o ano com uma receita de 5 milhões de dólares e uma perda líquida de 3%. Não era terrível, mas queríamos melhorar. Por isso implementamos o SOE. No começo, pareceu um pouco estranho, mas à medida que dominamos o sistema tudo se tornou mais simples e começou a funcionar melhor. Como resultado, encerramos o ano seguinte com 7,5 milhões de dólares e um lucro líquido de 6%! Agora toda a equipe de liderança está muito mais confiante quanto ao futuro, e nunca fomos tão unidos. Acho que o grande 'uau' em tudo isso é saber que nossos sonhos são realizáveis. Estamos caminhando para fechar este ano com 18 milhões de dólares e um bom lucro. O SOE funciona."

— Steve Spiech
Spiech Farms

*"Mesmo crescendo muito rápido, tendo lucro e sendo totalmente autofinanciados depois de três anos no negócio, meu sócio e eu percebemos que a situação não era perfeita. Tínhamos uma visão pouco clara, muito estresse e uma parceria tensa. Adotar o SOE mudou isso. Pela primeira vez, tivemos clareza e responsabilidade. Começamos a gerenciar o crescimento de uma maneira que não ameaçava a amizade nem a estabilidade financeira da empresa. Dois anos depois de sérias

dúvidas quanto ao futuro, o negócio se fortaleceu e cresce mais rápido do que nunca. Os resultados falam por si. As vendas subiram de 2,2 milhões de dólares para mais de 7 milhões em dois anos e estamos em 258º lugar na lista da Inc. 500. O melhor de tudo é que administramos um negócio estável e lucrativo e ainda nos divertimos."

— ANDREW DUNEMAN
Proprietário da Bulk Reef Supply

"O Dietz Property Group (DPG) começou a usar o SOE pouco mais de dois anos após a grande recessão. Crescemos 44% durante esse período, fechando contratos com seis novas empresas terceirizadas e adquirindo três imóveis. O SOE também ajudou a nos posicionar para o crescimento futuro. Somos uma organização muito mais forte, lúcida, simples e coesa do que antes de adotar esse sistema."

— BRIAN DIETZ
Presidente do Dietz Property Group

"A Lowry Computer Products está comemorando o primeiro ano após a adesão ao SOE e já se comprometeu com o processo no futuro. O sistema nos ajudou a solidificar nossa visão e a simplificar a execução. Como resultado, a empresa alcançou grandes marcos no crescimento e na satisfação dos funcionários, e atingiu todos os objetivos com sucesso. Crescemos três vezes a taxa média do setor este ano."

— MIKE LOWRY
Presidente e CEO da Lowry Computer Products

"Nossa empresa vinha numa trajetória de mais de sessenta anos de sucesso antes de adotarmos o SOE. Conforme crescíamos, no entanto, víamos inconsistências e ineficiências. Cada unidade desenvolvia sua forma de operar e se tornava uma espécie de negócio à parte. Percebemos que isso dificultaria manter um crescimento rentável. O SOE nos deu a estrutura, a disciplina e a responsabilidade para fazer com que

todos na organização trabalhem juntos com uma visão comum. Perdemos menos tempo, identificamos e resolvemos problemas como uma equipe saudável e coesa, e avançamos mais."

— Tom Bohls
Vice-presidente da Buckeye Power Sales

"O SOE foi o catalisador de uma das mudanças mais notáveis na empresa. Minha equipe de liderança integrou as ferramentas do SOE à rotina diária. Nossa visão está clara, e as estratégias são bem executadas e comunicadas a todos. O SOE ensinou a equipe de liderança a planejar, agir e se comunicar em um sistema fácil para todos. No primeiro ano de integração do sistema, a empresa obteve um crescimento de receita recorde de 87% em relação ao ano anterior."

— Randy Pruitt
Presidente da Randall Industries, Inc.

O objetivo de *Assumindo o controle* não é apenas fazer você pensar. Trata-se de um guia completo para ajudar você e sua equipe de liderança a implantar integralmente as ferramentas descritas na história empresarial a seguir e alcançar resultados como os dos depoimentos anteriores. Acreditamos que, para muitos leitores, observar uma empresa adotando o sistema tornará o processo mais fácil de seguir e aplicar. Também propicia uma compreensão maior das realidades da implementação.

Quando começamos a escrever, movidos pela paixão, as palavras e as situações fluíram. Foi simples justamente porque todos os dias estamos no mundo real, ajudando equipes de liderança de companhias de pequeno e médio portes a alcançar melhores resultados. Nada foi inventado. Não há um grama de teoria. Juntos, já realizamos quase duas mil sessões de dia inteiro com cerca de duzentas empresas.

Nossa paixão e obsessão é você, líder empreendedor. Você assume riscos, alcança conquistas notáveis e sofre. Ajudá-lo a obter tudo que espera de seu negócio é a razão de nossa existência. Estamos aqui para auxiliá-lo a resolver de uma vez por todas a causa-raiz de seus problemas, construir algo maior e viver como quer e merece. O SOE foi criado para você por alguém como você. Você é real, autêntico e se expõe todos os dias, sem redes de segurança. Achamos que merece uma solução à altura de quem você é e de como opera.

Acreditamos que *Assumindo o controle* fornecerá tudo de que você precisa para transformar o desempenho de seu negócio. Se precisar de mais recursos, como ferramentas gratuitas para download e uma comunidade empreendedora para consultar, ou se quiser encontrar um implementador certificado do Sistema Operacional Empreendedor (EOS, na sigla em inglês) em sua área, acesse www.eosworldwide.com. Por enquanto, vire a página, comece a ler e prepare-se para assumir o verdadeiro controle de seu negócio.

CAPÍTULO 1

O INCIDENTE

Sentada no carro, Eileen Sharp olhava intensamente para o SUV de Vic parado no outro lado do estacionamento. Por um breve momento, imaginou que acelerava e batia no carro dele. Um leve sorriso surgiu em seus lábios.

Eileen estava irritada e frustrada com Vic. Pela primeira vez, pensou em romper a sociedade com seu amigo de infância. Depois de alguns instantes, acalmou-se e recuperou certa determinação.

– Não vou desistir do que construímos nos últimos dez anos – disse em voz baixa. – Não se pode virar as costas para uma empresa de 7 milhões de dólares com 35 funcionários.

A questão é que seu sócio tinha feito um comentário imperdoável na frente de outros líderes na reunião. Ela não podia deixar passar em branco.

De repente, Eileen percebeu que estava atrasada para o coquetel do Business Roundtable. Respirou fundo e se olhou no espelho retrovisor. Ao sair do estacionamento, murmurou:

– Que grande filho da mãe.

Quatro horas antes, às 13 horas, Eileen havia entrado afobada na sala de reuniões com seu laptop e uma pilha de papéis. Determinada a chegar à reunião executiva trimestral da Swan Services no horário, tinha corrido a manhã toda e pulado o almoço preparando a apresentação e vários relatórios sobre os últimos 18 meses. Mesmo assim, estava um pouquinho atrasada.

Era o primeiro momento difícil na história da Swan Services. Até o último ano e meio, a empresa vinha dando lucro e avançava rapidamente. Mas o crescimento constante tinha dado uma parada. Tudo parecia mais complicado: conquistar novos clientes, mantê-los satisfeitos, operar com lucro. Nos últimos tempos, as exigências da empresa requeriam tanta atenção que vinha perdendo eventos importantes com o marido, Dan, e os dois filhos. Pela primeira vez, estava frustrada, e percebia a mesma sensação em outros membros da equipe.

Eileen ia se desculpar pelo atraso, mas só viu dois dos cinco colegas esperados. Sue Meecham, vice-presidente de vendas, revisava os últimos números. O diretor terceirizado de marketing, Art Pearson, amigo e parceiro comercial de longa data de Eileen, colocava o casaco e a pasta no canto da sala.

– Oi, Sue. Oi, Art. Alguma notícia dos outros? – perguntou.

– Não – respondeu Sue. – Só do Evan, que passou correndo um minuto atrás e parecia aliviado por não ser o único atrasado.

Eileen revirou os olhos, deixou o material na mesa e pediu ajuda a Art para conectar seu laptop ao projetor LCD. Carol Henning, diretora de controladoria da Swan, entrou. Eileen distribuiu as pastas da apresentação aos três executivos e começou a projetar o PowerPoint que havia preparado. O vice-presidente de operações, Evan McCullough, chegou apressado e desalinhado.

Vic só apareceu às 13h14, falando animado ao celular com o que parecia ser um cliente em potencial. Fez alguns gestos exagerados, deixando claro que tentava encerrar a ligação. Quando afinal desligou, sentou-se e pediu desculpas como só ele sabia fazer.

A equipe deu risada das explicações, inclusive Eileen, que em seguida atirou uma pasta para seu sócio fundador e CEO, foi até a frente da sala, pegou o controle remoto e começou a apresentação. Nos 60 minutos seguintes, detalhou os sinais preocupantes dos últimos cinco trimestres, após um ano de grande crescimento da empresa:

- No oitavo ano fiscal da Swan, as receitas cresceram em um ritmo recorde, ultrapassando 7 milhões de dólares pela primeira vez. Porém, desde então, a empresa não conseguiu mais atingir suas metas trimestrais de receita. Embora o crescimento projetado fosse de 14%, a receita tinha

aumentado apenas 1,5% no ano passado e estagnado no primeiro trimestre daquele ano.
- A lucratividade foi bastante afetada. Depois de um ótimo ano, a equipe investiu pesado antecipando um forte crescimento futuro. Esses investimentos ainda não tinham se pagado.
- Havia dificuldades para identificar a causa dos problemas. Eileen estudou a questão e se sentia preparada para transmitir suas conclusões:
  - A equipe de vendas da Swan não tinha cumprido a nova meta de receita em três dos últimos cinco trimestres.
  - Clientes tinham começado a deixar a empresa – um fenômeno novo. A princípio, pareceu algo sem importância, mas a tendência passou a ser inquietante.
  - Os custos trabalhistas tinham aumentado de maneira significativa. No ano anterior, num esforço para atingir sua meta de 20 milhões de dólares de receita em cinco anos, a Swan começou a contratar mais gente e a treinar pessoal.
  - Apesar de a empresa estar pagando salários mais altos, alguns funcionários chave tinham pedido demissão nos últimos meses. Ninguém mencionou problemas internos nas entrevistas de desligamento, mas Eileen começou a acreditar que a festejada cultura da Swan – centrada em ser um dos melhores lugares para trabalhar duro e obter ótimos resultados – começava a se erodir.

Nada disso era novidade. A equipe já tinha discutido cada um desses itens em detalhes nas reuniões trimestrais anteriores, muitas vezes ficando até tarde da noite e pedindo uma pizza, mas raramente chegara a um acordo sobre os porquês, muito menos a um plano de ação. A sensação predominante era de que a principal causa de todos esses problemas estava fora de controle.

Em um trimestre, a culpa era da economia. No seguinte, da conversão do software. No trimestre mais recente, Vic tinha usado os termos "má sorte" e "medo" na tentativa de qualificar o problema, sugerindo que a empresa tinha perdido seu "toque de Midas".

– Repetir todas essas más notícias é desalentador – comentou, olhando diretamente para Eileen. – Nós perdemos a autoconfiança, e, mesmo sabendo que alguns de vocês vão considerar isso palavras vazias, estou convencido de que precisamos recuperar a autoconfiança a qualquer custo.

Em geral, Eileen não se aborrecia com as observações de Vic. Com o tempo, tinha aprendido a ignorar suas constantes provocações e a não se envolver em batalhas titânicas por questões banais. Mas agora, depois de analisar bem a situação, preparara um plano de ataque. Chegou à reunião com a intenção de se manter positiva e focada em soluções para os 13 aspectos que, na sua opinião, o comitê executivo *poderia* controlar. Mas antes precisava apresentar sua montanha de evidências para convencer a todos de que a Swan tinha o direito de sonhar mais alto.

Eileen expôs sua argumentação de maneira metódica. Os dados eram irrefutáveis. Apesar do orçamento maior, os esforços de marketing da Swan produziram menos resultados qualificados. A equipe de vendas fechava menos negócios, e cada vez mais com desconto. Em operações, a receita por funcionário diminuía, enquanto aumentavam as falhas e os prazos não cumpridos.

Conforme discorria sobre os detalhes preocupantes, Eileen viu o humor na sala mudar. Braços eram descruzados. Cabeças assentiam. As pessoas faziam anotações. Perto do final da apresentação, Vic se levantou, ergueu as mãos num gesto dramático e falou sorrindo:

– Chega, chefe. Nós já entendemos.

Quando as risadas diminuíram, Eileen sugeriu que a equipe fizesse uma pausa rápida e voltasse disposta a começar a resolver os problemas. Animada, dirigiu-se ao banheiro feminino. Foi lá que um cenário de pesadelo começou a se desenrolar.

Eileen ouviu alguém entrar.

– Eileen?

– Oi, Sue... o que foi? – perguntou, surpresa.

– Não sei exatamente como dizer isso – começou Sue. – Então vou falar de uma vez. Acho que seria melhor para todos se eu saísse da Swan hoje mesmo.

Eileen ficou chocada. Considerava Sue brilhante – e parte importante do futuro da empresa. Desde sua chegada, dois anos antes, depois uma carreira de sucesso trabalhando para um concorrente, a jovem vice-presidente de vendas revelou-se incansável e habilidosa. Era dedicada ao trabalho e acumulava os melhores resultados na organização. Recentemente tinha sido promovida.

– Mas... por quê? – balbuciou Eileen.

– Ficou claro para mim que o problema sou eu – disse Sue, pouco à vontade. – Você e o Vic me promoveram há nove meses. Desde então nossa equipe não atingiu nenhuma meta de vendas. Nem *eu* consegui atingir minhas próprias metas! Nas raras vezes que fechamos um negócio, parece que tudo desanda em seguida!

– Do que você está falando, Sue? – perguntou Eileen. – De todas as pessoas naquela sala, você é minha *menor* preocupação!

– Como você pode dizer isso, Eileen? Cada slide da apresentação me atingiu como um soco no estômago! Não estamos vendendo o suficiente, as margens estão baixas e os clientes estão causando um estresse indevido na equipe de operações. Tudo isso parece ter começado quando fui promovida! Se a culpa não é minha nem da equipe de vendas, de quem é? – perguntou.

Eileen começou a suar. Estaria prestes a perder sua aliada mais promissora – a jovem líder que mais acreditava no sucesso da Swan?

– Sue, eu valorizo o modo como você assume responsabilidade por tudo que faz – disse Eileen em tom conciliador. – Francamente, eu gostaria que os outros membros do comitê executivo agissem assim. Mas...

Parou, incerta sobre o que dizer.

Depois de uma pausa desconfortável, Eileen continuou:

– Por favor, Sue, me dê uma semana – pediu. – Eu simplesmente *não posso* aceitar sua demissão!

Sue pareceu surpresa ao ver uma líder tão competente naquele estado lastimável.

– Tudo bem, obrigada. Fico grata pela sua confiança em mim.

– Você não tem razões para dizer "obrigada" – replicou Eileen. – Eu me sinto péssima por fazer você duvidar de seu valor para a equipe.

Antes de sair do banheiro, Eileen pensou sobre como deveria proceder. Seu plano original era focar primeiro no desempenho de marketing e vendas, mas decidiu mudar de abordagem.

– Vamos discutir primeiro a retenção de clientes – propôs Eileen quando a reunião recomeçou, distribuindo uma grande planilha de Excel.

Vic olhou para as intermináveis colunas de números e soltou um suspiro audível. Sem se intimidar, Eileen detalhou os hábitos e os ciclos de vida de cada cliente na história da Swan. Explicou as conclusões a que tinha chegado: dois anos antes, o cliente médio contratava a empresa para 2,5 projetos e gastava em média 174 mil dólares ao longo do ciclo de vida. Ambos os números tinham caído. Dois dos maiores clientes reduziram seus gastos em mais de 10%, e um deles não comprava nada da Swan havia mais de um ano.

Evan começou a suar quando todos se voltaram para ele – Vic, o fundador apaixonado com déficit de atenção; Sue, a jovem líder de vendas determinada; Art, o irritante profissional do marketing; Carol, a rabugenta da contabilidade; e a sócia fundadora acenando com uma planilha incriminadora. Para onde olhasse, o dia tinha ficado cinzento.

– Calma, pessoal – vociferou. – É a primeira vez que estou vendo essa informação. Devo admitir que parece bem ruim, mas antes de analisar os números e conversar com minha equipe eu não vou saber por onde começar.

– *Relaxa*, Evan – ironizou Vic. – Você não prestou atenção no filme motivacional do ano da Eileen? Estamos todos tentando recuperar o fôlego aqui!

Evan deu uma risada forçada. Os demais continuaram examinando a planilha, esperando para ver como Eileen reagiria à tentativa de Vic de descontrair o ambiente.

– Ele está certo, Evan – ela comentou friamente. – Isso não é uma caça às bruxas. Só gostaria que trabalhássemos juntos esta tarde para descobrir como melhorar esses números. Talvez eu devesse ter falado sobre esses dados com você antes da reunião de hoje. Mas você anda tão ocupado que não quis incomodar.

– Mas eu nem tenho certeza se esses números estão *certos* – protestou Evan.

– Os números *estão* certos – afirmou Carol, enfática. – Eu mesma montei a planilha. O *seu trabalho* não deveria ser interpretar esses números?

Como de costume, um comentário cortante de Carol interrompeu a discussão. Apesar de ser uma profissional competente e dedicada, a diretora de controladoria da Swan nunca foi admirada por suas habilidades de comunicação interpessoal. Seus comentários contundentes muitas vezes contrariavam colegas e encerravam reuniões – e ela não se importava com isso.

Pairou na sala um silêncio desconfortável. A pressão de Eileen começou a subir. Muitas vezes as discussões do comitê executivo se perdiam em brigas mesquinhas, mas ela não estava disposta a permitir que isso se repetisse.

– Espera um pouco, Carol – interrompeu com firmeza. – O objetivo de hoje é manter uma atitude positiva e trabalhar juntos para resolver os problemas, não bater boca ou culpar uns aos outros.

Eileen se dirigiu ao vice-presidente de operações:

– Evan, acho que toda a equipe concorda com sua necessidade de mais informações. Mas nós precisamos de alguns minutos de *brainstorm* para ver se conseguimos identificar oportunidades mais evidentes de melhoria. Também devemos discutir a melhor maneira de obter informações mais confiáveis sobre por que nossos clientes estão nos deixando mais rápido e gastando menos do que antes.

– Certo – concordou Art. – Ótima ideia, chefe. Talvez nossa agência possa fazer uma pesquisa qualitativa com alguns clientes cujos gastos diminuíram ou foram interrompidos.

Eileen olhou para Art e Sue. As duas vinham discutindo muito recentemente as prioridades de marketing e o entusiasmo de Art por projetos novos e dispendiosos. Antes de Eileen falar, Evan interveio.

– Desculpe, Eileen, eu não quis ser tão defensivo – explicou. – É que ultimamente ando sobrecarregado. Mal tenho tempo para respirar, e de repente sou confrontado com isso...

– Eu entendo, Evan – observou Eileen pacientemente, de repente se sentindo muito cansada. Apesar da falta de progresso, decidiu fazer mais uma breve pausa. O beco sem saída com Evan tinha sugado a energia de todos. Era preciso trazê-lo (e o restante da equipe) de volta ao jogo. – Vamos fazer uma pausa de dez minutos. Voltamos às quatro.

Ela então olhou para Vic e apontou com a cabeça na direção dos escritórios, ao que ele assentiu. Vic se demorou um pouco e, ao entrar na sala de Eileen, encontrou-a recostada na cadeira, de olhos fechados e com os braços cruzados atrás da cabeça. Ao longo dos anos, raramente vira Eileen parada, muito menos naquela pose meditativa.

– Oi, Vic – disse ela, em tom desanimado.

– O que está acontecendo, Eileen? – perguntou Vic.

– Sei que você vai falar "Eu não disse?", mas estou achando que a equipe não estava preparada para o que expus hoje.

– Você está falando do Evan? – indagou Vic. – Ele sempre fica na defensiva quando acha que está perdendo o controle. Não se preocupe...

– Não só do Evan – interrompeu Eileen. – A Sue quis pedir demissão no primeiro intervalo.

– O quê? – reagiu Vic. – Por que você não me disse? Por que *ela* não me disse? O que está acontecendo?

Eileen respondeu com uma voz cansada:

– Calma, Vic. Isso aconteceu há uma hora, no banheiro... Eu não tive tempo de contar. Além disso, eu a convenci a ficar, pelo menos mais uma semana.

– Bem, isso é *ótimo* – retrucou Vic com sarcasmo. – Pelo menos uma das nossas melhores mentes brilhantes vai ficar feliz aqui por mais uma *semana*! Ótimo trabalho, Eileen.

Quanto mais Vic pensava, mais irritado ficava.

– Ainda não consigo acreditar que você não me envolveu nessa conversa! – gritou. – Afinal de contas, nós somos *parceiros*. E a Sue trabalha para *mim* em vendas. Ela é minha única subordinada direta, pelo amor de Deus! Por que pediria demissão a você?

Eileen lamentou sua decisão de instalar paredes e portas de vidro nos escritórios dos executivos. Todos saberiam que os dois estavam discutindo de novo.

– Vic, por favor, senta. Chamei você aqui para atualizá-lo e pedir ajuda. Não poderia ter chamado você para uma reunião improvisada no *banheiro feminino*! Por favor? – pediu, suavizando o tom de voz.

– Tudo bem – concordou ele, mais calmo. – Mas não deveríamos chamar a Sue para resolver isso?

– Acho que não – respondeu Eileen. – Fiquei observando a Sue e parece que ela se acalmou um pouco. Interromper a reunião para reavaliar nossa conversa só vai reabrir a ferida. Vamos dar um tempo para ela repensar e voltamos a falar mais no final da semana.

– Acho que faz sentido – concordou Vic.

– Eu realmente gostaria de terminar essa reunião, Vic – disse Eileen. – Nós temos que *avaliar* os desafios que enfrentamos, e precisamos fazer isso *juntos*. Dito isso, subestimei como a equipe levaria minha abordagem objetiva para o lado pessoal.

– Você acha isso? – perguntou Vic. – Depois de ter gritado "Fogo!"?

– Para com isso – disse Eileen com um sorriso.

– Eu estou com você, parceira – continuou Vic, ficando mais sério. – Mas acho que deveria pegar mais leve. A Sue e o Evan reagiram daquele jeito porque às vezes parece que você nunca fica contente com nada.

– Eu sei – reconheceu Eileen. – Mas não podemos simplesmente varrer esses problemas para baixo do tapete.

– Concordo – respondeu Vic enquanto os dois saíam do escritório. – Mas vamos nos concentrar em formular um plano, em vez de nos preocuparmos com os problemas.

Mais tarde, ao repensar a situação, Eileen se lembraria daquela conversa com Vic como o único ponto luminoso no dia que poderia ser facilmente considerado o pior de sua carreira. Menos de vinte minutos depois o ônibus despencaria do penhasco.

Quando todos voltaram à sala de reuniões, Eileen pediu aos executivos que anotassem de cinco a dez soluções potenciais para o problema de retenção de clientes. Depois foi até o quadro-branco e pediu que todos enunciassem suas listas, começando por Carol.

– Melhor controle de qualidade – começou Carol. Eileen anotou a ideia. – Cometer menos erros. Gerenciar melhor os projetos. Parar de inventar novidades durante o processo de venda. Vender com margens mais altas, para podermos contratar melhores profissionais.

Eileen estremeceu com as críticas diretas de Carol a quase todos os outros na sala.

– Obrigada pela sua franqueza habitual, Carol – agradeceu, seguindo em frente: – Sue?

– Descrições de trabalho mais claras – começou Sue. – Também pensei em vender com margens mais altas. Evan, por favor, não leve isso para o lado pessoal, mas acho que precisamos de um sistema melhor de gerenciamento de projetos. É muito difícil obter informações do seu departamento quando os clientes pedem atualizações do pedido.

– Tudo bem, Sue. Eu também tinha isso na lista – concordou Evan.

– Também anotei um melhor sistema de faturamento – disse Sue, preparando-se para a resposta de Carol.

– Como assim? – reagiu Carol, cruzando os braços.

– Nós recebemos muitas reclama... quer dizer, perguntas, sobre nossas faturas. Se fossem emitidas com mais rapidez e incluíssem detalhes mais claros sobre a entrega, acho que nossos clientes apreciariam – observou delicadamente.

– Mas como você acha que eu posso fazer isso sem uma definição adequada do projeto no processo de venda? – disparou Carol. – E quando preciso vasculhar e-mails e postites de operações para saber o que cobrar a cada mês?

Vic parou de rabiscar no bloco de notas e disse em tom conciliador:

– Calma, Carol. Vamos primeiro colocar as ideias na lista.

– Mas eu... – protestou Carol.

– Baixa a bola, Carol – interveio Eileen, surpresa com a própria reação. – Nós só estamos pensando em possíveis soluções. A Sue levantou um ponto importante. Podemos continuar?

– Tanto faz – disse Carol, dando de ombros. Ajeitou-se na cadeira e encarou Sue.

– Art, algo a acrescentar? – continuou Eileen.

– Grupos focais ou algum tipo de pesquisa de mercado, chefe – disse Art, recebendo mais olhares de Sue e de Carol.

– Muito bem – falou Eileen. – Vic?

– Apenas três pontos, Eileen – enumerou. – Primeiro, acho que precisamos de um novo escritório.

– Como assim? – perguntou Carol, curiosa.

– Um novo escritório. Sei que ainda temos alguns anos de contrato de locação. Mas este lugar é escuro, muito corporativo e não propício para estimular o tipo de trabalho em equipe de que precisamos para impressionar nossos clientes. Eu disse isso quando nos mudamos para tão longe, três anos atrás, e acho que é mais verdadeiro do que nunca. Além disso, precisamos fazer algo radical para nos livrarmos dessa fase complicada.

Tentando ser justa, Eileen anotou "novo escritório" no quadro. Ouviu Carol falar em voz baixa:

– Essa não.

Imperturbável, Vic continuou:

– Segundo, acho que talvez estejamos no negócio errado.

Todos na sala de repente concentraram sua atenção total no imprevisível CEO da Swan.

– Vocês ouviram bem – prosseguiu Vic. – Nós precisamos reinventar esta empresa do zero, com um foco renovado naquilo de que os clientes vão precisar nos próximos dez anos. Ainda estamos vendendo projetos de negócios e tecnologia comuns, e nossos clientes não estão mais comprando.

– Certo – falou Eileen, cautelosa. Ela olhou com ceticismo para Vic, preparada para escrever. – Como exatamente você enunciaria isso para a lista?

– Como eu enunciaria isso? Eileen, eu acabei de sugerir abandonar nosso modelo de negócios e recomeçar do zero, e você quer saber como escrever na lista?

– Quero – respondeu a presidente, surpresa. – O que há de errado?

– Sua lista é uma perda de tempo – replicou Vic. – São detalhes triviais. É como pintar uma cerca enquanto a casa está pegando fogo!

Era como se uma chave tivesse virado na cabeça de Vic. Mais tarde, quando ele pensou naquele momento, não soube o que havia disparado a reação tão irritada. O que ele se lembrava era da certeza de que a Swan Services vinha fazendo a coisa errada todos aqueles anos. E de repente foi tomado por um desejo incontrolável de convencer sua sócia de longa data de que um progresso incremental não era suficiente.

– Pode chamar isso de "reinventar a Swan" – disse com firmeza. – E a terceira – continuou – é que eu e você precisamos admitir que a maneira como estamos administrando a empresa não está funcionando.

Imediatamente, o clima constrangedor da sala deu lugar a um sentimento de pânico. Os executivos evitavam se olhar nos olhos. A ventoinha do projetor LCD zumbia alto. Alguém pigarreou. Eileen abriu a boca para falar, mas não disse nada.

– Admita, parceira – prosseguiu Vic. – Administrar esta empresa ficou *difícil*. Não estamos mais nos divertindo, nem atingindo as metas, como antes. Acho que dormimos no ponto no último ano e precisamos fazer algumas mudanças radicais, senão estamos ferrados.

A cabeça de Eileen fervilhava.

– O que você quer dizer?

– Nós estamos tocando a empresa juntos há muito tempo, eu a 10 mil metros de altitude e você nas trincheiras. Claramente, isso não tem funcionado nos últimos tempos – disse em voz alta. – Então sugiro trocarmos de lugar.

Eileen olhou para os outros executivos. Quatro pares de olhos arregalados se alternavam entre ela e seu sócio, tentando descobrir o que aconteceria. Eileen concordava que algo não estava funcionando, mas Vic cuidando das operações diárias? Seria uma temeridade!

– Você está se propondo a cuidar da empresa no dia a dia? – ela perguntou, tentando não parecer na defensiva.

– Claro, por que não? – ele questionou.

Aquilo foi demais. Eileen sentiu um calor no rosto.

– Por que não? – ela balbuciou. – Eu vou explicar por que não! Você não tem nenhuma ideia do que é o "dia a dia". Significa estar neste escritório quase todos os dias nos últimos seis meses. Significa setenta horas de trabalho por semana. Significa passar mais tempo com os filhos no celular do que pessoalmente, deixar de ir a jogos de beisebol, a reuniões de pais e professores, a aniversários, pelo amor de Deus! Significa prestar atenção nos detalhes. Significa disciplina e sacrifício.

– Talvez esse seja o *seu* jeito – retrucou Vic com convicção.

– Ora, Vic, mas você é um cara de *vendas*!

Eileen lamentou as palavras assim que as pronunciou.

– Em primeiro lugar, Eileen, eu sou muito mais do que um "cara de vendas". Para começar, sou seu sócio e cofundador. Nós construímos esta empresa *juntos*, e você sabe disso.

– Você tem razão, Vic – disse Eileen, recuando em vão. – Eu não quis dizer...

– E ser um "cara de vendas" significa que eu entendo as pessoas – continuou Vic. – Sei como construir e alavancar relacionamentos, como conseguir realizações por meio de outras pessoas. Isso é *importante*! Você passou os últimos três meses trancada no escritório com suas planilhas, determinada a nos convencer de que o céu está desabando. O que isso nos trouxe? Sua executiva mais promissora pediu demissão no banheiro. O Evan está tão sobrecarregado que tem uma *cama* no escritório, e hoje ele passou três horas com a gente focado em tudo que está fazendo de errado. Seu velho amigo Art, o abutre, sobrevoa nosso cadáver em busca de mais trabalho. E a Carol aponta o que todo mundo está fazendo de errado.

Vic levantou e desenhou uma série de linhas e redemoinhos no quadro branco.

– O que isso nos trouxe – gritou – foi uma grande e cabeluda *bagunça* disfuncional!

Vic entregou o marcador para Eileen a caminho da porta, deixando a atônita presidente sozinha com o comitê executivo.

– Acho que a reunião acabou – disse ela num sussurro quase inaudível. A equipe saiu em silêncio. Eileen ficou na sala mais um pouco, atordoada. Ela e Vic já tinham discutido muitas vezes, mas algo naquela explosão parecia diferente. A intensidade do ataque de Vic a deixou surpresa e magoada.

Eileen decidiu sair do escritório porque não queria agravar o confronto. Entrou no carro, jogou tudo no banco do passageiro e viu o bilhete colado no volante:

COQUETEL NO BUSINESS ROUNDTABLE
WALKER MUSEUM, DAS 18 ÀS 20 HORAS

Havia três anos que Eileen era sócia do Business Roundtable de Minneapolis-Saint Paul, um grupo de proprietários de pequenas empresas. Nos últimos tempos, raramente conseguia comparecer aos eventos sociais e educacionais. Tinha escrito o lembrete naquela manhã, depois de prometer a várias pessoas que iria ao encontro à noite. Ainda espumando, deu uma última olhada no carro de Vic antes de sair devagar do estacionamento.

"Eu preferiria mastigar vidro a sustentar uma conversa fiada agora", pensou, desolada. "Por outro lado, talvez um bom drinque me faça bem."

ESPERANÇA

Vic fechou a porta do escritório repassando mentalmente os últimos minutos. Aos poucos, foi caindo a ficha do que acabara de fazer com sua sócia.

Afundou na cadeira, abaixou a cabeça e massageou as têmporas, permitindo-se admitir quão temeroso e infeliz vinha se sentindo nos últimos meses.

Pela primeira vez na vida, estava com problemas para dormir. Sua autoconfiança característica tinha começado a se desgastar, levando-o a evitar conflitos e a jogar na defensiva, também pela primeira vez. Vic começou a perceber que suas dúvidas e frustrações tinham causado aquele ataque repentino. Investiu contra Eileen porque o constante foco dela no que era negativo desnudou o fato de ele e o restante da equipe da Swan não estarem conseguindo realizar o trabalho.

"Droga", pensou Vic. Ligou para Eileen, na esperança de uma oportunidade para consertar a situação.

Eileen ouviu o telefone vibrando ao parar num semáforo.

Decidiu não atender quando o nome "Vic Hightower" apareceu na tela. Depois de trinta anos, sabia muito bem como ele funcionava. Estava ligando para se desculpar.

A relação "profissional" entre os dois começou meio por acaso, quando Vic sugeriu montar um estande de limonada em City Lakes, o bairro onde moravam, perto do centro de Minneapolis. Com Vic numa esquina atraindo transeuntes e Eileen administrando o estande, o "negócio" foi um sucesso desde o início.

Nas muitas aventuras empreendedoras que se seguiram, Vic sempre era o homem da linha de frente e Eileen, a espinha dorsal das operações. Os dois tocaram diversos empreendimentos na adolescência: um negócio de cortar grama, uma oficina de bicicletas e a revenda de doces para colegas do ensino médio. Apesar de terem seguido caminhos diferentes na universidade, eles se esforçaram para continuar em contato. Eileen estudou administração de empresas e se formou com louvor na Universidade de Minnesota. Vic mudou três vezes de curso e de faculdade, sempre menos interessado em estudar do que em dirigir empreendimentos incrivelmente rentáveis com sede nos alojamentos ou apartamentos em que morava.

Assim que se formou, Eileen conseguiu um bom emprego em uma prestigiada empresa de investimentos bancários e consultoria em gestão. Durante nove anos, avançou rapidamente em várias áreas de atuação da empresa, a certa altura trabalhando em estreita colaboração com mais de sessenta companhias. Desde o início, seu plano era poder comprar uma empresa – ou começar seu próprio negócio.

A carreira pós-universitária de Vic foi tão fluida quanto a de Eileen foi estável. No quarto ano assumiu seu primeiro emprego na área de vendas e logo se destacou. Nos anos seguintes, repetiu a história algumas vezes – destacando-se nos primeiros meses como desenvolvedor de negócios, logo se sentindo entediado, frustrado ou as duas coisas. Apesar das frequentes mudanças de emprego, o talento e a determinação de Vic sempre o ajudaram a se destacar.

Mesmo com caminhos divergentes, os dois amigos se falavam com frequência. Em um desses contatos, 11 anos antes daquela discussão, Eileen pediu a opinião de Vic sobre seu plano de abrir uma empresa de consultoria em tecnologia. Em questão de dias, os dois criaram um plano de negócios convincente e se comprometeram a fazê-lo acontecer – juntos.

Eileen abandonou sua viagem ao passado quando chegou ao Walker Art Center. Estacionou e entrou.

– Puxa, finalmente – disse uma voz familiar na mesa de credenciamento. – Eu já estava achando que você era fruto da minha imaginação!

Eileen sorriu para Bill Pullian, diretor executivo do Business Roundtable, e estendeu a mão timidamente.

– Acho melhor eu aparecer de vez em quando – falou. – Senão você vai pensar que minha mensalidade é uma doação.

Enquanto se afastava, Eileen se perguntou se Bill perceberia que ela ainda estava se recuperando de uma tarde desastrosa. Olhou para a direita e ficou contente ao ver Miguel Gutierrez se dirigindo ao bar. Ele era membro de seu grupo de discussão desde que tinha entrado para o clube, mais de três anos antes. Apesar de comandar uma das maiores e mais prósperas empresas da região, sempre foi generoso com seu tempo e seus conselhos.

– Tudo bem? – perguntou Miguel.

– Já tive dias melhores – respondeu Eileen.

– Vamos pegar uma bebida e conversar.

Os dois se retiraram para um canto menos movimentado.

– O que houve? – perguntou Miguel.

– Na verdade, é a mesma história de sempre...

Miguel ergueu uma sobrancelha incentivando-a a continuar falando.

Eileen hesitou. Por um lado, Miguel era o confidente *perfeito* – muito bem-sucedido, porém suficientemente modesto a ponto de expor seus problemas e dificuldades a outros membros do clube. Por outro, ao contar o que tinha acontecido naquela tarde, Eileen temia admitir que a empresa que vinha construindo com tanto esforço estava desmoronando.

– Por que você não começa pelo começo? – sugeriu Miguel.

– Você sabe como a situação ficou mais difícil desde o ano em que faturamos 7 milhões de dólares – disse Eileen com um suspiro profundo.

Miguel assentiu, já que ela havia comentado algo em conversas anteriores.

– Passei a maior parte do último ano tentando descobrir a razão e fazer minha equipe reagir à altura. Eles vinham me ignorando, colocando a culpa em aspectos que estão fora de nosso controle. Hoje finalmente eu os convenci do contrário – desabafou, com pesar.

Miguel não entendeu o aborrecimento da amiga.

– Isso parece uma *boa* notícia.

– É o que se poderia pensar, não é? – replicou Eileen com uma risada sarcástica. – Só que em menos de três horas minha melhor executiva pediu demissão... no banheiro feminino. Meu executivo de operações começou a gritar quando começamos a falar sobre maneiras de melhorar a satisfação do cliente. O responsável pelo marketing está mais preocupado em gerar receita para sua agência do que com a sobrevivência da Swan, e minha diretora de controladoria passou a reunião inteira irritando os demais.

– Parece terrível – disse Miguel em tom reconfortante.

– E esses foram os *pontos positivos*! – continuou Eileen. Os dois riram da observação. Agora mais à vontade para contar a história, Eileen descreveu a discussão em particular e o confronto público com Vic. Miguel ouviu atentamente.

– Tem razão, Eileen, realmente foi um dia ruim – reconheceu. – Mas pode ter sido o melhor que já aconteceu com você.

– Como assim? – quis saber Eileen, confusa.

– Já aconteceu comigo – respondeu Miguel, sorrindo.

– Uma funcionária sua pediu demissão no *banheiro das mulheres*? – ela brincou.

Miguel deu risada e continuou:

– Mais ou menos uns cinco anos atrás, eu tive o pior dia nos negócios da minha vida. A empresa lutava para sobreviver, e foi extremamente difícil para mim e para minha família. Eu trabalhava o tempo todo, acordava várias vezes à noite... foi terrível.

Eileen ficou chocada. De todos os empresários que conhecia, Miguel parecia o mais calmo e equilibrado.

– Naquele dia terrível, constatei que tinha chegado ao limite. Percebi que tudo na maneira como minha empresa operava precisava mudar. Um amigo e mentor me ajudou a entender que provavelmente eu não conseguiria fazer essa mudança sozinho. Então segui o conselho dele e fui buscar ajuda.

Miguel tirou um cartão de visita do bolso, escreveu um número de telefone na frente e algo mais no verso.

– Quando você estiver pronta para melhorar tudo, de verdade, ligue para o meu amigo Alan Roth – disse Miguel, entregando o cartão e se levantando.

– Espera, Miguel... Quem é esse Alan? – perguntou Eileen, também se levantando. – Por que ele poderia me ajudar?

– Porque é isso que ele faz, Eileen. Ele ajuda pessoas como nós a obter o que queremos de nossos negócios.

– Ele é um consultor? – indagou Eileen com uma expressão desconfiada. – Olha, Miguel, eu o respeito muito, mas, se eu aparecer na empresa amanhã sugerindo a contratação de *outro* consultor, haverá um motim!

Miguel assentiu, compreensivo:

– Eu entendo, Eileen. Também já me senti assim em relação a consultores, e foi por isso que esperei seis meses até ligar para o Alan. Mas ele não é um consultor. Ele se define como um "implementador". Só posso dizer que o sistema e a abordagem dele são totalmente diferentes de tudo que você e sua equipe já viram. E funcionam.

– Sei não, Miguel – disse Eileen.

Uma amiga em comum passou por eles, e Miguel pediu licença para ir falar com ela. Mas antes insistiu:

– Acho que realmente o Alan pode ajudar. Ligue para ele.

– Obrigada, Miguel – disse Eileen. – Você me deu algo em que pensar.

Antes de guardar o cartão de visita na bolsa, ela notou que Miguel tinha escrito algo intrigante no verso:

TRAÇÃO!

CAPÍTULO 2
ENCAIXE

Naquela noite, assim que Eileen estacionou o carro na garagem de casa, o e-mail de Vic apareceu na caixa de entrada. Sinalizado como "urgente" e com todo o comitê executivo em cópia, era um longo e sincero pedido de desculpas.

Apesar da tentativa de Vic de se acertar com Eileen e se reafirmar como um jogador de equipe, as duas semanas seguintes foram inquietantes. Os outros não viram evidências de que algo significativo tivesse mudado desde o que agora era chamado de "o incidente". Por isso, o conflito e a confusão pairavam no ar.

A cada dia que passava Eileen ficava mais frustrada. Lembrando-se da experiência de dez anos ajudando outras empresas a resolver problemas muito maiores, agora entendia muito bem como podia ser difícil modificar uma organização por dentro.

– Além disso – ela se perguntou em voz alta –, e se o problema for *eu*?

Tendo isso em mente, Eileen tirou da bolsa o cartão de visita amassado e o pôs em cima da mesa. Faltava coragem para expor os problemas da empresa. Mas acabou ligando.

– Alan? – perguntou. – Aqui é Eileen Sharp, da Swan Services. Me deram seu...

– Eileen – interrompeu Alan. – Eu estava mesmo esperando sua ligação desde que o Miguel comentou que você me procuraria. Tudo bem?

– Ah – exclamou Eileen, surpresa por Alan saber quem ela era. – O que o Miguel disse?

– Não muito, na verdade – respondeu Alan. – Só que você é uma empresária bem-sucedida que quer obter mais do negócio.

– Bem – disse Eileen, aliviada. – Acho que é isso mesmo. Mas ele contou só uma parte da história.

Alan deu uma risada solidária. Fez algumas perguntas, e Eileen apresentou um breve relato da história da Swan. Falou mais francamente do que imaginava sobre os últimos 15 meses, enfatizando os episódios difíceis recentes.

– Parece frustrante, Eileen – observou Alan. – Se você tiver mais alguns minutos, gostaria de explicar por que o Miguel achou que eu poderia ajudar.

– Claro – disse Eileen, aliviada por interromper a narrativa dos problemas da Swan.

– Minha paixão é ajudar empreendedores a obter o que desejam de seus negócios – começou ele. – Trabalho com as equipes de liderança ajudando-as a dominar um sistema simples e completo para administrar uma empresa bem-sucedida.

– Foi o que você fez com a empresa do Miguel? – perguntou Eileen.

– Foi, sim – respondeu Alan.

– Certo – disse Eileen, cautelosa. – Como funciona?

Alan explicou durante alguns minutos que se tratava de um "sistema direto e holístico" de operar uma empresa – uma mistura de conceitos atemporais e ferramentas simples do mundo real.

– Tudo bem, Alan – interrompeu Eileen. – Parece ótimo, mas nossa experiência com consultores não tem sido nenhuma maravilha. Se eu recomendar trazer outro recurso externo, corro o risco de minha equipe se demitir na hora. Como posso ter certeza de que vai funcionar para nós?

– Você não pode ter essa certeza, não por telefone – respondeu Alan. – Na verdade, funcionará melhor quando toda a equipe tiver certeza, não só você. Então, se ficou curiosa, podemos dar o próximo passo.

– Qual é esse passo? – perguntou Eileen.

– Gostaria de dar a você e a sua equipe de liderança noventa minutos do meu tempo – continuou Alan. – Depois, todos estarão preparados para avaliar se pode funcionar.

Após trocarem algumas informações básicas, concordaram em voltar a se falar naquela semana. Eileen desligou, se recostou na cadeira e pensou cuidadosamente no próximo passo. Mais tarde, ligou para Vic em casa.

– E aí, parceira? – disse Vic em voz baixa.

– Oi, Vic – respondeu Eileen. – Acho que é hora de fazermos as pazes e voltarmos aos negócios. Concorda?

– Com certeza. Quando?

– Alguma chance de você me encontrar esta noite? Ainda estou no escritório, então podemos ir ao Ruby's.

– Tudo bem. Você pode me dar uns 45 minutos para ajudar a Lisa a pôr as crianças na cama?

– Claro. Espero você lá.

O Ruby's era um bar escuro e silencioso a cinco minutos da Swan. Eileen chegou primeiro e escolheu uma mesa ao fundo. Pediu uma vodca com gelo para ela e uma cerveja para o sócio. Vic apareceu alguns minutos depois, usando uma bermuda e uma camiseta amassada.

Eileen apontou uma grande mancha na camiseta com uma expressão interrogativa.

– Ah, isso – disse Vic. – A hora do banho foi um pouco complicada.

Eileen deu uma risada, esforçando-se para não ficar ressentida toda vez que Vic demonstrava seu forte comprometimento com o tempo em família.

– Fico contente por você ter vindo, Vic. Agradeça à Lisa por mim.

– Vou fazer isso. O mesmo para o Dan – disse Vic.

– Então... – começou Eileen – como vamos consertar tudo isso?

Vic abriu um largo sorriso. Adorava a habilidade da sócia de ir direto ao assunto. Também sabia que ela raramente fazia uma pergunta sem ter uma resposta na manga.

– Eu tenho algumas ideias, Eileen. Mas em vista do que nos levou a essa confusão... Por que não me diz o que está pensando?

Os dois deram risada.

– Com prazer – respondeu Eileen. Começou falando sobre o que Vic dissera sobre eles terem perdido a magia e o fato de que, mesmo depois de um ano, nenhum dos dois conseguia elaborar um plano que unisse toda a equipe.

– O que você acharia de trazer alguém para nos ajudar? – continuou Eileen em voz baixa.

– Alguém quem? – perguntou Vic, desconfiado.

– Eu falei com o Miguel Gutierrez outro dia – começou Eileen, escolhendo cuidadosamente as palavras.

Vic assentiu, demonstrando que conhecia Miguel.

– Não entrei em detalhes – explicou Eileen –, mas deixei claro que estávamos passando por um momento difícil.

– Eu diria que isso é um eufemismo – comentou Vic, sorrindo.

– É verdade – concordou ela. – Mas a resposta do Miguel me surpreendeu. Ele admitiu que já passou por uma situação semelhante há cinco anos. E...

– Sério? – interpelou Vic, surpreso. – A Optimal Distribution? Achei que eles já tinham chegado a uns 50 milhões de faturamento! Dizem por aí que têm as melhores margens do setor.

– Essa foi *exatamente* minha reação! – disse Eileen. – O Miguel faz parte do meu grupo de discussão, e em três anos falando sobre nossos negócios eu nunca tive a sensação de ele estar descontente. Mas ele me garantiu que os problemas da Optimal eram tão graves quanto os nossos.

– E o que ele fez? – perguntou Vic.

– Quando perguntei, ele me deu este cartão de visita e disse para eu ligar para um tal de Alan Roth – respondeu Eileen meio hesitante, empurrando o cartão em cima da mesa.

– O que é tração? – questionou Vic.

Eileen contou sua conversa com Alan.

– Tenho minhas dúvidas, Eileen – replicou Vic. – Nós já tivemos algumas experiências ruins com consultores.

– Eu sei – concordou Eileen. – Contei isso ao Miguel. Mas ele me disse que o Alan não é um consultor, e praticamente garantiu que valeria a pena marcar uma reunião. Quando pedi mais detalhes ontem, ele citou várias empresas de diferentes setores que o Alan ajudou. Eu conhecia alguns desses empresários e fiz umas ligações. Vic, todos só fizeram comentários bons.

Os dois ficaram em silêncio, deixando a informação assentar. Eileen mexeu o gelo na vodca.

– Como você acha que pode funcionar? – perguntou Vic.

– O Alan disse que começaria com uma reunião de noventa minutos com o comitê executivo.

– Sei não – falou Vic com ceticismo.

– O Miguel disse que ele é diferente – insistiu Eileen. – Acho que vale noventa minutos. Se nós dois estivermos convencidos, o restante da equipe vai apoiar.

Vic ficou pensando enquanto bebia a cerveja. Sempre se sentiu reticente com consultores. Mas ficou intrigado com o histórico de Alan com Miguel e as outras empresas que Eileen mencionou.

– Você quer mesmo fazer isso? – perguntou.
– Quero – assegurou Eileen.
– Então eu topo.

CONTEXTO

A reunião foi agendada para as 10 horas de uma terça-feira na confortável sala de reuniões do escritório de Alan num bairro de Minneapolis, com quadros brancos nas paredes e uma grande mesa no centro. Alan pediu a Eileen que toda a equipe chegasse na hora marcada. Cumprimentou cada executivo na porta e os convidou a se sentar. Esperou todos se acomodarem e começou.

– Bem-vindos e bom dia. Obrigado por me darem noventa minutos de seu precioso tempo. Esta reunião é conhecida como a Reunião de Noventa Minutos – explicou –, o que significa que estaremos juntos por mais ou menos... noventa minutos.

A maioria do grupo deu risada. Carol revirou os olhos.

– Vamos abordar quatro pontos simples – continuou –, que é a melhor maneira de responder a todas as perguntas que uma equipe como esta possa ter sobre se eu e meu sistema podemos ajudar. O primeiro ponto é *sobre nós*. Vou apresentar um breve histórico para vocês saberem que temos experiência. O segundo é *sobre vocês*. Vou fazer algumas perguntas para ter uma ideia de onde vocês estiveram, onde estão e para onde vão como organização. O terceiro ponto é chamado de *as ferramentas*. Aqui, vou apresentar algumas das ferramentas do mundo real que usamos para ajudar a resolver todos os problemas. Meu objetivo é dar a vocês uma visão clara de como uma empresa funciona com nosso sistema. Finalmente, vamos falar sobre *o processo* que seguiremos para ajudar a equipe de liderança a obter o máximo do negócio.

Alan fez uma pequena pausa para sondar o ânimo da equipe.

– Ao final desta reunião – continuou –, poderemos determinar se é preciso fazer ajustes e quais seriam os passos a partir de hoje. Alguma pergunta antes de começarmos?

– Nós vamos terminar exatamente às 11h30? – perguntou Art. – Eu tenho uma ligação agendada para essa hora. Se você precisar que eu remarque...

– Nós vamos terminar exatamente às 11h30, Art – respondeu Alan sem hesitar.

Começou, então, a contar rapidamente sua história profissional para o comitê executivo da Swan. Alan era um empreendedor de longa data. No trabalho de construir sua própria empresa, descobriu uma série de ferramentas simples e práticas que de fato pareciam ajudar. Passou a divulgá-las para sua rede de relacionamentos e acabou descobrindo que tinha uma verdadeira paixão por ajudar outros empreendedores a ter sucesso. Alan vendeu sua empresa e pouco mais de dez anos depois resolveu se dedicar a sua paixão em tempo integral.

– Muito bem, vamos falar sobre a Swan Services – prosseguiu. – Alguém pode me contar a história da organização em dois minutos?

Alan escrutinou a sala, esperando uma resposta. Notou que os olhos de Evan, de Sue e de Art iam de Eileen a Vic, tentado adivinhar qual deles responderia. Vic tomou a palavra e apresentou uma rápida visão geral. Alan fez várias perguntas específicas sobre faturamento, número de funcionários, pontos fortes e maiores desafios. Fez questão de ouvir as respostas de todos os executivos na sala. As últimas perguntas de Alan realmente tocaram fundo.

– Eu gostaria de uma resposta de todos vocês para as próximas três perguntas – falou. – Respondam cada uma com um número de um a dez. Um é o pior; dez é o melhor. Todos prontos?

A equipe concordou. Por alguma razão que não conseguiu identificar, Eileen ficou um pouco nervosa com aquela avaliação improvisada da empresa que construíra.

– Em uma escala de um a dez, quanto suas reuniões internas são eficazes? – perguntou Alan. Mais uma vez, ninguém quis responder primeiro. Alan passou os olhos por todos até alguém decidir falar.

– Sete? – disse Evan, hesitante.

– Sete?! – exclamou Sue. – De quais reuniões você está participando?

A equipe toda riu alto, inclusive Evan.

– Eu diria dois – complementou Sue.

Alan deu risada e insistiu com a pergunta para todos. No final, a pontuação média foi quatro.

– Certo – continuou. – Agora, em uma escala de um a dez, qual é o nível de alinhamento de toda a organização em relação aos planos da empresa?

Mais uma vez, Vic rompeu a tensão.

– Você está pressupondo que temos um plano – falou, sorrindo. – Dois.

– Você está sendo um pouco duro, Vic – observou Eileen. – Nós publicamos um planejamento estratégico anual e apresentamos os planos e um resumo executivo a todos na organização. Eu diria oito.

– Carol? – perguntou Alan logo em seguida.

– Cinco – ela respondeu, meio indiferente. Sue optou por quatro, reconhecendo a existência de um planejamento, mas questionando o alinhamento da organização. Evan disse três; Art, seis.

Alan anotou as pontuações e passou à terceira pergunta:

– Como vocês classificariam o nível de responsabilização existente na organização?

Claramente a pergunta tocou numa ferida, pois todos hesitaram um pouco até escolherem uma pontuação de dois, três ou quatro. Alan registrou a média de três e continuou.

– Obrigado pela franqueza – falou. Aproximou-se do quadro branco na frente da sala, onde tinha desenhado o seguinte diagrama:

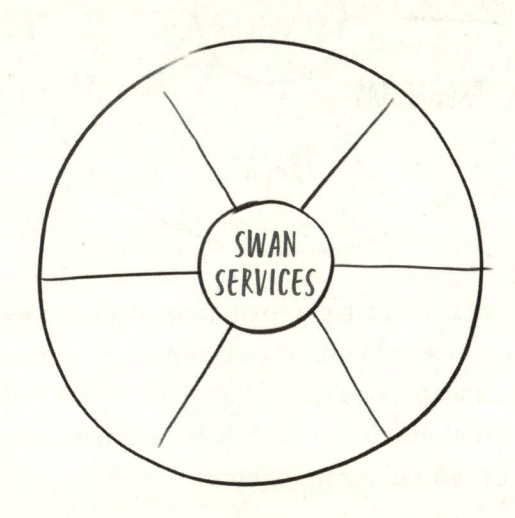

– Gostaria de começar mostrando como o quadro ficará no final da nossa jornada juntos – prosseguiu. – Vocês administrarão a Swan Services usando este sistema operacional simples e o negócio terá se fortalecido no que eu chamo de Seis Componentes Fundamentais. O primeiro componente é a visão.

Alan escreveu a palavra na fatia superior do diagrama.

– Fortalecer o componente visão é simplesmente fazer com que todos estejam 100% alinhados quanto ao rumo da organização e a como chegar lá.

Ao se virar para observar o grupo, Alan notou que vários líderes se entreolhavam furtivamente. Vic deu risada.

– Se você conseguir fazer isso, pode dizer seu preço! – brincou em voz alta.

Alan riu junto com o grupo e apresentou os outros cinco Componentes Fundamentais, cada um com uma explicação de uma frase. Foi escrevendo "pessoas, dados, problemas, processo e tração" no diagrama conforme prosseguia.

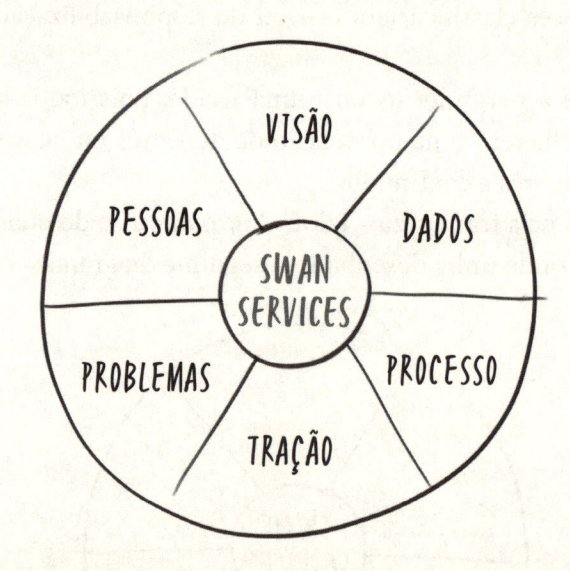

A introdução preparou o terreno para uma segunda passagem detalhada pelo modelo. Nos quarenta minutos seguintes, Alan ajudou a equipe da Swan Services a entender o que significava "forte" para cada Componente Fundamental e apresentou um conjunto de ferramentas práticas para ajudar os líderes a fortalecerem cada componente.

Eileen gostou da simplicidade do sistema, mas achou que sua equipe poderia considerar as ferramentas muito básicas. Quando estava na Anodyne Consulting, ela havia criado planos de negócios abrangentes e articulados, painéis de controle e ferramentas de desenvolvimento organizacional que agora eram usados por dezenas de empresas da lista da *Fortune 1.000*. Tentou replicar essas ferramentas na Swan, sem sucesso. Será que as ferramentas simples de Alan poderiam de alguma forma transformar sua empresa?

Alan apresentou à equipe uma ferramenta simplificada de planejamento estratégico chamada Organizador de Visão/Tração (OV/T). Explicou que concordar com as respostas para as oito questões do OV/T ajudaria a equipe a criar uma única visão convincente para a organização e fazer com que todos "remassem na mesma direção". Depois de dez anos de tentativas, Eileen sabia que isso era muito mais difícil do que o consultor fazia parecer. Ainda assim, sentiu-se atraída pela ideia de que a simplificação poderia ajudar.

– Eu nunca conheci uma empresa que não tivesse uma *visão* – explicou Alan. – Mas, na maioria das vezes, o que existe são *muitas* visões. Em outras palavras, se eu perguntasse a cada um de vocês para onde a Swan Services está indo e como vai chegar lá, provavelmente receberia seis respostas diferentes.

Eileen viu Sue concordando e percebeu quanto ela e Vic davam direcionamentos conflitantes à jovem executiva. Os comentários de Alan tocaram em outro ponto delicado alguns minutos depois, quando ele introduziu a primeira pergunta do OV/T:

– Quais são seus Valores Fundamentais?

Vic e Eileen já tinham passado muitas horas em treinamentos de liderança, com dezenas de organizações. Quando a Swan Services foi fundada, insistiam na importância de construir uma cultura em torno dos Valores Fundamentais. No início concordavam com um conjunto de princípios importantes, mas, aos poucos, esses Valores Fundamentais foram ficando em segundo plano. Hoje nenhum dos sócios conseguiria enunciá-los sem acessar o site da empresa. Assim, quando Alan falou sobre a necessidade de viver e respirar esses poucos princípios orientadores todos os dias para definir a cultura da empresa, Eileen se sentiu culpada.

"Que cultura?", pensou consigo mesma.

Pior ainda, percebeu que Evan e Sue aquiesciam veementemente enquanto Alan falava da necessidade de cumprir o prometido para construir uma cultura duradoura. Depois de discutir o OV/T, Alan passou ao próximo tópico, e aí ficou *realmente* interessante.

– Quando trabalhamos no componente Pessoas – começou Alan –, tentamos cortar todos os lugares-comuns, como jogadores de nível A, excepcionais, superastros e termos assim. Simplificando, vocês precisam de dois elementos para serem 100% fortes nesse componente.

Virou-se para o quadro e colocou dois traços abaixo de Pessoas no diagrama. Em seguida, escreveu as seguintes palavras:

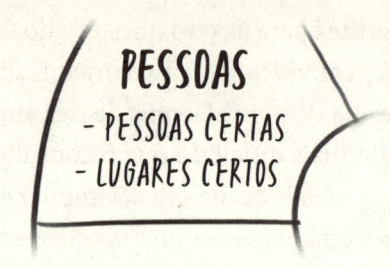

PESSOAS
- PESSOAS CERTAS
- LUGARES CERTOS

– Jim Collins popularizou esses termos nos ajudando a entender que, para ter sucesso nos negócios, você precisa das pessoas certas nos lugares certos – explicou Alan. – Os dois elementos são fundamentais. Mas o que isso realmente significa? As *pessoas certas* acreditam nos Valores Fundamentais da empresa, se encaixam na cultura. A ideia de *lugares certos* significa que todos têm as habilidades e a experiência para se destacar em um trabalho verdadeiramente importante para a organização. Quando essas definições estiverem claras e tangíveis, usaremos duas ferramentas para fortalecer o componente Pessoas. A primeira é uma ferramenta simples chamada Analisador de Pessoas, que ajudará a identificar todos na organização que se encaixam perfeitamente na cultura e a mostrar quem *não* compartilha os Valores Fundamentais.

Evan e Sue deram uma olhada furtiva para Carol, que tinha deslizado a cadeira para mais perto de Alan, com os braços cruzados à frente do corpo.

– Para ajudar a construir a estrutura ideal para a organização e determinar os lugares certos – continuou Alan – usamos outra ferramenta muito poderosa chamada Diagrama de Responsabilidades.

– Já temos um organograma – comentou Carol em tom gélido.

– Claro, Carol, assim como muitos de meus clientes – respondeu Alan delicadamente. – Isso pode nos poupar algum tempo se decidirmos trabalhar juntos. Mas o Diagrama de Responsabilidades é como um organograma superpotente, pois define de modo absoluto os papéis e as responsabilidades de todos. Ele estabelece a titularidade e a responsabilidade por tudo que é importante para seus negócios e ilustra quem se reporta a quem.

Carol pareceu satisfeita com a resposta, o que deixou Eileen aliviada. Em seguida, Alan discorreu sobre um Diagrama de Responsabilidades básico para demonstrar o processo à equipe.

– Quando elaboramos um Diagrama de Responsabilidades, começamos com uma folha em branco e figurativamente demitimos todos – afirmou.

– A Carol está esperando esse dia há mais de cinco anos! – comentou Vic.

– Só para demitir você, Vic – retrucou Carol com um sorriso.

Eileen abanou a cabeça. "Crianças", pensou consigo mesma. Ainda assim, foi bom ver a equipe brincando de novo, especialmente Carol.

– Nós damos um grande passo para trás e começamos do zero – explicou Alan –, pois temos de concentrar toda a atenção em obter a estrutura mais simples e melhor para a organização. Quando se está preso no modo como tudo sempre funcionou ou nas pessoas que hoje estão em determinados lugares, não é *possível* se concentrar primeiro na estrutura. Então, com uma folha em branco, partimos da convicção fundamental de que existem apenas três funções principais em qualquer negócio.

Alan se dirigiu a uma área em branco do quadro e desenhou três retângulos lado a lado.

– Existe uma função de vendas e marketing – falou, escrevendo "V/M" em um dos retângulos. – Antes de qualquer coisa, é preciso gerar uma oportunidade e fechar uma venda.

– Existe uma função de operações – prosseguiu, escrevendo um "O" no retângulo central –, na qual você faz o produto ou presta o serviço.

– E existe a função financeira. É preciso acompanhar o dinheiro que entra e sai da organização – continuou, preenchendo o terceiro retângulo com a letra "F".

– Agora, quando elaboramos o Diagrama de Responsabilidades de *uma* empresa, nós o personalizamos. Às vezes a função de vendas e marketing se divide em dois cargos. Pode haver dois ou mais cargos em operações. O financeiro pode se dividir em recursos humanos (RH), tecnologia da informação (TI) e administração. Esta é apenas uma estrutura básica para ilustrar o conceito. O que importa é obter a estrutura mais simples e melhor para cada empresa.

Alan desenhou um quarto retângulo acima dos outros e escreveu um grande "I".

– A próxima função crítica é alguém que chamamos de integrador. Simplificando, o integrador é a cola – a pessoa que integra harmoniosamente as principais funções da empresa, que administra o dia a dia. Em muitas organizações, esses quatro cargos compõem a equipe de liderança.

Alan desenhou então um quinto retângulo acima do lugar do integrador e escreveu um "V".

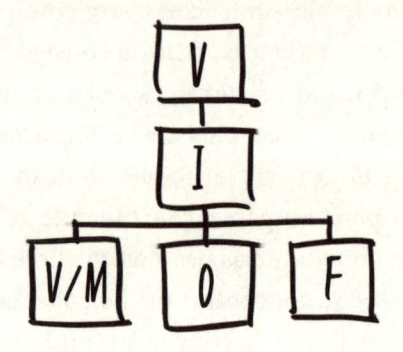

```
      ┌───┐
      │ V │
      ├───┤
      │ I │
      └─┬─┘
   ┌────┼────┐
┌──┴──┐┌┴┐┌──┴──┐
│ V/M ││O││  F  │
└─────┘└─┘└─────┘
```

– Mais ou menos na metade dos casos existe outro lugar crítico chamado visionário – explicou. – É a pessoa com um monte de ideias. Das vinte ideias que ela tem por semana, 19 não são muito boas, mas uma é *fantástica*. Essa é a ideia que vai fazer a empresa decolar. Em geral essa pessoa é o empreendedor fundador. Os visionários são habilidosos em relacionamentos e em criar e preservar uma boa cultura. São criativos, construtores e pensam estrategicamente.

Agora Alan tinha a atenção total do grupo – afinal, acabara de descrever Vic com perfeição.

– Eu vejo dois problemas comuns em companhias empreendedoras quando os papéis do visionário e do integrador não foram claramente definidos – prosseguiu. – O primeiro problema acontece quando um visionário tenta administrar a empresa. Não se pode ter um visionário no lugar do integrador porque o resultado são esses picos de noventa dias em que todo mundo fica empolgado com uma nova ideia ou diretriz, mas depois o visionário se cansa da rotina e começa a criar o caos. O segundo problema aparece quando dois ou mais sócios tropeçam uns nos outros tentando coadministrar a empresa. No mundo do Diagrama de Responsabilidades, só uma pessoa pode, em última análise, responder por uma função importante. Quando há dois responsáveis, ninguém é responsável.

Vic e Eileen se entreolharam, os dois sentindo uma estranha mistura de emoções. Em poucas frases concisas, Alan tinha identificado a essência da complexa relação de 36 anos deles.

– Assim que identificamos todas as funções críticas na organização, passamos a definir as cinco regras para cada lugar – continuou Alan. – Em outras palavras, qual o maior talento necessário nas pessoas responsáveis pelos lugares para realizar a visão? A partir daí, vamos elaborar o Diagrama de Responsabilidades para toda a organização. Só *depois* de detalharmos as funções críticas de que precisamos e as cinco regras para cada função poderemos identificar as pessoas certas para cada lugar. Fazemos isso comparando as exigências do lugar com o que as pessoas adoram fazer e o que fazem melhor. Seguindo esse processo, estaremos diante de duas questões que precisam ser resolvidas em relação a pessoas. A primeira é a *pessoa certa* no *lugar errado*. Vai haver alguém que compartilha os valores, que já está lá há muito tempo, que você adora. Mas que ocupa o lugar errado. O melhor é que haja um lugar diferente para essa pessoa. Se não houver, partindo do princípio de que se trata de uma empresa com fins lucrativos, será preciso tomar uma decisão difícil em relação a essa pessoa.

A equipe deu uma risada nervosa, e Alan continuou:

– A segunda questão é a *pessoa errada* no *lugar certo*: você tem uma pessoa talentosa e produtiva, mas que não compartilha dos seus Valores Fundamentais. Por mais difícil que seja, você *precisa* se livrar de profissionais assim. Eles estão *matando* sua cultura, corroendo o que você tenta construir. Fazem isso de maneiras tão sutis que você nem consegue ver. Consomem seu tempo e sua energia, e deixam outros colaboradores infelizes. A longo prazo, causam muito mais prejuízos do que benefícios.

Carol atraiu alguns olhares da equipe e ficou carrancuda.

– Usando essas ferramentas e tomando essas decisões difíceis, é possível chegar a um ponto em que os 35 membros da equipe são as pessoas certas nos lugares certos – prosseguiu Alan. – Somente assim vocês obterão o máximo de todos na organização: trabalhando bem juntos e realizando todo o seu potencial. O terceiro componente fundamental é o de dados. Para serem 100% fortes no componente Dados, vocês precisam de indicadores de desempenho e de métricas para todos.

Alan explicou que os grandes indicadores de desempenho contêm de 5 a 15 números semanais – indicadores essenciais que fornecem às equipes de liderança a pulsação real do negócio. Garantiu que, com uma análise de 13 semanas, os líderes da Swan identificariam padrões e tendências, ganhariam mais clareza e tomariam decisões melhores.

Eileen sorriu; ninguém gostava de dados mais do que ela. Mas as montanhas de relatórios que ela examinava diária, semanal e mensalmente não forneciam uma "pulsação" do negócio. Pior ainda: ela não conseguia fazer mais ninguém da liderança da Swan usar esses dados.

– No final, essa disciplina se disseminará por toda a organização – continuou Alan. – Cada departamento terá seu próprio indicador de desempenho e pelo menos uma métrica. Só será possível ser 100% forte no componente Dados quando a equipe de liderança tiver um grande indicador de desempenho e quando todos na organização estiverem engajados em realizar a visão da Swan a partir de pelo menos um número que cada pessoa envolvida tiver de manter e acompanhar a cada semana. Indicadores de desempenho e métricas tornam possível uma administração objetiva, independente de sentimentos, subjetividade, personalidades, opiniões e egos. Isso traz uma grande paz de espírito. Vocês vão dormir melhor. Não precisarão mais falar com seis pessoas para saber o que acontece. Quando um número sair dos trilhos, simplesmente farão o ajuste apropriado para colocá-lo de volta no lugar.

Alan fez uma pausa para perguntas antes de continuar:

– Quando se é forte nos componentes Visão, Pessoas e Dados, a organização é transparente. Todos os desafios se tornam cristalinos. Não há lugar para se esconder e começamos a identificar os verdadeiros problemas. Isso nos leva ao quarto componente fundamental.

Alan explicou que seus clientes fortaleceram o componente Problemas criando primeiro uma cultura na qual todos se sentem à vontade para falar abertamente sobre o que os está limitando. Dão voz a esses problemas, desafios, ideias e oportunidades e os organizam em uma Lista de Problemas para cada equipe. A seguir, Alan apresentou uma ferramenta simples chamada IDS, que ajudaria as equipes a resolver seus problemas de uma vez por todas.

– O "I" significa identificar, o "D" é de discutir e o "S" corresponde a solucionar. Isso decorre da nossa descoberta de que, ao abordar problemas, mesmo equipes de liderança talentosas passam a maior parte do tempo discutindo. Raramente resolvem algo.

– Ah, isso não se aplica a nós – ironizou Sue.

A equipe riu, mas Sue continuou pensando naquilo por algum tempo. Sua maior frustração na Swan era a sensação de que a organização estava empacada. Trimestre após trimestre, o comitê executivo se reunia por horas para debater os mesmos problemas. Todos reclamavam, discutiam e até improvisavam "soluções", mas três meses depois estavam na mesma.

– Antes de começarmos a discutir qualquer assunto – retomou Alan –, precisamos escavar para identificar a causa-raiz do problema. Depois discutimos aberta e honestamente, com cada um dizendo o que precisa ser dito apenas uma vez, pois mais do que isso é politicagem. Finalmente, resolvemos o problema concordando com um plano que o eliminará para sempre. Damos o tempo necessário para obter o apoio e o comprometimento de cada membro da equipe com esse plano antes de seguir em frente. Em última análise, essa disciplina simples criará um hábito na organização, de cima para baixo, que vai ajudar todos a se tornarem especialistas em resolver seus próprios problemas para que eles não persistam por dias, semanas, meses e anos. Vocês vão parar com as intermináveis repetições.

Alan passou a definir o quinto componente fundamental: Processos. Evan ouviu atentamente quando ele discorreu sobre a abordagem de documentar os processos fundamentais de alto nível da empresa e de fazer todos seguirem esses passos. Durante a maior parte dos seus oito anos na Swan, Evan vinha tentando concluir um manual completo de procedimentos operacionais padrão (POP), sem sucesso.

– Como disse Jim Collins, "A magia acontece quando você combina um espírito empreendedor com uma cultura de disciplina" – explicou Alan. – A maioria dos meus clientes acredita que é muito mais fácil falar do que fazer, por isso adotamos uma abordagem muito simples para sistematizar o negócio. Mesmo sem um volumoso manual de procedimentos, tudo se tornará rapidamente mais fácil de gerenciar, mais consistente, mais escalável, mais lucrativo e mais divertido.

Encorajado, porém cético, o vice-presidente de operações concluiu que nada nunca era tão simples quanto parecia.

– O último componente fundamental é a tração, o elo mais fraco na maioria das empresas – prosseguiu Alan. – Ter 100% de força nesse componente significa que todos na sua organização são disciplinados e responsáveis, mantendo o foco no que é importante e fazendo o que precisa ser feito para pôr a sua visão em prática e fazer a organização avançar.

Na sequência, Alan apresentou duas ferramentas – Pedras e Pulsação de Reuniões –, que seus clientes usaram para fortalecer o componente Tração. Acrescentou esses termos ao quadro, abaixo de "Tração".

– O termo Pedras foi usado pela primeira vez para definir as principais prioridades de uma organização no livro *Primeiro o mais importante*, de Stephen Covey, e popularizado ainda mais em *Mastering the Rockefeller Habits* (Dominando os hábitos de Rockefeller), de Verne Harnish – explicou Alan. – Meus clientes definem Pedras como as três a sete ações mais importantes dos próximos noventa dias. Quando sua empresa está rodando nesse sistema, cada profissional na organização terá pelo menos uma Pedra por trimestre. Depois de anos trabalhando com todos os tipos de equipe de liderança empreendedora de todos os setores, descobri que faz parte da natureza humana se distrair mais ou menos a cada noventa dias. Somos absorvidos pelo dia a dia, perdemos o foco ou simplesmente ficamos entediados. Definir e praticar as ações mais importantes a cada trimestre cria um ciclo para todos na organização. Vocês se reúnem, veem como se saíram nos últimos noventa dias, relembram a visão e definem novas prioridades para o próximo período. Isso mantém todos muito focados, responsáveis pela visão e trabalhando juntos para realizá-la. A cada trimestre, subimos à tona para respirar e repetimos o ritmo para sempre.

– Dentro desse Mundo de Noventa Dias, também ajudaremos a criar uma Pulsação de Reuniões saudável e produtiva com "Reuniões de Nível 10" semanais. Isso significa elevar as reuniões antes classificadas como quatro para dez. As Reuniões de Nível 10 seguem uma agenda predefinida, baseada em uma psicologia específica, que ajudará todos a se comunicar de maneira regular e produtiva, a manter o foco no que é importante e a resolver problemas de modo eficaz ao longo do trimestre.

Alan olhou para a equipe.

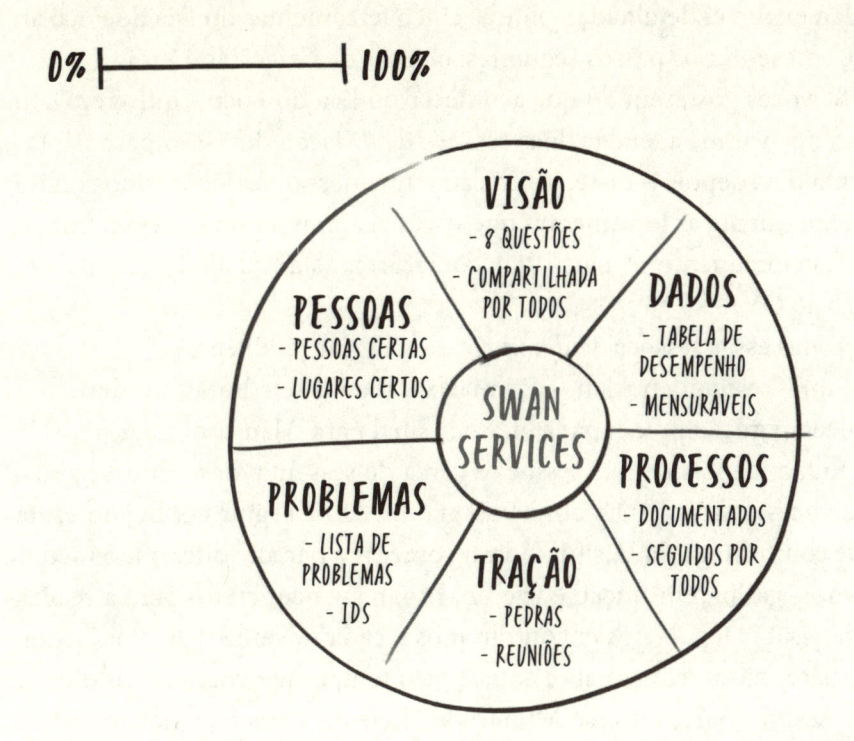

0% |—————————| 100%

VISÃO
- 8 QUESTÕES
- COMPARTILHADA POR TODOS

DADOS
- TABELA DE DESEMPENHO
- MENSURÁVEIS

PROCESSOS
- DOCUMENTADOS
- SEGUIDOS POR TODOS

TRAÇÃO
- PEDRAS
- REUNIÕES

PROBLEMAS
- LISTA DE PROBLEMAS
- IDS

PESSOAS
- PESSOAS CERTAS
- LUGARES CERTOS

SWAN SERVICES

– Isso é tração – continuou Alan –, e esses são os Seis Componentes Fundamentais. Nossa jornada juntos é projetada para chegar a 100% em cada um deles. Isso é uma utopia, portanto continuaremos nos esforçando. Felizmente, é possível chegar a 80% ou mais em cada componente fundamental, e a maioria das equipes consegue. Quando se tem 80% de força, tudo parece se encaixar. Você pode fazer o negócio crescer até o ponto que desejar. Administrar a empresa se torna mais tranquilo, mais lucrativo e mais divertido. Esse é o objetivo. Quando chegar lá, você terá realmente uma grande organização.

Alan abriu espaço para perguntas antes de continuar a descrever seu processo.

– O primeiro passo é esta Reunião de Noventa Minutos – disse enquanto desenhava no quadro branco. – Se vocês acreditam que eu posso ajudar a Swan Services, podemos agendar o próximo passo: uma sessão de um dia inteiro fora do escritório com a equipe de liderança, chamada de "Dia do Foco®". Nessa sessão, abordaremos cinco ferramentas que os ajudarão a ter controle do negócio.

Alan explicou detalhadamente as cinco ferramentas do Dia do Foco antes de apresentar os passos seguintes: os Dias de Criação de Visão 1 e 2.

– Se vocês gostarem do que acontecer no Dia do Foco e quiserem continuar, nós vamos agendar duas sessões de Criação de Visão para trinta e sessenta dias depois – disse. – Em cada uma dessas sessões, vamos revisar minuciosamente as ferramentas que vocês já aprenderam para garantir seu bom funcionamento. A partir daí, começaremos a trabalhar nas oito perguntas do OV/T.

– Todas essas sessões de *dia inteiro*? – perguntou Eileen.

– Sim – respondeu Alan. – De mais ou menos sete horas por dia.

Eileen pareceu preocupada, mas fez sinal para Alan continuar.

– Então, depois de três sessões e cerca de sessenta dias – prosseguiu –, todos vocês estarão 100% alinhados na direção a seguir e sabendo exatamente como chegar lá. A situação vai começar a parecer diferente à medida que vocês ganharem tração e fizerem progressos concretos para a realização da visão. Depois nos encontraremos a cada noventa dias. Vou conduzir suas reuniões trimestrais e anuais pelo tempo que vocês precisarem de mim. Assim criaremos esse Mundo de Noventa Dias. Nós nos reunimos, vemos como se saíram no último trimestre, ficamos alinhados em relação à visão, resolvemos todos os problemas e definimos prioridades para o próximo trimestre. Vocês voltam ao negócio por noventa dias, com todos remando na mesma direção.

Alan se afastou para mostrar o que tinha desenhado no quadro.

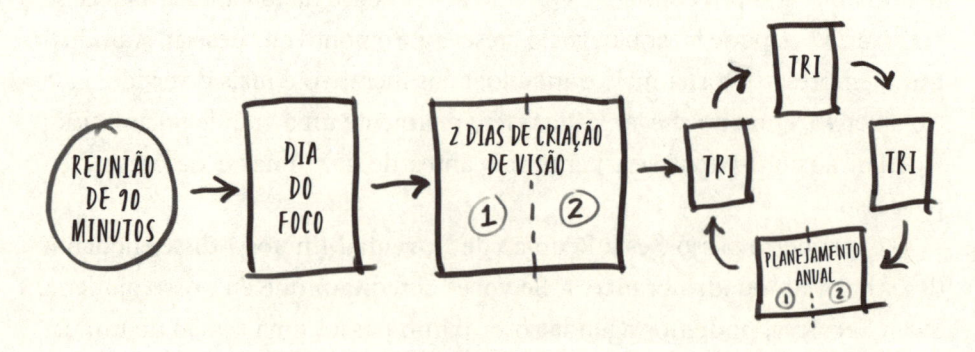

– No fim, vocês e suas equipes terão entendido e implementado todas as ferramentas. O negócio funcionará com esse sistema. Nesse ponto, vocês estarão prontos para começar a conduzir suas próprias reuniões trimestrais e anuais. Meu trabalho é fazer vocês chegarem lá rapidamente e depois deixar todos livres para administrar o negócio usando o sistema e as ferramentas. Isso é o que define o sucesso para mim.

– Quanto tempo isso leva? – perguntou Vic.

– Os clientes costumam ficar comigo por mais ou menos dois anos – respondeu Alan. – Mas, se vocês decidirem parar, não há nenhum contrato de compromisso ou continuidade. Vocês escolhem se querem continuar depois de cada sessão.

– Então nós podemos dispensar seus serviços se não ficarmos satisfeitos? – perguntou Evan.

– Sim – respondeu Alan. – Na verdade, todas as sessões têm garantia: se vocês acharem que o tempo que passamos juntos não agregou valor, não precisam pagar nada. E é claro que podem sair do processo a qualquer momento. Se decidirem continuar, é importante que se comprometam a seguir o processo enquanto estivermos juntos. Não se trata de um seminário, mas sim de um estilo de vida que vou ensinar. Vocês não podem chegar para o Dia do Foco achando que vão resolver todos os problemas e ver tudo mudar num passe de mágica. Cheguei ao fim da apresentação – concluiu Alan. – Alguma pergunta?

Ninguém perguntou nada. Carol olhou para o relógio; eram 11h25. Recolheu seus pertences rapidamente.

Eileen ficou de ligar para Alan mais para o fim da semana com a decisão da equipe. O grupo saiu da sala. Como queria conversar com a equipe com as informações ainda frescas, Eileen tinha marcado o almoço perto do escritório de Alan.

Assim que todos se acomodaram, ela fez uma pergunta simples:

– O que vocês acharam?

– Pode ser uma surpresa para você, Eileen, mas eu topo – começou Vic. – Gostei. Coisas simples com começo, meio e fim. E adoro o fato de ser um sistema que podemos dominar e usar para gerenciar nossa empresa, em vez de entregar o controle a um consultor.

– Obrigada, Vic – disse Eileen. – Alguém mais?

– Um desperdício de tempo total – afirmou Carol sem erguer os olhos.

– Como assim? – perguntou Eileen, tentando disfarçar a frustração.

– Nós vamos pagar a esse cara para nos ensinar a brincar com blocos e tirar uma soneca? – reagiu. – Isso é um roubo!

Mais uma vez, Eileen se esforçou para se manter aberta à perspectiva de Carol.

– Você está dizendo que é tão básico que somos capazes de fazer sozinhos? – perguntou.

– Sim – respondeu Carol, finalmente levantando os olhos. – Qualquer um na nossa assim chamada equipe de liderança que não consiga fazer isso por si mesmo deveria ser substituído!

Eileen se sentiu corando com a falta de tato de Carol.

– Foram dois pontos de vista radicalmente diferentes – falou. – Art, o que você achou?

– Depende de vocês – respondeu Art. – Eu sou apenas um pistoleiro contratado.

– Sue? – perguntou Eileen.

– Eu gostei, e gostei dele – respondeu. – Nós precisamos melhorar como equipe, e a abordagem do Alan pode funcionar.

– Evan? – continuou Eileen.

– Eu não sei bem o que pensar – admitiu Evan. – A simplicidade me atrai. Todos nós temos uma tendência a complicar, eu em especial. Mas me preocupa o tempo que isso vai tomar. Já estamos sobrecarregados, e isso parece outra tonelada de trabalho. E me pergunto se estamos de fato comprometidos a mudar a maneira como atuamos. O Alan disse que isso é fundamental. Será que estamos mesmo dispostos?

Eileen ficou satisfeita. Evan costumava falar menos do que os outros executivos, mas sempre foi ponderado e objetivo. Pôs a caneta na mesa e dispensou a garçonete que se aproximava.

– Isso também me preocupa – disse Eileen. – Adorei o sistema simples e prático do Alan. Já falei com meia dúzia de empreendedores que confirmaram o que ele disse, que o sistema funciona. Mas o Evan tem razão. Não sei se estamos preparados para mudanças desse porte, nem mesmo se *eu* estou preparada. Mas hoje percebi também que estou aterrorizada com o *status quo*. Por mais que tenha me irritado, o que o Vic disse há algumas semanas é a pura verdade. A maneira como eu e ele estamos administrando a empresa não está funcionando.

Eileen passou os olhos lentamente por todos à mesa.

– Então eu acho que nós *precisamos* mudar – falou. – A pior opção é não fazer nada. Muito do que o Alan disse me parece um bom antídoto para o que está nos enlouquecendo.

Eileen observou a reação da equipe. Sue balançava a cabeça em concordância. Vic sorria, pois já vira sua sócia resumir muitas situações ao longo dos anos. Carol continuava de braços cruzados, mas *prestando atenção*. Evan e Art pareciam prontos para seguir em frente.

– Eu voto por fazermos isso – concluiu. – Vamos aceitar a proposta do Alan de nos comprometermos um dia de cada vez. Tenho um bom pressentimento de que o sistema operacional dele se encaixa no que precisamos. Se concluirmos que ele é um lunático ou que o sistema não funciona para nós, é só desistir.

Assim a Swan Services começou sua jornada para simplificar, esclarecer e realizar sua visão.

CAPÍTULO 3
FOCO

Três semanas depois, às 9 horas, a equipe da Swan se encontrou novamente na sala de reuniões de Alan. Art foi o primeiro a chegar, seguido por Carol, Sue, Eileen e Evan, todos no horário. Vic apareceu às 9h08. Alan consultou o relógio, foi até a frente da sala e apontou para dois diagramas no quadro branco.

– Sejam bem-vindos de volta – disse sorrindo. – Gostaria de começar o Dia do Foco com um rápido lembrete de para onde estamos indo e como chegaremos lá. Em centenas de sessões com equipes de liderança empreendedoras já vi milhares de frustrações e obstáculos sendo atribuídos a falhas em um ou mais dos seis Componentes Fundamentais – e apontou para o quadro.

Alan fez um resumo do processo para dominar essas ferramentas e direcionou o grupo aos objetivos e à agenda do Dia do Foco.

OBJETIVOS
- DIVERSÃO
- ENTENDIMENTO SAUDÁVEL E INTELIGENTE
- PENSAMENTO E TRABALHO *PARA* O NEGÓCIO
- ADOÇÃO DE FERRAMENTAS PRÁTICAS – FAZER MAIS

AGENDA
- CHECK-IN
- BATENDO NO TETO
- DIAGRAMA DE RESPONSABILIDADES
- PEDRAS
- PULSAÇÃO DE REUNIÕES
- TABELA DE DESEMPENHO
- PRÓXIMOS PASSOS
- CONCLUSÃO

O consultor abriu espaço para dúvidas depois de apresentar cada item. Como não houve nenhuma, prosseguiu com o check-in, pedindo que todos respondessem às três perguntas que havia escrito no quadro:

- NOME E PAPEL?
- BOAS NOTÍCIAS?
- EXPECTATIVAS?

– Muito bem – disse Alan quando os membros da equipe terminaram de escrever. Quem gostaria de ser o primeiro?
Silêncio.
Finalmente, Evan pigarreou e disse:
– Eu começo. Evan McCullough, vice-presidente de operações.
– Um momento, Evan – interrompeu Alan. – Peço desculpas por não ter sido claro. Quando perguntei qual é o seu papel, estava me referindo a um pouco mais que o cargo. Você pode me ajudar a entender o que um vice-presidente de operações faz na Swan Services?
– Ah – exclamou Evan, um pouco surpreso. – Eu administro todos os desenvolvedores e outros recursos técnicos. Mantenho todos os projetos, ou seja, o trabalho que fazemos para os clientes, na direção certa, e tento deixar os clientes satisfeitos.
– Perfeito. Obrigado, Evan – disse Alan. – E quanto a boas notícias?

Evan expôs suas boas notícias pessoais e profissionais e depois voltou a olhar para o quadro.

– Expectativas – continuou. – Espero que a gente termine bem antes das cinco. Tenho toneladas de trabalho para fazer no escritório.

– Entendi – disse Alan. – À esquerda de Evan... Sue?

– Sue Meecham. Eu vendo e lidero a equipe de vendas – começou. Depois de contar suas boas notícias, falou: – Sobre expectativas, eu escrevi duas palavras: "clareza" e "harmonia". Acho que podemos usar muito mais as duas.

Vic, Art e Eileen falaram na sequência. Carol foi a última.

– Carol, diretora de controladoria – começou falando depressa. – Contabilidade, financeiro, faturamento, cobrança. Não consigo realmente pensar em nenhuma boa notícia. Expectativas? A mesma do Evan: passar pelo que você escreveu no quadro o mais rápido possível. Preciso trabalhar.

– Hoje nós não vamos perder tempo, Carol – observou Alan –, mas a qualidade do trabalho é sempre mais importante do que a velocidade. Certo?

– Imagino – respondeu Carol, relutante.

Alan também se apresentou, concluindo com uma expectativa clara:

– Minha expectativa quanto a esta e quaisquer outras sessões é que vocês sejam francos e sinceros. Francos significa se abrirem uns com os outros e para novas ideias. Quando alguém da equipe tiver algo a dizer, ninguém precisa concordar, mas precisa ouvir, para podermos considerar todas as perspectivas. Sincero significa simplesmente *dizer o que pensa*. Não podemos abordar uma questão se ela não for trazida para a conversa. Tudo vai andar mais rápido e nosso trabalho será melhor se todos concordarmos em dizer a verdade. Até onde sei, ninguém nunca foi demitido ou morreu por se expressar com franqueza numa dessas sessões.

A equipe deu uma risadinha. Carol se mexeu, desconfortável na cadeira. Alan reiterou que eles tinham começado uma jornada de aperfeiçoamento como equipe de liderança e explicou claramente o que aquela viagem envolvia.

– No final – concluiu – vocês vão operar com uma única visão, com uma única voz e como uma única equipe. Todos terão orgulho ao olhar nos olhos dos colegas líderes sabendo que podem confiar uns nos outros, convencidos de que juntos são capazes de realizar sua visão.

Carol revirou os olhos, mas Sue e Evan pareceram intrigados. Vic se recostou na cadeira, percebendo que a Swan ainda tinha um longo caminho a percorrer.

Depois de cada membro da equipe ter se comprometido verbalmente com a jornada pela frente, Alan começou a agenda do dia com um conceito chamado "batendo no teto".

– Às vezes é inevitável se sentir empacado – explicou Alan. – Seja definindo crescimento como um aumento de 200 milhões de dólares no faturamento, seja apenas como um crescimento *interno*, tornando-se mais lucrativo e operando com mais eficiência. Crescer, ganhar dinheiro e gerir seu negócio vai ficar mais difícil. Vocês se sentirão frustrados, sem saber bem por que estão estagnados ou o que precisam fazer. Só verão que bateram no teto.

– Nós não temos a mínima ideia do que você está falando, Alan – disse Vic com um sorriso irônico. O grupo explodiu numa gargalhada.

Alan continuou explicando que bater no teto é inevitável, e muitas vezes necessário para uma organização passar ao próximo nível. Incentivou a equipe a enfrentar essas ocasiões e a fazer a empresa romper esse teto dominando cinco habilidades de liderança.

– Se vocês não conseguirem – prosseguiu –, a empresa vai estagnar ou fracassar, como tantas outras.

Enquanto explicava cada uma das cinco habilidades de liderança, Alan as anotava no quadro:

- SIMPLIFICAR
- DELEGAR
- PREVER
- SISTEMATIZAR
- ESTRUTURAR

Para expor a importância da primeira habilidade de liderança, Alan ajudou o grupo a entender como as organizações que crescem rapidamente se tornam complexas e como pode ser difícil para os líderes manter a simplicidade.

– *Tudo* no sistema que vocês estão prestes a aprender foi projetado para ajudar a simplificar – continuou. – Vocês me ouvirão repetir muitas vezes que "menos é mais".

Alan passou para a segunda habilidade. Deixou claro que todos os líderes precisam aprender a construir extensões de si mesmos – para poderem delegar e parar de tentar fazer tudo sozinhos – a fim de que as organizações em crescimento consigam romper o teto.

– Vamos apresentar várias ferramentas que ajudarão vocês a "delegar e se elevar" – explicou. – Só assim poderão dedicar muito mais tempo às atividades de que gostam e que fazem melhor. É onde serão mais felizes e onde cada um poderá agregar mais valor à organização. O Diagrama de Responsabilidades que elaborarmos hoje será o primeiro e mais importante passo nessa jornada.

Alan prosseguiu com o terceiro ponto:

– A terceira habilidade de liderança é prever. As equipes devem fazer isso a longo prazo e a curto prazo. Vocês têm de ser bons em ambos.

Alan apresentou as ferramentas OV/T e Pedras para ajudar a equipe a dominar a previsão de longo prazo, ou seja, dos noventa dias seguintes e além. Enfatizou a importância de criar uma visão clara de longo prazo para a empresa e um plano para realizá-la. Em seguida, definiu a previsão de curto prazo como a capacidade de resolver as questões diárias e semanais. Prometeu explicar mais tarde o IDS, uma ferramenta simples para dominar a disciplina da previsão de curto prazo.

– Se vocês forem normais, enfrentarão cinco ou seis problemas todos os dias – disse Alan. – Devem ser melhores em prever qual deles precisa ser enfrentado de imediato e que solução certa os resolverá de vez. Líderes emaranhados no dia a dia geralmente ignoram problemas ou os deixam de lado, ou improvisam soluções precárias, adiando a solução definitiva para a semana seguinte. É como tentar consertar a empresa com fita adesiva e barbante: em algum momento vai acabar implodindo.

Eileen riu baixo. Sabia que a Swan Services estava cheia de remendos assim. Enquanto pessoas como Vic e Art pareciam confortáveis com toda aquela pressão e preocupação, ela se sentia ansiosa e frustrada.

Passando para a quarta habilidade de liderança, Alan mostrou que sistematizar uma organização gera consistência e escalabilidade. Ajudou a equipe a entender como chegar lá documentando seus "processos fundamentais" em alto nível usando a ferramenta Documentador de Processo em Três Passos.

– Qualquer empresa tem vários processos essenciais que fazem a organização funcionar – prosseguiu, desenhando enquanto falava. – Todas as organizações contam com processos de RH, de marketing, de vendas, dois ou três processos operacionais, um de contabilidade e outro de atendimento ou retenção de clientes. Uma vez definidos, eles se tornam um modelo de negócio exclusivo, o modo de operação da Swan Services. Em breve vamos ajudá-los a documentar esses processos em alto nível, simplificando-os e fazendo com que sejam seguidos por todos na companhia. Isso tornará tudo mais fácil de gerenciar, mais previsível e mais divertido. Vocês serão capazes de fazer seu negócio crescer até o ponto desejado.

– Você acha mesmo que é tão fácil assim? – perguntou Evan.

– Eu não disse fácil – respondeu Alan. – Eu disse simples. O processo de sistematização funciona melhor quando o mantemos simples. Por isso usamos a regra de 20/80, documentando 20% dos passos de alto nível de um processo fundamental para obter 80% dos resultados. Se vocês tentarem documentar 100% dos passos para obter 100% de conformidade, provavelmente o projeto nunca será concluído. Se acontecer, é provável obter um retorno baixo em relação ao investimento de tempo.

Evan aceitou a argumentação e fez um sinal para Alan continuar.

– A capacidade de estruturar adequadamente uma organização é a quinta habilidade de liderança – continuou Alan. – O Diagrama de Responsabilidades vai ajudar a criar a estrutura certa para chegar ao próximo nível. Ele promove simplicidade e uma clareza absoluta, definindo bem os papéis e as responsabilidades na organização. O que nos leva à nossa próxima ferramenta do Dia do Foco.

Alan parou de escrever e propôs uma pausa de cinco minutos. Eileen ficou surpresa ao ver os executivos voltarem a seus lugares no tempo combinado e se manterem atentos.

RESPONSABILIDADE

Estrutura certa

Alan começou o exercício explicando à equipe os aspectos básicos do Diagrama de Responsabilidades, lembrando que três funções principais fazem uma organização funcionar: vendas/marketing, operações e financeiro. Enfatizou a importância de ter um único líder responsável por garantir que cada função principal se mantenha "forte".

– Vocês não podem ter duas pessoas responsáveis por uma única função principal – explicou –, porque, quando duas pessoas são responsáveis, ninguém é responsável. Para obtermos resultados consistentes e excelentes precisamos de uma pessoa com a autoridade de tornar essa função forte. É preciso contar com ajuda e suporte, mas tendo só um campeão no volante. Quando estiver dando certo, saberemos que essa pessoa fez todos se unirem na obtenção dos bons resultados. Quando algo sair dos trilhos, poderemos pedir para o líder nos levar de volta.

Vic e Eileen assentiram.

Ilustrando no quadro enquanto falava, Alan lembrou à equipe que todas as organizações têm uma quarta função crucial no nível da equipe de liderança.

– O integrador é a cola – prosseguiu. – É a pessoa que toca o tambor, que administra o dia a dia e, em última análise, é a responsável por integrar harmoniosamente as outras funções principais para a empresa alcançar seus objetivos. Isso porque, quando há pessoas fortes e talentosas em cada uma das funções principais, geralmente existe um atrito saudável entre dois ou mais desses líderes. Quando a equipe não consegue concordar em algo, o integrador desempata.

As expressões ao redor da mesa deixaram claro que a equipe já tinha passado por sua parcela de atritos.

– O que torna isso um Diagrama de *Responsabilidades* – disse Alan enquanto desenhava cinco pontos em cada retângulo, ou "lugar" – é a definição clara dos cinco principais papéis que o titular de cada função principal deve desempenhar muito bem para nos levar ao próximo nível. Lembrem-se de que nós vamos customizar o Diagrama de Responsabilidades para vocês sob dois aspectos. Primeiro, precisamos determinar se há três ou mais funções principais na equipe de liderança. Depois, devemos avaliar se existe um visionário na Swan Services.

Alan desenhou um quinto lugar no alto do Diagrama de Responsabilidades, escreveu um "V" e lembrou à equipe as diferenças entre um visionário e um integrador.

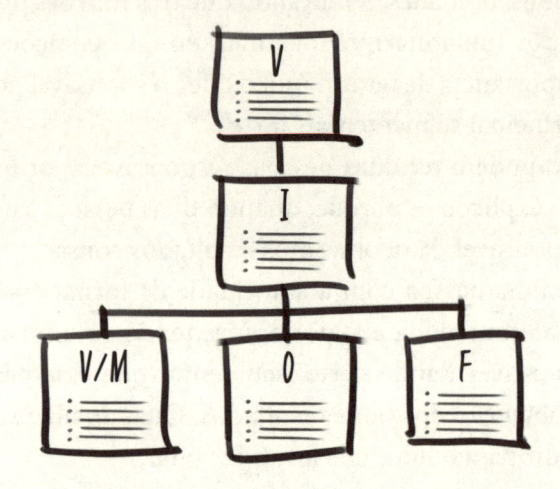

```
           ┌─────┐
           │  V  │
           │ ─── │
           │ ─── │
           └──┬──┘
              │
           ┌──┴──┐
           │  I  │
           │ ─── │
           │ ─── │
           └──┬──┘
    ┌─────────┼─────────┐
┌───┴───┐ ┌───┴───┐ ┌───┴───┐
│  V/M  │ │   O   │ │   F   │
│  ───  │ │  ───  │ │  ───  │
└───────┘ └───────┘ └───────┘
```

– Enquanto os integradores adoram arregaçar as mangas e mergulhar no dia a dia, os visionários são fascinados por grandes ideias. – Podem ter vinte ou mais ideias antes do café da manhã todos os dias. São ótimos nos relacionamentos com grandes clientes. São motivados pela criatividade e consideram a cultura, os princípios e os valores muito importantes. Grande parte das empresas duradouras, das inovações que mudaram o mundo e dos avanços culturais se devem aos visionários.

Todos olharam para Vic.

– É claro que não temos alguém assim, Alan – disse Vic secamente. Fez uma pequena pausa antes de abrir um largo sorriso. Todos riram.

– Nós estamos prestes a começar do zero e a criar a estrutura certa para a Swan – continuou Alan, sorrindo também. – Quando fizermos isso, as três funções principais poderão se dividir em mais de três. Vocês podem ter, por exemplo, uma área de marketing e outra de vendas. Operações pode se dividir em duas ou mais funções, e às vezes o setor financeiro pode comportar também RH e TI. O importante é chegar à estrutura melhor e mais simples para atingir o próximo nível.

Alan apagou o Diagrama de Responsabilidades e olhou para o grupo.

– Por favor, desapeguem-se de seus papéis atuais, egos e convicções do passado – falou. – Ajam como um conselho de administração. Lutem pelo bem maior da empresa. Uma regra básica para o Diagrama de Responsabilidades é pensar nos próximos 6 a 12 meses. Quais são as principais funções necessárias para levar a empresa para onde vocês querem? Vocês precisam ajustar a estrutura *antes* de trabalharmos para colocar as pessoas certas nos lugares certos. Sempre pensem primeiro na estrutura, depois nas pessoas; é a única maneira correta.

Alan fez uma pausa antes de perguntar:

– O que vocês acham? Quais são as principais funções que fazem a Swan operar?

A equipe ficou em silêncio. Eileen tomou a decisão consciente de deixar alguém falar primeiro, esperando que Vic tivesse o bom senso de fazer o mesmo. Carol e Evan olharam com apreensão para os dois sócios fundadores, sem coragem de tomar a dianteira.

– Nós precisamos vender – disse Sue.

O comentário provocou risadinhas nervosas que pareceram aliviar a tensão. Alan desenhou um quadrado no lado esquerdo do quadro e esperou Sue continuar.

– Mas não sei se vendas e marketing são duas funções principais ou uma – afirmou.

– Hoje são dois lugares – observou Art, um pouco rápido demais. – Mas sei que não deveríamos pensar na história ou nas pessoas.

– Carol, Evan... O que vocês acham? – perguntou Alan.

– Parece que ter uma pessoa seria mais barato – respondeu Carol, olhando diretamente para Art. Evan deu de ombros.

– Acho que é um lugar só – disse Vic.

– Por quê? – indagou Alan.

– Você disse "estrutura mais simples e melhor" – respondeu Vic. – Ter uma pessoa responsável por tudo que diz respeito à geração de receita parece mais simples e melhor do que ter duas. Nunca precisaremos nos preocupar com essas duas funções não trabalhando bem juntas.

– Eu entendo seu ponto, Vic – interveio Eileen. – Mas para mim essas duas funções parecem ser totalmente distintas. Exigem competências bem diferentes. Você acha que é possível uma única pessoa liderar bem marketing e vendas?

Vic parou para refletir sobre a pergunta, e Art opinou:

– Eu acho que não. Não sei nada sobre como gerenciar vendedores. Em todo meu trabalho com executivos de vendas seniores de muitas empresas grandes e bem-sucedidas, nunca conheci nenhum que pudesse ser um bom líder de uma equipe *especializada* em desenvolvimento de marca.

Alan olhou para os líderes, satisfeito com a participação de cada um.

– Mas nós não somos uma *empresa grande* – contrapôs Sue. – Não temos equipe de marketing para liderar, Art. A equipe de marketing é *você*. Não poderia haver um líder gerenciando a equipe de vendas e, ao mesmo tempo, contar com *você* para fazer o marketing?

– Eu achei que não pensaríamos em pessoas – disse Carol sem rodeios.

– Você está certa, Carol – concordou Alan. – Então, Sue, mesmo sem supor que Art seja o titular do marketing, você ainda acredita que a estrutura certa é ter um único líder para vendas e marketing?

– Sim, acho que isso faz sentido para nosso tamanho atual – respondeu ela. – É uma estrutura mais simples, e creio que nos ajudaria a comercializar e a vender melhor.

– Como assim? – perguntou Vic, intrigado.

– Não me interprete mal, Art – começou Sue, cautelosa. – Mas às vezes parece que o que nós vendemos não combina com suas peças de marketing. Nós, vendedores, sentimos que as ferramentas importantes de que precisamos para vender mais ficam em segundo plano em favor de projetos pessoais que você acredita serem importantes.

Eileen arregalou os olhos. Estava impressionada com a franqueza de Sue e se perguntou como Art reagiria. Não precisou esperar muito.

– Espera aí – protestou Art. – O que você quer dizer? Minha agência apresenta um plano de marketing por ano, e vocês escolhem o que querem desse plano. Nós não decidimos nada por conta própria!

– Por que a Sue acha que as necessidades da equipe de vendas não estão sendo atendidas? – perguntou Alan.

– Eu não sei – respondeu Art, hesitante. – É a primeira vez que alguém me diz que nossas propostas não estão calibradas. Eu tenho reuniões regulares com a Eileen e...

– Esse é o problema – interrompeu Eileen. – Talvez você e a Sue devessem se reunir regularmente.

– Ou Art e eu – complementou Vic, sentindo-se meio excluído.

Art recostou-se na cadeira, confuso. Mesmo sem ser formalmente parte da equipe da Swan, de repente se sentiu como se fosse o problema.

– Estamos nos perdendo um pouco com pessoas – alertou Alan. – Vamos nos concentrar na estrutura ideal para a organização.

O consultor foi até o canto esquerdo da sala, onde se lia Lista de Problemas em verde no alto do quadro. Escreveu "Art e Sue alinhados" e virou-se para o grupo.

– Parabéns – falou. – Vocês quebraram o lacre da Lista de Problemas. Haverá outros ainda hoje. Só peço que resistam à tentação de tentar acabar com todos de uma vez só. Hoje procuraremos resolver as verdadeiras causas dos problemas maiores. Podemos continuar com o Diagrama de Responsabilidades e voltar a esse problema depois?

Sue e Art se entreolharam e concordaram. Eileen sorriu, pensando nas incontáveis horas que a equipe desperdiçava com problemas semelhantes nas reuniões.

– O que estamos tentando decidir – prosseguiu Alan – é se vendas e marketing são uma única função principal ou duas funções principais distintas.

Depois de um breve momento de silêncio, Vic falou:

– Acho que são duas funções, Alan. Precisamos de um líder de marketing e outro de vendas no comitê executivo. Se algo não funcionar, lidaremos com isso como equipe, não no departamento de vendas.

– Todos concordam? – perguntou Alan. Não havendo objeções, ele escreveu "marketing" em um lugar, desenhou outro quadrado à direita e ali escreveu "vendas". – Qual é a próxima função principal?

Discussões semelhantes se seguiram, com Alan conduzindo a equipe. Depois de alguns debates por vezes acirrados, o grupo decidiu que havia um único posto para operações, em vez de quatro (gerenciamento de contas, gerenciamento de projetos, análise de negócios e desenvolvimento). Um debate semelhante sobre o financeiro surpreendeu Eileen e resultou numa espécie de epifania.

Quando a discussão começou, Eileen defendeu a divisão da função financeira em dois ou três papéis – com um líder (provavelmente Carol) responsável pela contabilidade e dois outros líderes encarregados das funções de TI e RH –, todos no nível da equipe de liderança no Diagrama de Responsabilidades. Art e Carol pareceram concordar, mas Eileen foi questionada por Vic, Sue e Evan sobre por que uma equipe de liderança tão grande faria sentido numa empresa de 7 milhões de dólares.

Eileen percebeu que estava estruturando a empresa em torno das limitações de Carol. Conforme a discussão evoluiu, ela se deu conta de que, no tamanho atual da Swan, um líder mais capacitado poderia facilmente assumir todas essas funções importantes como parte de um único departamento. O foco restrito de Carol e suas limitações no relacionamento com pessoas obscureceram esse fato. Quando Eileen cedeu, a equipe logo concluiu que RH e TI deveriam se reportar a um único lugar no financeiro.

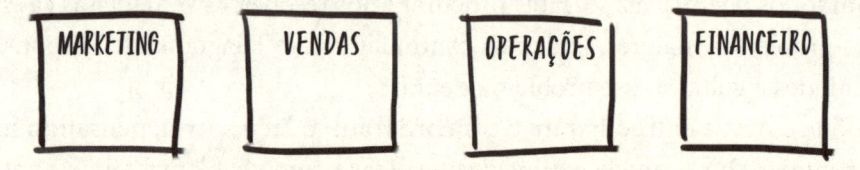

| MARKETING | VENDAS | OPERAÇÕES | FINANCEIRO |

– Muito bem – disse Alan, desenhando o lugar do integrador acima dos outros quatro. – Como vimos, toda grande organização tem um integrador – continuou. – Alguém para administrar o dia a dia, liderar e gerir a equipe de liderança. Pelo que entendi dos comentários, poderia haver também um visionário nesta organização?

A equipe riu. Alan desenhou o lugar do visionário no alto do gráfico.

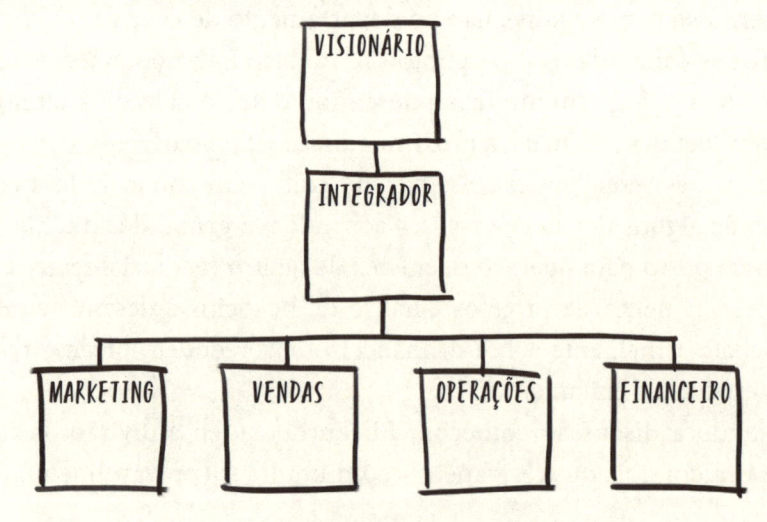

VISIONÁRIO
INTEGRADOR
MARKETING | VENDAS | OPERAÇÕES | FINANCEIRO

– Agora que decidimos quais são as seis principais funções da empresa – afirmou Alan –, o próximo passo é definir os cinco papéis para cada lugar. Vamos falar de um por vez, sempre focando na estrutura e não em pessoas ou no histórico. Por onde devemos começar?

A equipe escolheu o marketing, debateu e concordou em adicionar cinco papéis:

> **MARKETING**
> - CONSTRUÇÃO DA MARCA SWAN
> - PLANO DE MARKETING
> - GERAÇÃO DE CLIENTES POTENCIAIS
> - PESQUISA DE MERCADO
> - FERRAMENTAS DE MARKETING/SITE

– Sue, o responsável pela função de vendas gerencia pessoas? – perguntou Alan sobre o próximo lugar.

– Sim, nós hoje temos três executivos de vendas – respondeu Sue. – Não sei bem se esse é o número certo na estrutura ideal, mas posso dizer que o líder de vendas terá de gerenciar alguém.

Alan escreveu "LGR" como primeiro item no lugar de vendas.

– LGR significa "liderança, gestão e responsabilização" – explicou. – Usamos essa sigla para descrever tudo que se faz para obter o máximo dos colaboradores. É o primeiro papel no lugar. É preciso liderar e gerir bem para criar um ambiente em que a responsabilização organizacional aconteça naturalmente. Isso leva tempo e exige esforço, e em geral se faz de maneira inadequada porque os líderes não se dedicam o suficiente. Com todas as ferramentas que conhecerão nessa jornada, vocês serão melhores nisso do que nunca.

Depois de mais algumas discussões, a equipe concordou com os seguintes papéis para o líder de vendas:

> **VENDAS**
> - LGR
> - ESTABELECER E ATINGIR METAS DE RECEITA
> - PROCESSO DE VENDAS
> - VENDER (CLIENTES POTENCIAIS "A")
> - DEFINIR EXPECTATIVAS RAZOÁVEIS DO CLIENTE

O último papel nesse lugar – "definir expectativas razoáveis do cliente" – foi resultado de uma discussão acalorada. Com os primeiros quatro tópicos concluídos, Alan provocou o debate perguntando quem deveria ser responsável pela satisfação do cliente.

– Operações – respondeu Vic imediatamente.

– Não se você vender o que não podemos entregar – rebateu Evan.

– Bem apontado – concordou Sue. – Então nós devemos dividir a responsabilidade pela satisfação do cliente?

– Isso é contra as regras – disse Carol. – Não se pode ter duas pessoas responsáveis por uma única função.

– Perfeito, Carol – concordou Alan, sorrindo. – Precisamos de uma pessoa assumindo a responsabilidade por tudo que for importante na organização. Mas, se entendi bem a situação, parece que vendas fica com uma parte muito específica da satisfação do cliente, e operações fica com outra. Será que podemos concordar com uma maneira simples de descrever as responsabilidades do líder de vendas?

– Já temos o "processo de vendas" estabelecido – disse Sue. – Se garantirmos que todos sigam esse processo, cumpriremos nossa parte, certo?

– Não sei, não – replicou Evan. – Eu me sentiria melhor se deixássemos mais claro que o pessoal de vendas, e talvez outros departamentos também, deva assumir alguma responsabilidade pela satisfação dos clientes. Minha equipe sempre se sente culpada quando um cliente está insatisfeito, e na maioria das vezes a culpa deveria ser compartilhada.

Evan olhou ao redor da sala, apreensivo. Ficou surpreso quando ninguém rebateu sua opinião.

– Então como vocês definiriam claramente a responsabilidade do líder de vendas? – perguntou Alan.

Depois de uma rápida discussão, a equipe concordou em "definir expectativas razoáveis do cliente".

Antes de prosseguir, Alan foi até a lista de problemas e escreveu "Definir expectativas razoáveis do cliente".

– Vocês concordam que isso é um problema? – perguntou.

Todos concordaram. Eileen deu mais uma risadinha, gostando do jeito de Alan identificar problemas importantes como aquele sem alongar a discussão.

Alan continuou tratando de operações. Todos aceitaram que a primeira regra era LGR e a segunda era a satisfação do cliente, mas a partir daí o debate emperrou. Apesar dos constantes lembretes de Alan, Evan continuou apegado ao passado e resistindo à ideia de uma lista dos papéis para um líder de operações, preferindo destacar cada aspecto do próprio trabalho.

– Não é assim tão simples – retrucou Evan quando Vic sugeriu que o terceiro papel deveria ser "entregar projetos no prazo e dentro do orçamento". – Para fazer isso, eu preciso de maior controle no processo de cotação. Não posso ser responsável por algo que não controlo!

– Por que não? – perguntou Vic. – Nós somos responsáveis por cumprir metas de vendas, e é claro que não controlamos os clientes!

– No meu departamento é mais complicado – retrucou Evan, na defensiva. – Você não faz ideia de como...

– Desculpe a interrupção, Evan – disse Alan. – Lembre-se de que ninguém aqui tem um cargo ainda, por isso não estamos falando do seu departamento. Primeiro o foco na estrutura, *depois* nas pessoas. Vamos fazer uma pequena pausa para clarear as ideias. Quando voltarmos, continuaremos pensando em como queremos estruturar a função de operações. Sem pessoas, sem histórico e sem egos.

Apesar de oportuna, a pausa não ajudou Evan. Em vez de pensar melhor, ele passou o intervalo respondendo a e-mails e mensagens urgentes. Ainda distraído com os acontecimentos do escritório e se sentindo ameaçado pelos debates da reunião, depois do intervalo ele deixou de expressar suas opiniões. Alan percebeu a mudança e tentou fazer Evan contestar as suposições de outros membros da equipe ou sugerir alguma alternativa, sem sucesso.

– Muito bem, Eileen – disse Alan. – Além de LGR e satisfação do cliente, que outros papéis você precisa que o líder de operações exerça?

Depois de algumas sugestões e opiniões de Sue, Vic e Carol, e da anuência passiva de Evan, a equipe definiu cinco papéis para o cargo:

```
OPERAÇÕES
• LGR
• SATISFAÇÃO DO CLIENTE
• ENTREGA DE PROJETOS (NO PRAZO,
  NAS ESPECIFICAÇÕES E DENTRO DO
  ORÇAMENTO)
• GERENCIAMENTO DE RECURSOS
• PROCESSO DE OPERAÇÕES
```

Em seguida, os líderes se concentraram no financeiro e acrescentaram os seguintes papéis:

```
FINANCEIRO
• LGR
• ORÇAMENTO E RELATÓRIOS
• CONTAS A PAGAR/CONTAS A RECEBER
• RH
• TI
• ADMINISTRAÇÃO DO ESCRITÓRIO
```

Antes de estabelecer esses seis papéis, a equipe passou vários minutos discutindo se TI pertencia a operações ou ao financeiro. A conclusão foi que a TI *interna* – as necessidades tecnológicas da Swan e seus colaboradores – pertencia ao financeiro. O titular de operações seria responsável pelas necessidades e pelos problemas de tecnologia dos clientes da Swan.

Carol ficou emocionada quando viu o que seria seu lugar ser definido. Nunca tivera autoridade total sobre funções fora da contabilidade, uma fonte de frequentes conflitos entre ela e Eileen.

Em seguida, Alan chamou atenção para as funções de integrador e visionário. Reiterou a diferença entre os dois e ajudou a equipe a definir a função de integrador da seguinte forma:

> **INTEGRADOR**
> - LGR
> - RESULTADOS DE P&L, PLANO DE NEGÓCIOS
> - REMOÇÃO DE OBSTÁCULOS E BARREIRAS
> - PROJETOS ESPECIAIS
> - JURÍDICO E COMPLIANCE

– Agora vou pedir que vocês falem sobre pessoas por um momento – disse Alan apontando para o lugar de visionário –, pois esse lugar é sempre customizado para o indivíduo que o ocupa. Então, equipe, o que vocês querem que o visionário da Swan faça? Como o Vic pode agregar o máximo de valor todos os dias?

Todos ficaram em silêncio. Alan já tinha visto isso acontecer muitas vezes – membros de uma equipe inseguros sobre o que um visionário poderia fazer por um negócio em crescimento e relutantes em sugerir *qualquer coisa* aos sócios fundadores.

– Vic, o que você mais gosta de fazer? – perguntou. – Em que você é melhor?

– Acho que sou melhor em tarefas de alto nível: grandes ideias, relacionamentos importantes, solucionar grandes problemas. Quanto menores e mais detalhados os problemas, menos me interessam.

– O que mais? – Alan sorriu e começou a escrever.

– O Vic também é apaixonado pela nossa *vibe*, como ele chama – acrescentou Sue.

– Quando você diz *vibe* – indagou Alan –, está se referindo ao moral, à maneira como as pessoas na empresa se encaixam e se engajam na missão?

– Exatamente – respondeu Vic.

– Normalmente eu vejo isso definido como cultura – comentou Alan. – Funciona para vocês ou preferem *vibe*?

– Cultura está ótimo – respondeu Vic, rindo enquanto Alan anotava.

– Algo mais? – Alan perguntou à equipe.

– O Vic também é ótimo em transformar suas melhores ideias sobre o futuro em um plano – sugeriu Art.

Eileen sorriu.

– Desde que ele não precise *implementar* nenhuma dessas ideias e desses planos – acrescentou, provocando uma risada geral.

– Vocês chamariam de pesquisa e desenvolvimento? – continuou Alan.

– Está mais para pesquisa do que para desenvolvimento – respondeu Eileen com a expressão séria. – O Art tem razão. O Vic acompanha o setor e antecipa as necessidades tecnológicas dos clientes. Sempre foi o cara que nos ajuda a entender o que é possível e o que será necessário para nos mantermos atualizados. Mas transformar essas possibilidades num plano de ação é outra história.

Vic sorriu, concordando. Eileen estava certa, é claro.

– Por que não chamamos o papel de "tendências do setor"? – perguntou Vic.

– Por mim, tudo bem – respondeu Alan. – Todo mundo aqui tem uma compreensão clara do que isso significa?

A equipe concordou com a definição, e Alan concluiu o preenchimento do papel do visionário:

> **VISIONÁRIO**
> - GRANDES IDEIAS
> - GRANDES RELACIONAMENTOS
> - SOLUÇÃO DE GRANDES PROBLEMAS
> - CULTURA
> - TENDÊNCIAS DO SETOR

– São essas as responsabilidades que desejamos do visionário da Swan? – perguntou Alan.*

A equipe concordou em fazer uma pausa de dez minutos antes da hora do almoço. Na volta, Alan continuou com o exercício do Diagrama de Responsabilidades.

AS PESSOAS CERTAS NOS LUGARES CERTOS

– Agora que definimos a estrutura ideal da empresa, pelo menos no nível da equipe de liderança, vamos colocar as pessoas certas nessas posições – começou Alan. – Para isso, precisamos alocar todos nas posições em que passarão a maior parte do tempo fazendo o que adoram e o que fazem melhor. Vamos passar por essas posições, uma de cada vez, começando pelas quatro principais funções: marketing, vendas, operações e financeiro. Há nomes definidos para esses lugares?

O grupo ficou em silêncio. Art e Carol esperaram que alguém da equipe citasse seus nomes para marketing e financeiro, respectivamente. Sue queria assumir o lugar de vendas, mas sem ofender Vic. Eileen quase sugeriu Evan para operações, mas seu comportamento estranho pouco antes a deixara em dúvida se ele seria capaz de liderar uma função tão crucial.

---

* Para compreender melhor a dinâmica desses lugares, leia *O visionário e o integrador – Os dois tipos de líder de que as empresas precisam para serem altamente bem-sucedidas*. Escrito por mim em parceria com Mark C. Winters, é um manual completo de como identificar, desenvolver e maximizar a relação entre ambos.

Finalmente, ela rompeu o silêncio.

– O Art é claramente o titular do lugar de marketing – falou.

– Isso mesmo – concordou Vic, seguido pelos demais. Alan escreveu o nome de Art no lugar de marketing e surpreendeu os líderes com o que disse em seguida:

– Art, está na hora de uma avaliação de desempenho em tempo real. Você está preparado?

– Hã... tudo bem – respondeu Art, inseguro.

– Você vai receber uma avaliação sincera dos colegas. Começando pela sua esquerda, vou pedir que cada um diga se acha que você tem EQC para os cinco papéis da posição de marketing. EQC significa "entender, querer e ter capacidade de fazer". – Quando alguém "entende", o cérebro é naturalmente programado de modo a atender às demandas das cinco regras do papel em questão – explicou Alan. – Quando alguém "quer", acorda todos os dias com vontade de se destacar naquele papel. "Capacidade de fazer" significa a maturidade intelectual e emocional, a formação, o treinamento e a experiência no trabalho para alcançar um bom desempenho.

Após uma breve pausa, ele prosseguiu:

– Então, estabelecido esse contexto – prosseguiu –, vamos desejar que todos respondam "sim" três vezes. Se alguém sentir que você não tem EQC para o lugar, vamos ouvir pelo menos um não, e eu vou pedir a essa pessoa que explique a avaliação.

Alan olhou para todos, de repente mais tensos, à espera de perguntas, mas ninguém se manifestou. Começou então pela esquerda de Art.

– Então, Evan – disse com serenidade –, sendo totalmente franco e sincero, você acha que o Art entende, quer e tem capacidade de assumir as cinco funções no lugar de marketing?

Petrificado, Evan olhou fixamente para o quadro.

– Espera um pouco – interveio Eileen, percebendo o desconforto de Evan. – Você está sugerindo que a gente afirme que alguém não está fazendo bem seu trabalho? Na frente dos colegas?

– Sim – respondeu Alan. – Mas quero deixar claro que não estou incentivando ataques pessoais, apenas pedindo um feedback sincero. Precisamos nos concentrar no bem maior da organização. Mas entendo perfeitamente a sua preocupação, Eileen. Em muitas empresas esse tipo de avaliação é confidencial, quando é feita. É assim que funciona na Swan?

– Bem – começou a responder Eileen, mas parou ao perceber que eles não faziam aquela avaliação. Tinha dúvidas sobre Carol e Evan, mas nunca falou sobre isso com eles e não fazia ideia do que os outros líderes pensavam sobre os colegas.

– É natural se sentir desconfortável durante este exercício – admitiu Alan a Eileen e ao restante da equipe. – Mas falar aberta e sinceramente sobre o que cada um sente em relação aos outros é o que nos permite identificar problemas pessoais e resolver isso *juntos*, como equipe. Se não fizermos isso aqui e agora, essas questões não verbalizadas tendem a piorar e crescer. Em última análise, são um entrave para a equipe e para a empresa.

– Espera aí – retrucou firmemente Carol. – Problemas pessoais devem ser tratados em particular, ponto final. Isso é ridículo! Com certeza você deve ter outros clientes que sentem o mesmo.

– Bem – começou Alan diplomaticamente –, o que posso dizer é que até os que se sentiram hesitantes sobre avaliações de desempenho em tempo real logo perceberam o valor dessa abordagem sincera como uma forma de feedback. Não consigo pensar em nenhum cliente que tenha se arrependido de fazer isso no Dia do Foco. E sempre repetiam o exercício quando surgia um problema pessoal numa sessão.

– Qual é o problema? – interrompeu Vic. – Isso faz parte do sistema em que nos inscrevemos para aprender. Eu não me sinto mais confortável ouvindo o que vocês todos pensam de mim do que vocês ouvindo o que os outros pensam de vocês. Mas, se não pudermos ser sinceros uns com os outros, nós nem deveríamos estar aqui!

– Você tem razão – concordou Eileen. – É hora de todos nós dizermos o que se passa na nossa cabeça. Vamos em frente, Alan.

– Obrigado... a todos – disse Alan. – Evan?

– Bem – começou Evan –, eu não vejo o Art com tanta frequência para saber muito. Mas diria que ele entende, quer e tem capacidade para a função.

– Certo, isso são três sim. E você, Carol? – perguntou Alan, continuando à esquerda de Evan.

Carol fez a mesma avaliação, explicando que também não conhecia muito bem o trabalho de Art para saber a resposta. Eileen respondeu sem hesitar: – Sim, sim, sim – sem nenhuma especificação.

– Vic? – perguntou Alan.

– Bem – disse Vic e fez uma pausa. O coração de Art acelerou. Apesar de ter ouvido muitos feedbacks construtivos na vida, ele estava nervoso naquele exercício. – Eu tenho dúvidas se você quer e tem capacidade, Art – disse Vic. – Afinal, tem sua própria agência para administrar. O lugar que definimos implica algumas responsabilidades importantes. Será que você pode fazer isso bem trabalhando para nós um dia por semana?

Alan deixou a pergunta no ar, esperando uma resposta de Art. Sue falou antes.

– Alan, você tem outros clientes que tenham na equipe de liderança pessoas que não são colaboradores em tempo integral? – perguntou.

– Tenho – respondeu Alan. – É raro, mas acontece. Independentemente de o cargo ser ocupado por um colaborador em tempo integral ou por alguém terceirizado, é preciso atribuir ao titular os mesmos padrões de todos os outros na organização. Então, Art, você acha que tem EQC para a posição de marketing?

– É uma boa pergunta – respondeu Art afinal. – Minha resposta é sim, mas gostaria de saber mais sobre o que significa ser "titular" dessa posição antes de me comprometer a desempenhá-la bem em apenas um dia por semana.

– Sue, o que você acha? – perguntou Vic.

Sue respirou fundo.

– Sendo aberta e sincera – falou devagar –, eu gostaria de ouvir o Art dizer que está comprometido com a Swan e com a titularidade do cargo. Nós pagamos mais de 50 mil dólares por ano à empresa dele. Isso pode não nos colocar entre seus maiores ou mais importantes clientes, mas é muito dinheiro para nós.

– Art – perguntou Alan calmamente –, você é capaz de se comprometer totalmente com essa equipe e assumir a responsabilidade pela posição de marketing? Baseado nas cinco regras e no acordo atual com a Swan, você tem EQC para isso?

Art enrubesceu e precisou se recompor antes de responder.

– Se você precisa de uma resposta hoje, então sim, eu tenho EQC para o lugar – afirmou, olhando diretamente para Sue. – Só devo dizer que Eileen e eu precisamos rever nosso contrato e esclarecer exatamente o que significa cada um desses pontos do lugar. Vamos ter que definir prioridades. Por mais horas que eu e meus colegas possamos dedicar, não será possível atender a expectativas ilimitadas.

– Vic, Sue, é um pedido justo? – perguntou Alan.

– Sim – respondeu Vic. – Mas isso não é algo que a Eileen e o Art devam resolver a portas fechadas. Eu sei que eles se conhecem há muito tempo, mas nós temos um negócio. Se existe uma preocupação sobre se o Art está ou não atendendo às necessidades da empresa, acho que eu e a Sue devemos participar dessa discussão.

– Concordo – disse Eileen sem hesitar. Não era a primeira vez que se via levada a considerar se sua amizade com Art não poderia complicar a situação.

– Ótimo – disse Alan, andando até a Lista de Problemas. – Parece que vocês concordam que o Art é a melhor pessoa para o lugar de marketing, mas existe um problema. Os líderes concordaram unanimemente, e ele acrescentou "Art – Definir papel/tempo suficiente?" à Lista de Problemas. Apesar da tensão, a equipe conseguiu ir em frente.

– Ótimo – disse Alan, satisfeito. – E quem é a pessoa certa para a posição de vendas?

Os olhares se alternaram, passando de Sue para Vic e vice-versa.

– Eu diria que é a Sue – adiantou Eileen. – Quando olho para os tópicos deste lugar, ela é a que mais tem EQC para assumi-los. Acho que o Vic também seria capaz, mas ele se encaixa muito melhor no lugar de visionário, e acho que não quer exercer a maioria desses papéis. Você concorda, Vic?

– Acho que você está certa – respondeu Vic, meio relutante. – Mas eu não diria que não quero a posição. Se a empresa precisar de mim como titular ou que eu ajude a Sue no trabalho, posso fazer isso. Alan, você não acha que nós podemos dividir o lugar?

– Não – disseram vários integrantes em uníssono. Todos riram, inclusive Alan.

– Por que você acha que nós precisamos dividir essa posição, Vic? – perguntou Sue de repente.

– Hum... não sei se foi exatamente isso que eu disse – gaguejou Vic. – Só acho que talvez a minha experiência somada à sua energia e capacidade organizacional façam de nós uma ótima equipe.

Sue franziu a testa. Pensou na resposta, respirou fundo e falou olhando para Vic:

– Sendo sincera de novo, isso me deixa muito *irritada*. Você acha que eu só contribuo com minha juventude e atenção aos detalhes? Não tem nenhum respeito pelo meu conhecimento, pelas minhas habilidades de liderança e vendas, pela minha trajetória? Posso ser jovem, mas me saí bem em todos os cargos corporativos que exerci antes da Swan. Você acha que eu não consigo liderar a função de vendas sem seus sábios conselhos e sua orientação constante?

– Claro que não, Sue! – respondeu Vic imediatamente. – Eu tenho uma tremenda confiança em você, e nunca quis dizer o contrário. É que quando nós trabalhamos juntos o resultado é ótimo. Eu detestaria perder isso.

Sue aquiesceu, mas não era exatamente essa a questão.

– Obrigada pelo voto de confiança. Mas tenho pensado muito sobre por que não estamos atingindo nossos resultados e acho que isso faz parte do problema. A gente tem tentado dividir a responsabilidade pela liderança de vendas. Mas toda vez que estamos diante de uma grande oportunidade ou precisamos lidar com um problema, saber quem vai cuidar disso requer meia dúzia de e-mails e algumas reuniões. Fica confuso para todo mundo, inclusive para mim.

Vic percebeu que sua "ajuda" constante podia ser mal-interpretada – por Sue e outros membros da equipe de vendas – como falta de confiança na jovem líder. "Droga. Como isso é *difícil*", pensou

– O lugar é da Sue – disse Vic afinal, com convicção. – Ela tem o EQC para o papel, e eu vou me esforçar para abrir mão do lugar para ela ser a titular.

– Isso me parece um problema, Vic – disse Alan, escrevendo "Vic abrindo mão do lugar de vendas" na Lista de Problemas. – Obrigado pela franqueza em admitir que vai ser difícil abrir mão. Você já está melhorando em termos de delegar.

Alan escreveu o nome de Sue no lugar e conduziu outra avaliação de desempenho improvisada a partir da esquerda e ao redor da mesa. Quando todos concordaram que Sue tinha EQC para o lugar de vendas, ele sugeriu uma pausa de cinco minutos.

Eileen chamou a atenção de Vic com um olhar e fez sinal para que ele se aproximasse no corredor.

– Você *concorda* mesmo com isso, numa boa? – cochichou.

Vic sorriu. Apesar do temperamento reservado de Eileen, a parceria de longa data permitia que um soubesse exatamente o que o outro estava pensando.

– Sim... e não – respondeu.

Eileen lançou um olhar compreensivo e incentivou Vic a continuar.

– Por um lado – prosseguiu ele –, acho que isso é *certo* para a empresa. Sem dúvida a Sue é mais organizada e disciplinada do que eu.

– Mas...? – questionou Eileen.

– Mas uma parte de mim sente que estou sendo tirado da jogada – esclareceu Vic.

Eileen não pôde deixar de rir.

– Ora, Vic, não seja ridículo. Você sabe que isso nunca vai acontecer!

– Eu sei – concordou ele. – Só quero que você saiba como vai ser difícil abrir mão desse lugar.

– Eu entendo – disse Eileen. – Mas nós vamos passar por isso juntos.

Terminada a pausa, Alan retomou a sessão perguntando:

– Quem é o titular certo para o lugar de operações?

Passaram-se vários segundos. Todos lançaram olhares furtivos para Evan, mas ninguém disse uma palavra por um tempo que pareceu muito longo. Art quebrou o silêncio:

– Hoje o Evan é o titular desse lugar.

– Isso significa que ele deveria ser o titular amanhã? – perguntou Alan. – Lembrem-se de que temos que elaborar esse diagrama olhando para a frente, sem histórico e sem pessoas. Se vocês acham que o Evan é adequado para o lugar de operações, vamos fazer uma avaliação de desempenho em tempo real.

Art escreveu o nome de Evan no lugar e começou a rodada. Carol começou com três "sim" pouco entusiasmados para EQC.

– Eileen? – continuou Alan. – Você acha que o Evan tem EQC para os cinco papéis do lugar?

Seguiu-se uma pausa longa e angustiante. Evan começou a suar.

– O negócio é o seguinte, Evan – começou Eileen. – Eu acho que você tem EQC para os três últimos papéis: entregar projetos, gerenciar recursos e desenvolver processos. Mas acho que você *não quer* liderar e gerenciar pessoas ou ser responsável pela satisfação do cliente. Também não tenho certeza se você tem a capacidade necessária para essas duas tarefas.

Por mais difíceis que tenham sido as duas discussões anteriores, os comentários de Eileen a respeito de Evan levaram a tensão a um novo patamar. Ele ficou vermelho, quase trêmulo.

– Evan, o que você acha dessa avaliação? – perguntou Alan calmamente.

– Bem, isso dói, pois francamente é o meu trabalho – admitiu nervoso. – E no geral acho que faço muito bem. Só que...

Evan ficou em silêncio. Cruzou os braços e olhou para suas anotações.

– Só que o quê? – perguntou Alan delicadamente.

– *Ninguém* nesta mesa entende como esse trabalho é difícil! – exclamou. – Eu sou ótimo em gerenciar pessoas? Não, não sou. Sou ótimo com clientes? Não. Francamente, às vezes eles me tiram do sério! Mas há muitos aspectos nesta empresa que tornam o gerenciamento de pessoas e a satisfação do cliente muito mais difíceis do que deveriam ser! Se consertarmos isso, eu posso ser muito melhor em LGR e satisfação do cliente do que vocês pensam que sou.

Alan ficou impressionado – tanto com a disposição de Eileen de confrontar Evan com suas preocupações quanto com a capacidade de Evan de se recuperar do golpe e expressar suas frustrações. Partindo da esquerda de Eileen, Alan envolveu todos os executivos no debate, que continuou a todo vapor por vários minutos antes de Alan conduzi-lo a uma conclusão.

Ele deixou claro que, antes de sair da sala naquele dia, a equipe precisava identificar alguém para assumir o lugar de operações, mesmo que temporariamente. Explicou que uma posição na equipe de liderança era muito importante para ser deixada vaga. Mais uma vez, pediu à equipe que sugerisse a pessoa certa para aquele lugar.

– Claro que é o Evan – afirmou Eileen enfaticamente. – Eu só queria ser clara e sincera quanto às minhas preocupações, Evan. Foi o que fizemos com o Art e o Vic. Acho que é um problema que precisamos acrescentar à lista. Espero que você entenda isso.

Evan concordou, ainda abalado por aquela avaliação pública de seus pontos fortes e fracos.

Alan escreveu "Evan – LGR/Satisfação do cliente?" na Lista de Problemas e continuou:

– Evan, você terá muitas oportunidades de provar que é a pessoa certa para esse lugar. Mas a preocupação da equipe com LGR e satisfação do cliente é um problema. Como qualquer outro problema, é melhor na nossa lista e em aberto do que na cabeça de alguém. Certo?

Evan apertou os olhos.

– Certo – concordou.

– Quem é o responsável pelo lugar financeiro? – prosseguiu Alan, aparentemente inabalado pelo conflito.

– Eu – disse Carol prontamente.

– Carol acha que tem EQC para os seis papéis do financeiro – disse Alan. – LGR, orçamento e relatórios, contas a pagar e a receber, RH, TI e administração do escritório. Vocês concordam?

Eileen releu os papéis e não conseguiu encontrar uma boa razão para dizer não, mas também não parecia certo dizer sim.

– Sim – respondeu, relutante, o que bastou para deixar Carol agitada. – Eu acho que ela entende, quer e tem capacidade.

– Vic? – continuou Alan, movendo-se para a esquerda de Eileen.

Vic respirou fundo. Assim como Eileen, o visionário da Swan não conseguia identificar o que o incomodava. Carol era confiável e tecnicamente proficiente. Nunca perdia um prazo ou cometia erros irreparáveis. Seus problemas para lidar com pessoas eram lendários, mas, do ponto de vista de LGR, na verdade não havia nada no lugar financeiro que exigisse habilidades interpessoais. Ponderou se valia a pena arriscar mais uma confrontação.

– Franco e sincero, certo? – perguntou Vic afinal.

– Por favor – disse Alan.

– Eu me preocupo com LGR – admitiu Vic. – Não parece se encaixar no seu estilo... de liderança.

– Por que você diz isso, Vic? – perguntou Carol, apertando os lábios. – Eu já tive pessoas sob minha supervisão, e elas foram plenamente responsáveis por suas tarefas.

Vic olhou para Alan em busca de ajuda. Carol estava furiosa. Em vez de salvá-lo, Alan só retribuiu o olhar. Sob a observação atenta de toda a equipe, Vic foi em frente:

– Não estou dizendo que você é uma pessoa ruim ou que está fazendo um trabalho ruim. Você trabalha duro e é ótima em muitas atividades valiosas. Só tenho a impressão de que não gosta muito de gerenciar pessoas, então não sei se quer essa parte do trabalho. Só isso.

– Tudo bem – reagiu Carol. – Então pode tirar meu nome do lugar!

– O Vic só está dando um feedback sincero, Carol – observou Alan calmamente. – Você não precisa concordar; basta ouvir. Antes de nos precipitarmos, vamos ver o que pensam todos os outros.

– Tudo bem – resmungou Carol.

Sentada à esquerda de Vic, Sue respondeu espaçadamente com três sim. Concordou com as preocupações de Vic sob certos aspectos, mas nunca havia visto Carol gerenciando pessoas, por isso não podia dizer não com convicção.

Art tentou se esquivar, alegando falta de vivência com Carol. Quando Alan insistiu que ele desse sua opinião com base na experiência que tinha, Art concordou que Carol era a melhor pessoa para o lugar. Por fim, Alan se voltou para Evan.

O vice-presidente de operações parecia estar se sentindo mal. Carol se inclinou para a frente e começou a tamborilar os dedos.

– Bem – Evan começou a falar, hesitante –, isso quase nunca acontece, mas eu concordo com o Vic.

Todos deram uma risada nervosa, menos Carol.

– Ela é a melhor pessoa para o trabalho, mas o nome dela deveria estar na Lista de Problemas. Eu acho que ela gosta de LGR tanto quanto eu.

– Para deixar bem claro, todos vocês acreditam que a Carol é a pessoa certa para o lugar financeiro, mas LGR pode ser um problema? – perguntou Alan.

A equipe concordou, e Alan escreveu "Carol – LGR?" na Lista de Problemas.

Carol continuava furiosa com o que considerou falta de apoio de Vic, Sue e Evan. Mas os outros líderes estavam contentes por terem resolvido a tensa discussão – pelo menos por enquanto. Ansiosos para completar o Diagrama de Responsabilidades, eles puseram Eileen no lugar de integradora e apoiaram por unanimidade Vic como visionário da Swan. Em ambos os casos, os líderes receberam todos os "sim" para EQC na rodada pela mesa.

Alan concluiu o exercício passando um dever de casa: fazer um planejamento completo de cada departamento, com funções, papéis e nomes para cada posição, combinados em um Diagrama de Responsabilidades de uma página para toda a organização, antes da próxima sessão. (Ver o Diagrama de Responsabilidades da equipe de liderança na página 83). Às 13h15 ele dispensou a equipe para mais um breve intervalo.

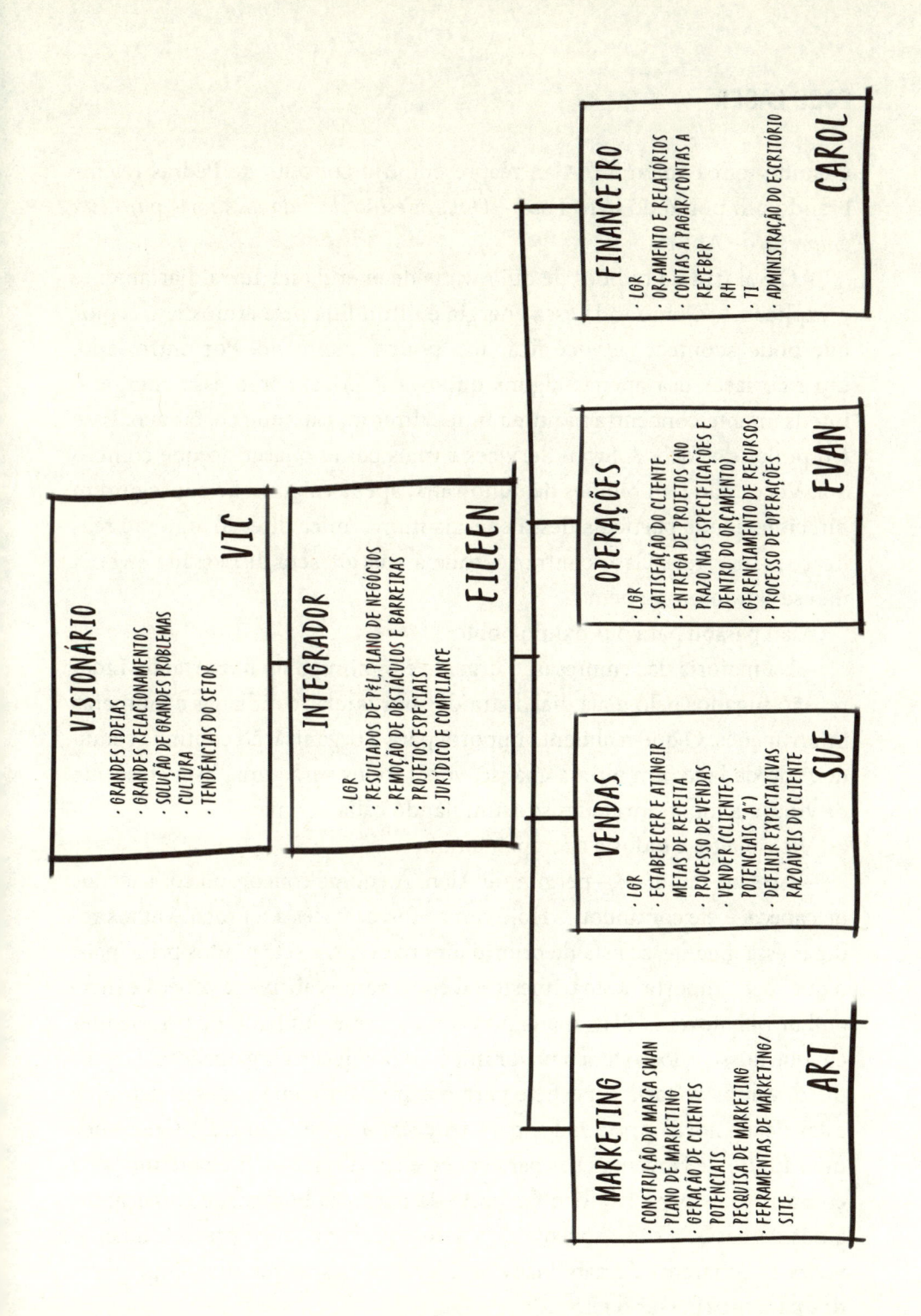

VISIONÁRIO — VIC
- GRANDES IDEIAS
- GRANDES RELACIONAMENTOS
- SOLUÇÃO DE GRANDES PROBLEMAS
- CULTURA
- TENDÊNCIAS DO SETOR

INTEGRADOR — EILEEN
- LGR
- RESULTADOS DE P&L, PLANO DE NEGÓCIOS
- REMOÇÃO DE OBSTÁCULOS E BARREIRAS
- PROJETOS ESPECIAIS
- JURÍDICO E COMPLIANCE

MARKETING — ART
- CONSTRUÇÃO DA MARCA SWAN
- PLANO DE MARKETING
- GERAÇÃO DE CLIENTES POTENCIAIS
- PESQUISA DE MARKETING
- FERRAMENTAS DE MARKETING/SITE

VENDAS — SUE
- LGR
- ESTABELECER E ATINGIR METAS DE RECEITA
- PROCESSO DE VENDAS
- VENDER (CLIENTES POTENCIAIS "A")
- DEFINIR EXPECTATIVAS RAZOÁVEIS DO CLIENTE

OPERAÇÕES — EVAN
- LGR
- SATISFAÇÃO DO CLIENTE
- ENTREGA DE PROJETOS (NO PRAZO, NAS ESPECIFICAÇÕES E DENTRO DO ORÇAMENTO)
- GERENCIAMENTO DE RECURSOS
- PROCESSO DE OPERAÇÕES

FINANCEIRO — CAROL
- LGR
- ORÇAMENTO E RELATÓRIOS
- CONTAS A PAGAR/CONTAS A RECEBER
- RH
- TI
- ADMINISTRAÇÃO DO ESCRITÓRIO

FOCO LASER

Quando todos voltaram, Alan reapresentou o conceito de Pedras relembrando um ponto do livro *Foco – Uma questão de vida ou morte para sua empresa*, de Al Ries.

– O Sol irradia bilhões de quilowatts de energia na Terra diariamente – explicou. – Como toda essa energia é difundida pela atmosfera, o pior que pode acontecer é você ficar um pouco queimado. Por outro lado, um raio laser usa apenas alguns quilowatts. Mas, como essa energia é intensamente concentrada numa única direção, ela pode cortar aço. Esse é o poder do foco. A Swan Services é mais como o laser do que como o Sol. Vocês não têm bilhões de quilowatts, apenas alguns. Se conseguirem direcionar cada partícula dessa energia numa única direção, obterão realizações incríveis. Caso contrário, toda a energia será dispersada e vocês não se sairão muito bem.

Alan passou para o próximo ponto:

– Na maioria das empresas, o urgente é o inimigo do importante. Líderes são sugados pelo dia a dia, distraídos por tarefas cotidianas e inúmeras interrupções. O que realmente importa para a organização continua sendo deixado de lado. Em última análise, vocês todos verão uma lista crescente de vinte a trinta prioridades se acumulando cada vez mais.

Vic riu alto, e todos o acompanharam.

– Isso soa familiar? – perguntou Alan. A equipe concordou com acenos de cabeça, e ele continuou – Hoje vamos forçar vocês a ter foco. Vamos reduzir essa gigantesca lista de prioridades para três a sete pontos principais, o que mais importa neste trimestre. Depois vamos abaixar a cabeça e mergulhar por noventa dias, mantendo o foco nesse punhado de prioridades em que nosso esforço terá o maior impacto possível na organização. Depois disso, vamos voltar à superfície para respirar, ver como todos se saíram e estabelecer novas prioridades para os *próximos* noventa dias. Criaremos um Mundo de Noventa Dias para vocês, e em última análise para todos na empresa, pois perder o foco faz parte da natureza humana, e começamos a nos desgastar a cada noventa dias. Isso é prever a longo prazo, e quando vocês dominarem essa habilidade de liderança estarão muito mais preparados para ultrapassar o teto.

Alan pediu aos líderes que passassem cinco minutos escrevendo suas listas de "problemas quentes" – ou Pedras potenciais. Ele as definiu como "o que precisa ser feito na empresa nos próximos noventa dias, seja algo grande ou pequeno".

– Muito bem – falou ao lado do quadro quando a equipe terminou. – Quem quer ler para mim sua lista de Pedras potenciais?

– Eu começo – ofereceu-se Evan.

Alan escreveu a lista de Evan o mais rápido que pôde.

– Carol, agora é você – continuou.

Carol começou a ler sua lista e logo Alan mudou para uma segunda coluna. Quando Eileen, Vic, Sue e Art terminaram, havia 37 Pedras potenciais.

– Não se preocupem – Alan tranquilizou o grupo. – Meu recorde para um Dia do Foco é de 72 problemas, que preencheram dois quadros inteiros. Isso aqui não é nada! Vamos reduzir tudo para uma lista mais administrável com um processo de eliminação que chamo de "Manter, Eliminar e Combinar". Pode demandar duas ou três tentativas e provocar discussões acaloradas pelo bem maior da organização, mas prometo que chegaremos lá.

Começando pelo topo da lista, Alan leu cada Pedra potencial exatamente como estava escrita, pedindo à equipe que adotasse uma de três ações:

- Manter – alguém da equipe acredita ser uma das três a sete maiores prioridades *para a empre*sa naquele trimestre.
- Eliminar – não é uma grande prioridade para o trimestre.
- Combinar – semelhante a algo já na lista e, portanto, pode ser combinado com o outro item em uma única Pedra.

Alan reduziu os debates ao mínimo adotando um critério interessante: deixar na lista qualquer Pedra potencial que um membro da equipe quisesse manter; riscar com uma linha fina os itens que todos concordassem em descartar; eventualmente combinar dois itens similares numa única Pedra potencial. Esse processo reduziu a lista a 15 pontos.

– Tudo bem, turma – disse Alan. – Vamos fazer uma segunda rodada e então começar a debater para tomarmos decisões difíceis. Nenhum desses problemas vai desaparecer. Só estamos tentando concordar com as três a sete prioridades para a organização neste trimestre.

A segunda rodada incluiu mais discussões e alguns debates acalorados. Quando terminou, havia oito Pedras potenciais:

- FERRAMENTAS DE VENDAS/REDESENHO DO SITE
- REVISÃO DO ORÇAMENTO ANUAL
- MELHORIA DA SATISFAÇÃO/RETENÇÃO DE CLIENTES
- CONTRATAÇÃO DE NOVO PROGRAMADOR/CONSULTOR
- DOIS NEGÓCIOS "A" EM POTENCIAL
- ACORDOS ESPECIAIS COM CLIENTES ESTRATÉGICOS
- AQUISIÇÃO DE NOVO SOFTWARE DE GERENCIAMENTO DE PROJETOS
- MAIS LUCRATIVIDADE/AJUSTE DO MODELO DO PESSOAL DE OPERAÇÕES

– Vamos fazer uma última rodada – disse Alan, voltando ao topo da lista. – Ferramentas de vendas/redesenho do site. Isso é realmente um dos três a sete itens mais importantes que vocês precisam fazer *neste trimestre*?

– Manter – responderam Art, Sue e Vic ao mesmo tempo. Eileen e Evan concordaram, e Alan fez um círculo em torno daquela Pedra.

– Revisão do orçamento anual – continuou Alan. – Isso é uma prioridade de vida ou morte para os próximos noventa dias?

– Eliminar – disse Vic. – Por que perder tempo revisando nossa previsão anual para baixo? Vamos focar nossas energias em colocar a empresa de volta nos trilhos!

– Concordo – opinou Sue. O restante da equipe também concordou e Alan riscou "Revisão do orçamento anual".

– Melhoria da satisfação/retenção de clientes – continuou Alan.

– Eliminar – disse Evan. – Sei que isso vai sobrar para mim, e estou ocupado demais para enfrentar esse problema agora.

– Manter! – discordou Eileen enfaticamente. – Evan, eu não consigo pensar em nada mais importante agora do que nos atermos a nossos melhores clientes. O Alan não pediu para pensarmos no que temos tempo para fazer, e sim para definirmos as prioridades da lista. Essa é sem dúvida uma delas!

– Então temos um voto para eliminar e outro para manter – resumiu Alan. – Alguém mais tem uma opinião sobre essa Pedra?

– Eu estou com a chefe – disse Art. – Manter.

Quando Carol, Sue e Vic concordaram, Alan olhou para Evan. Ele pareceu encurralado.

– Não podemos deixar isso para depois? – perguntou. – Eu concordo que é importante, mas não temos um consenso.

– Por consenso você quer dizer a concordância de todos? – perguntou Alan.

– Sim, mais ou menos isso – respondeu Evan. – Quer dizer, não parece justo...

Alan esperou Evan terminar, mas ele parou de falar.

– Entendo o que você está dizendo – assegurou Alan. – Mas no meu trabalho com empresas eu já constatei que a gestão por consenso *não funciona*. Isso tira você dos negócios mais rápido do que qualquer outra medida. O que funciona é dar chance para que todos opinem. Se a equipe não conseguir concordar, o integrador tomará a decisão final.

– Mas eu vou ter que carregar essa Pedra – disse Evan, tentando não parecer muito reclamão.

– Talvez – concordou Alan. – Vamos falar sobre isso daqui a pouco, quando definirmos as Pedras. Talvez tenhamos que redistribuir os recursos, se a equipe achar importante. O que estamos decidindo agora é se é uma prioridade. Então, você sente que a equipe ouviu sua opinião?

– Sim – respondeu Evan, relutante.

– Eileen, como integradora, você precisa tomar uma decisão. Você ouviu o que cada um dos membros da equipe de liderança tem a dizer sobre a questão? – perguntou Alan.

– Sim – respondeu Eileen, calculando consigo mesma as horas que economizaria não precisando esperar a equipe chegar a um consenso claro sobre cada problema. – Ouvi, e acho que deveríamos manter.

Alan ajudou a equipe a abordar cada item restante da lista. Eles chegaram a cinco prioridades para a primeira série de Pedras da empresa:

- FERRAMENTAS DE VENDAS/REDESENHO DO SITE
- MELHORIA DA SATISFAÇÃO/RETENÇÃO DE CLIENTES

- DOIS NEGÓCIOS "A" EM POTENCIAL
- NOVO SOFTWARE DE GERENCIAMENTO DE PROJETOS
- MAIS LUCRATIVIDADE/AJUSTE DO MODELO DO PESSOAL DE OPERAÇÕES

Com a lista completa, Alan ilustrou como definir claramente cada Pedra tornando-a SMART – acrônimo em inglês para específica, mensurável, alcançável, relevante e com prazo definido. Enquanto trabalhavam na lista, também pediu à equipe que atribuísse um "titular" a cada Pedra – alguém para assumir a responsabilidade por tocar o assunto até a conclusão. Explicou que, assim como as posições no Diagrama de Responsabilidades, cada Pedra estaria sob a responsabilidade de apenas uma pessoa.

– Essa pessoa vai precisar de ajuda e vai depender de outros ao redor desta mesa. Mesmo assim, precisamos de um nome para consultar no final do trimestre, para dizer se a Pedra foi ou não resolvida.

Ficou definido que a primeira série de Pedras – uma espécie de "rodada na prática" – seria concluída até a terceira reunião da Swan com Alan, cerca de sessenta dias depois do Dia do Foco. Quando o exercício terminou, as Pedras foram escritas da seguinte forma:

1. FAZER FOLHETO DE TRÊS DOBRAS E ESBOÇO COMPLETO DO SITE — ART
2. REALIZAR LEVANTAMENTO DE CLIENTES ATUAIS E PLANO DE RETENÇÃO — EVAN
3. FECHAR DOIS NEGÓCIOS "A" E DEZ ACORDOS ESPECIAIS COM CLIENTES ESTRATÉGICOS — SUE
4. ADQUIRIR O NOVO SOFTWARE DE GERENCIAMENTO DE PROJETOS — CAROL
5. FAZER MUDANÇAS NO PESSOAL DE OPERAÇÕES PARA AUMENTAR A LUCRATIVIDADE — EILEEN

– Uau! – exclamou Vic, olhando para a lista completa de Pedras da empresa. – Se conseguirmos fazer isso, será nosso trimestre mais produtivo em muito tempo. Talvez até o melhor de todos. E pela primeira vez acho que podemos conseguir!

– Você só está dizendo isso porque não tem uma Pedra – provocou Sue.

Alan limpou a lista original de 37 Pedras potenciais, apagando o que tinha sido mantido ou combinado em uma Pedra. Sobraram 22 itens. Em seguida, apresentou o conceito de Pedras individuais.

– Menos é mais – lembrou à equipe. – Porém, além da Pedra de cada um, vocês podem sair daqui com até sete Pedras. Assim, se alguém achar que algo importante não foi considerado uma Pedra da empresa, está autorizado a adicioná-lo à lista de Pedras individuais para este trimestre.

Carol imediatamente começou a fazer anotações.

– Antes de começar – alertou Alan –, devo dizer que definir as Pedras exige que vocês sejam bons em previsões de longo prazo. Precisam acreditar que vão dar conta de cada Pedra. Não se trata de sugestões, não é uma lista de desejos. Vocês vão *prever* o que precisa ser feito neste trimestre, e nós contamos que conseguirão dar conta. Então, se tiverem tempo para concluir um ou mais itens da lista, assinalem cada um como uma Pedra individual SMART. Depois cada um compartilhará suas escolhas.

Quando todos terminaram, Alan pediu que cada executivo falasse de suas Pedras individuais. Ouviu com atenção e incentivou o feedback entre eles, o que levou a algumas discussões acaloradas sobre prioridades individuais para o trimestre. Uma vez concluído o processo, cada líder tinha definido claramente suas Pedras.

Sue se ofereceu para compilar a Folha de Pedras da empresa. Para concluir o exercício, Alan foi até a lista de itens riscados e apagou todos que se tornaram Pedras. Sobraram sete. Em seguida, adicionou esses itens à Lista de Problemas da Swan e liberou a equipe para uma rápida pausa. (Ver Folha de Pedras nas páginas 90-91.)

A PULSAÇÃO

– Líderes empreendedores costumam *odiar* reuniões – continuou Alan, apontando para a expressão Pulsação de Reuniões no quadro –, porque a maioria das reuniões é *horrível*. Não existe nada pior do que essas intermináveis sessões de relatórios em que as pessoas tagarelam sem parar sobre temas que não são de fato importantes para toda a equipe. Na melhor das hipóteses, muitas questões são discutidas, mas muito pouco é realizado. Agora imaginem por um momento uma Pulsação de Reuniões regular e altamente produtiva, que os mantenha conectados a tudo de importante que acontece no negócio, os torne mais eficazes como líderes, individualmente

FOLHA DE PEDRAS DA SWAN SERVICES PARA O TRIMESTRE

Data futura: 8 de abril de 20XX   Receita: Lucro: Mensuráveis:

PEDRAS DA EMPRESA	QUEM
1) Fazer folheto de três dobras, modelo de proposta e esboço completo do site	Art
2) Realizar levantamento de clientes atuais e plano de satisfação/retenção	Evan
3) Fechar dois negócios "A" e dez acordos especiais com clientes estratégicos	Sue
4) Decidir a aquisição de software de gerenciamento de projetos	Carol
5) Recomendar e aprovar mudanças no pessoal de operações para aumentar a lucratividade	Eileen
6)	
7)	

ART	
1) Fazer folheto de três dobras, modelo de proposta e esboço completo do site	
2)	
3)	
4)	
5)	
6)	
7)	

SUE	
1) Fechar dois negócios "A" e dez acordos especiais com clientes estratégicos	
2) Documentar processo de vendas, obter aprovação da equipe de liderança	
3) Desenvolver Tabela de Desempenho do departamento de vendas	
4) Fazer pelo menos uma reunião de prospecção com cada um dos três representantes de vendas	
5)	
6)	
7)	

EVAN

1) Realizar levantamento de clientes atuais e plano de satisfação/retenção
2) Contratar novo consultor/desenvolvedor
3) Concluir revisões de desempenho do departamento
4) Fazer processo administrativo central
5) Entregar projeto Acme Industries no prazo e dentro do orçamento
6) Coordenar cronograma de férias no departamento
7) Implementar sistema de rastreamento de erros

CAROL

1) Decidir a aquisição de software de gerenciamento de projetos
2) Revisar orçamento anual
3) Revisar manual de políticas de RH
4) Concluir balancete financeiro de junho
5) Realizar oito horas de educação continuada
6) Revisar contratos de processamento de TI/folha de pagamento
7)

EILEEN

1) Recomendar e aprovar mudanças no pessoal de operações para aumentar a lucratividade
2) Recomendar e aprovar mudanças no pessoal de vendas para aumentar a lucratividade
3) Reunião com pelo menos três clientes estratégicos que reduziram ou limitaram gastos com a Swan
4) Iniciar processo de renovação de linhas de crédito
5) Concluir e implementar ferramentas do Dia do Foco
6)
7)

VIC

1) Ir a uma mostra de tendências da indústria em busca de pelo menos uma "grande ideia"
2) Visitar pessoalmente pelo menos dois clientes estratégicos e dois parceiros estratégicos de negócios
3)
4)
5)
6)
7)

e como equipe, com foco em solucionar problemas em vez de só falar sobre eles. Vocês seriam *contra* essa reunião?

– Talvez – disse Vic, sorrindo. – Eu não consigo ficar muito tempo parado, Alan!

Alan e o restante da equipe deram risada, e ele continuou explicando que seus clientes dividem a Pulsação de Reuniões em duas partes.

– A primeira parte é o Mundo de Noventa Dias que descrevi antes – falou. – Enquanto vocês trabalharem comigo, serei responsável por ajudá-los com seu Mundo de Noventa Dias, orientando suas sessões de planejamento anual e trimestral. A tarefa de vocês nas próximas semanas é dominar a Reunião de Nível 10 semanal, que começa na próxima semana. Porque vocês não podem se manter devidamente conectados aos negócios, nem uns aos outros, se reunindo a cada três meses. É aí que entra a Reunião de Nível 10 semanal. Ao investir noventa minutos por semana e seguir uma agenda muito específica, vocês vão eliminar a necessidade de uma inútil comunicação um a um. Isso evita gargalos e colisões que acontecem quando a mão esquerda não sabe o que a direita está fazendo.

– Desculpe – interrompeu Evan –, mas você disse noventa minutos por semana?

– Sim, Evan – respondeu Alan.

– Não quero que você interprete mal – argumentou Evan –, mas nós já passamos tempo *demais* em reuniões!

– Eu entendo – continuou Alan tranquilizando-o. – Na verdade, no começo muitos clientes resistem às Reuniões de Nível 10 semanais. Mas todos voltam para a segunda ou a terceira sessões tendo constatado como são valiosas. Então, por favor, tenham um pouco de fé, pois posso garantir que os noventa minutos investidos por semana vão revolucionar a maneira como vocês trabalham juntos *e* economizar pelo menos o dobro desse tempo desperdiçado em comunicação improdutiva, oportunidades perdidas e gerenciamento de crises a cada semana.

Evan concordou, relutante. Alan continuou explicando os cinco fatores essenciais para uma Pulsação de Reuniões produtiva e saudável – com reuniões semanais sempre nos mesmos dias e horários, começando e terminando no horário previsto e utilizando a mesma pauta a cada semana. Em seguida, detalhou cada item da pauta do Nível 10:

- ATUALIZAÇÃO/BOAS NOTÍCIAS   5 MIN
- TABELA DE DESEMPENHO   5 MIN
- REVISÃO DE PEDRAS   5 MIN
- NOTÍCIAS DE CLIENTES E COLABORADORES 5 MIN
- LISTA DE TAREFAS   5 MIN
  - _____
  - _____
  - _____

- LISTA DE PROBLEMAS   60 MIN
  - _____
  - _____
  - _____

- CONCLUSÃO   5 MIN
  - RECAPITULAÇÃO DE TAREFAS
  - TRANSMISSÃO DE MENSAGENS
  - NOTAS 1-10

– Vince Lombardi disse: "Cedo é pontual; na hora já é tarde" – prosseguiu Alan. – Assim, se a reunião estiver agendada para as 9 horas toda semana, começar no horário significa que todos devem estar sentados e prontos para começar às 8h59, com tudo de que precisam para o encontro.

– Até o visionário? – brincou Vic, reconhecendo sua falta de pontualidade crônica.

– Até o visionário – confirmou Alan. – Exatamente às 9 horas quem estiver liderando a reunião começará pedindo boas notícias pessoais e profissionais. Isso ajudará vocês a se envolverem na atividade, como fizemos esta manhã. Vocês perceberão que alguns minutos focados no elemento humano a cada semana ajudarão a melhorar a saúde da equipe. Isso não deve levar mais de cinco minutos. Os três itens seguintes na pauta são apenas relatórios. Sem discussão, sem desculpas, sem soluções. Para garantir que estão atingindo suas metas semanais, primeiro vocês vão informar rapidamente como está a Tabela de Desempenho, que criaremos em seguida. Nela descreverão cada métrica e dirão se está dentro ou fora do esperado. Não há necessidade de discutir os itens nesse momento, basta anotar quaisquer números fora do esperado na Lista de Problemas. Em seguida vocês usarão a mesma abordagem com as Pedras, revisando as da empresa e as individuais, e deixando cada líder dizer se suas Pedras estão nos trilhos ou fora deles. Qualquer desvio vai para a Lista de Problemas. O item seguinte da agenda são notícias sobre clientes e colaboradores. Isso ajuda a manter a equipe atualizada sobre a satisfação de clientes e colaboradores. Mais uma vez, vamos nos limitar a notícias, sem comentários. Isso evita travar antes de a reunião começar, emperrar em relatórios exaustivos em que se passa uma hora só apresentando notícias, dando desculpas e discutindo os mesmos assuntos.

– Certo, Alan – disse Evan com um de seus raros sorrisos. – Continuo cético, mas, se você nos ajudar nesse quesito, retiro o que disse sobre o excesso de reuniões.

– Combinado, Evan – concordou Alan, sorrindo, antes de continuar. – O item seguinte da agenda é a Lista de Tarefas, uma série de ações que cada um vai concordar em cumprir antes da reunião da semana seguinte. Essa lista será elaborada na agenda da Reunião de Nível 10, um documento dinâmico com tudo que é necessário na ponta dos dedos. Quando chegarem à Lista de Tarefas, vocês vão perguntar se cada um cumpriu o previsto.

A equipe riu.

– Essa disciplina ajudará vocês a chegar ao ponto em que 90% das tarefas serão resolvidas a cada semana – prosseguiu Alan. – Isso cria responsabilização e os ajuda a ser mais produtivos. A partir daí, vamos para a verdadeira magia do que faz a excelência das reuniões: solucionar problemas. Identificar e *realmente* fazer os problemas desaparecerem *para sempre*. Quando vocês dominarem a Reunião de Nível 10 semanal, vão passar dois terços desse tempo solucionando problemas. Vocês se lembram da nossa Reunião de Noventa Minutos, em que a maioria das equipes de liderança passa o tempo todo discutindo problemas à exaustão, mas raramente identifica ou resolve alguma coisa. Então, num ataque de frustração, eu criei o IDS para ajudar as equipes a parar de andar em círculos, falando muito e não fazendo nada de prático.

Alan começou a discorrer sobre o IDS. Explicou minuciosamente como começar cada semana priorizando os três problemas mais importantes da lista e passar direto ao IDS para o primeiro deles. Em seguida, lembrou à equipe como identificar a causa-raiz do problema, discuti-lo brevemente (com todos dizendo o que precisa ser dito só uma vez, pois mais que isso é politicagem) e solucionar o problema concordando com um plano para fazê-lo desaparecer para sempre.

– Quando vocês solucionarem o primeiro problema – continuou Alan –, basta adicionar quaisquer tarefas à Lista de Tarefas e passar para o segundo. Se resolverem os três problemas, basta priorizar os próximos três mais importantes e repetir até o tempo acabar. Em algumas semanas vocês vão resolver dez problemas, em outras apenas um. Mas, se estiverem tratando dos problemas mais importantes, estarão sempre usando o tempo sabiamente. Essa disciplina fará com que vocês sejam muito melhores em previsões de curto prazo.

Ninguém levantou nenhuma questão, e Alan continuou:

– O último item da agenda no Nível 10 é concluir. Não importa em que ponto estiverem, quando faltarem cinco minutos para acabar a reunião vocês concluem com três ações simples. Primeiro, vão recapitular as tarefas. Depois, repassar as informações. Aconteceu algo na reunião que precisa ser comunicado aos outros? Se sim, vocês precisam definir quem vai comunicar, o que vai dizer e como. Para terminar, vocês dão uma nota de um a dez à reunião, sendo dez a melhor. Atribuir uma nota a cada reunião semanal ajuda a corrigir o curso. Vocês trabalharão juntos para melhorar a próxima reunião, mantendo-se mais abertos e produtivos. É uma abordagem muito melhor do que sair resmungando e reclamar uns dos outros depois. Vocês se lembram de quando deram nota quatro a suas reuniões na nossa Reunião de Noventa Minutos?

Vários membros da equipe assentiram. Vic riu, pensando que aquele quatro pode ter sido um pouco generoso.

– Quando trabalharem juntos para se autocorrigirem – prosseguiu Alan –, vocês vão chegar a um ponto em que a nota mais baixa vai ser oito e que o normal será nove e dez. Assim, a reunião *sempre* terminará no horário.

Alan respondeu a algumas perguntas, comentários e preocupações. Depois concluiu o exercício pedindo e recebendo três decisões. A equipe decidiu se reunir todas as terças-feiras às 8 horas. Alan pediu que eles anotassem "Reunião de Nível 10" na agenda com "Repetir sempre". Eileen foi escolhida para liderar as reuniões. Sue se ofereceu para cuidar da papelada.

Eileen ficou surpresa e feliz ao saber que não teria de liderar a reunião *e* juntar toda a documentação. Sue concordou prontamente em preparar e levar para cada encontro cópias impressas da agenda da Reunião de Nível 10 (com Listas de Tarefas e de Problemas atualizadas), da Folha de Pedras e da Tabela de Desempenho. Também seria a encarregada de ouvir e registrar com detalhes as tarefas e os problemas nos campos apropriados.

– Um último pensamento – disse Alan para concluir a discussão sobre a Pulsação de Reuniões. – Essas Reuniões de Nível 10 são *vitais*. Participar delas deve se tornar uma prioridade para todos vocês. Só existem duas boas razões para perder uma Reunião de Nível 10: férias e morte. A morte de *um de vocês*.

Vic, Eileen e Art riram alto, mas Alan estava falando sério. Com todos a bordo, o consultor concluiu a discussão sobre a Pulsação de Reuniões e faz mais uma pausa.

DADOS

– Estamos na reta final – disse Alan ao retomar a sessão às 15h45. – Agora vamos fazer o primeiro corte na Tabela de Desempenho da empresa.

Lembrou à equipe que uma Tabela de Desempenho ideal contém alguns números baseados em atividades semanais, mostra 13 semanas de histórico rápido e ajuda os líderes a manter uma pulsação absoluta no negócio. Fornece prontamente esclarecimentos reais para melhorar as previsões e as tomadas de decisão.

– Agora imaginem que vocês estão numa ilha – falou. – Um garçom traz uma bebida gelada e uma folha de papel com 5 a 15 indicadores. O sinal do celular é terrível e vocês não têm acesso à internet. Que números precisam saber para ter uma ideia concreta do que está e do que não está funcionando no negócio? Vocês não podem ligar e conversar com meia dúzia de pessoas para conhecer a situação real.

Eileen e Vic sorriram. Os dois conversavam pelo menos duas vezes por dia quando um deles ficava fora do escritório por um longo período.

– Então quais são os números que vocês querem ver nessa folha? – continuou Alan. – Por favor, usem três minutos para listar de 5 a 15 números da empresa. Lembrem-se: estamos falando dos principais indicadores que podem ser obtidos semanalmente.

– Devemos pensar nas métricas de nossos departamentos, Alan? – perguntou Sue.

– Sim. Mas pense também no que você precisaria saber sobre marketing, operações e financeiro para sentir a pulsação absoluta de todo o negócio.

Sue assentiu e começou a escrever. Eileen, Carol e Art trabalhavam nas listas, mas Evan e Vic pareciam confusos. Alan distribuiu uma lista de Tabelas de Desempenho da vida real de clientes de setores de manufatura, distribuição, varejo e serviços para estimular as ideias da equipe.

EXEMPLOS DE MENSURÁVEIS

VENDAS E MARKETING:
Visualização de páginas
Cliques
Visitantes únicos
Conversões na internet
Cupons resgatados
Visitas e ligações
Pedidos de informações
Novos clientes potenciais (#)
Oportunidades (#, $ ou ambos)
Telefonemas de vendas
Reuniões / propostas / apresentações de vendas
Negócios fechados
Taxa de fechamento
Vendas complementares (acessórios, garantias, serviços, planos...)
Receita esperada (um número)
Receita atual
Receita acumulada no ano (% do planejado)
Erros (estimativa, pedidos, desenho...)
% de consulta de preços
Custo de vendas (salários + comissões / receita gerada)

OPERAÇÕES:
Taxa de execução/unidades por hora
Erros
   Problemas/reclamações de clientes
   Taxa de defeitos (% de unidades produzidas com atraso, fora do orçamento ou de especificações)
   Quebras/desperdício
   Lixo, classificação, inventário
   Entrega, despacho
Taxas de utilização (de trabalho e maquinaria)
Opinião do cliente
Utilização de garantias
Horas extras
Horas não contabilizáveis
Custo por unidade
Folha de pagamento
Taxa média de horas

FINANCEIRO:
Balanço monetário
Várias taxas de liquidez
Contas a Receber (CR)
Contas a Receber (CR) > 40 ou 60 ($ ou % do total a receber)
Contas a Pagar (CP)
Erros (entrada, faturamento, relatórios...)
Margem de lucro bruto atualizada no ano
Margem de lucro líquido atualizada no ano
Satisfação dos colaboradores
Tempo de atividade do sistema (TI interna)
Dias de faltas por doença
Colaboradores atrasados
Colaboradores abaixo das metas

Passados alguns minutos revisando o material e compilando suas listas, os líderes estavam prontos para prosseguir. Carol se ofereceu para ser a "mais corajosa" e leu sua lista.

– Receitas semanais – falou. – Trabalho em andamento. Taxas de utilização. Horas extras. Reclamações de clientes. Contas a receber (CR) com 45 e 90 dias de atraso.

Escrevendo o mais rápido que pôde, Alan anotou os itens e se virou para a esquerda de Carol. Eileen enunciou uma longa lista de sugestões e se virou para Vic, aguardando a lista dele.

– Alan – disse Vic. – Estou procurando indicadores futuros. A maioria dos dados aqui é passado, como receitas semanais. Pensei que não fosse para fazer medições assim.

– Boa observação, Vic – apontou Alan. – Você está certo em achar que indicadores posteriores são melhores, mas, se você e o restante da equipe acreditam que o faturamento semanal é um dos números que mostra uma pulsação precisa dos negócios, isso tem que estar na sua Tabela de Desempenho. Assim, vou ilustrar o que quero dizer por indicadores futuros versus indicadores posteriores.

Alan se virou para uma parte em branco no quadro e começou a desenhar. Em poucos segundos, completou o seguinte diagrama:

EXEMPLO 1	ACRESCENTAR PROSPECT À LISTA	FAZER CONTATOS	PRIMEIRA REUNIÃO	NECESSITA DE AVALIAÇÃO	CRIAR PROPOSTA	APRESENTAR PROPOSTA	O QUE VOCÊ QUER?
	8 POR SEMANA	4 POR SEMANA	2 POR SEMANA	1 POR SEMANA	2 POR MÊS	2 POR MÊS	1 NOVO CLIENTE POR MÊS

Alan explicou sua ilustração de um típico processo de venda, identificando "número de novos clientes" como um indicador posterior e as etapas anteriores do processo como indicadores de tendência.

– Entendi – disse Vic quando a explicação terminou. – Nesse caso, quero medir clientes potenciais, reuniões iniciais e propostas.

– Além do que vocês já listaram – começou Sue –, eu gostaria de medir novas oportunidades, acompanhamento de trinta dias, taxa de fechamento e contratos recebidos.

– Número de contratos? – indagou Alan. – Ou valor em dinheiro?

– Ambos – respondeu ela. – Não sei bem como dizer isso, mas também gostaria de medir a disponibilidade de recursos de curto prazo em operações. Se eles estiverem tão ocupados que não possam começar um novo projeto dentro de três meses, preciso levar isso em conta na maneira de vender.

Alan escreveu "horas de trabalho disponíveis" e perguntou se Sue aprovava. Ela concordou e continuou com a lista.

– Número de projetos atrasados – acrescentou. – Número de projetos acima do orçamento. Erros de cobrança. Também incluí reclamações e contas a receber vencidas.

Art foi o seguinte, acrescentando alguns indicadores de marketing e "resultados de pesquisas de satisfação do cliente".

– Evan? – perguntou Alan.

– Os meus já estão todos ali no quadro – disse Evan.

– Certeza? – questionou Alan. – Nada mais a acrescentar?

– Não – respondeu Evan. – Mas será este o momento para discutir se esses números fazem sentido?

– Na verdade, é o que faremos em seguida – adiantou Alan.

Ele redirecionou a equipe ao topo da lista de 22 métricas potenciais da Tabela de Desempenho. Começando pela "receita semanal" no topo, fez as seguintes perguntas sobre cada indicador:

- É um indicador que essa equipe quer ver todas as semanas?
- Esse indicador faz sentido semanalmente?
- Podemos compilar esses dados todas as semanas?

Algumas métricas financeiras foram descartadas por serem irrelevantes ou difíceis de obter semanalmente. Carol parecia ser contra qualquer decisão que alterasse o funcionamento do departamento contábil. Alan concordou parcialmente, deixando claro que a Tabela de Desempenho semanal complementa, mas não substitui a revisão regular da situação financeira.

– Todos os meus clientes analisam tanto uma Tabela de Desempenho semanal quanto balancetes financeiros mensais ou trimestrais – explicou, o que pareceu tranquilizar Carol.

Na continuação do exercício, a equipe se dividiu em duas tendências. Alguns queriam medir tudo e tornar cada medição complexa. Outros pareciam decididos a medir muito pouco, insistindo que apenas números fáceis de obter e 100% precisos poderiam ser úteis e significativos. A lista completa foi reduzida a esta:

- NOVOS CLIENTES POTENCIAIS (#)
- REUNIÕES DE VENDAS INICIAIS (#)
- PROPOSTAS (#)
- PROPOSTAS ($)
- PERSPECTIVAS DE TRINTA DIAS
- CONTRATOS ($ e #)
- PROJETOS ATRASADOS (#)
- PROJETOS ACIMA DO ORÇAMENTO (#)
- FALHAS NA ENTREGA A CLIENTES (#)
- TAXA DE UTILIZAÇÃO ($)
- BALANCETE FINANCEIRO
- CR > 60% DO TOTAL
- ERROS DE FATURAMENTO (#)

Durante todo o exercício, Evan resistiu aos esforços da equipe para criar uma Tabela de Desempenho ideal. Foi particularmente contra a medição de projetos atrasados, por considerar a mensuração complexa e subjetiva. Trabalhando juntos, Alan e os outros líderes da Swan ajudaram Evan a entender o valor dessa métrica e a perceber uma maneira confiável de medir projetos atrasados. Apesar de não estar plenamente convencido, ele acabou concordando em adotar o indicador por um trimestre antes de decidir se valia a pena.

A discussão se repetiu quase textualmente quando a equipe debateu erros de faturamento, dessa vez com Carol insistindo que o número não seria preciso.

– O colaborador responsável pela fatura e os gerentes de conta não podem assinalar o item sempre que um cliente ligar para relatar um erro? – perguntou Sue.

– Mas os clientes não sabem o que é um erro! – retrucou Carol. – Nem os gerentes de conta.

No final, ela concordou em informar o número de faturas reemitidas toda semana, mas não pareceu satisfeita. Quando a lista ficou completa, Alan traçou uma linha ao redor das métricas. Em seguida, ajudou a equipe a estabelecer metas para cada número. Enquanto discutiam a meta para as reuniões de vendas iniciais, Sue ficou pensando.

– Alan, não sei bem se isso está certo – disse quando ele perguntou qual deveria ser a meta. – Mas usei aquele diagrama que você desenhou antes e acho que nossa equipe de vendas precisa ter 12 reuniões iniciais com clientes em potencial qualificados por semana para fechar contrato com dois novos clientes por mês. Isso não parece possível!

– Quantos vocês são? – perguntou Alan.

– Quatro, contando comigo – respondeu ela. – Cinco se contarmos o Vic, mas não o vejo participando das fases iniciais do processo de vendas.

– Certo – disse Alan. – Então cada representante precisaria agendar e realizar quatro reuniões por semana, ou três se houver mais alguém envolvido. O que precisaria acontecer para tornar isso viável?

– Nós precisaríamos ter uma lista melhor de *prospects* – respondeu Sue. Além da ajuda do Art para conseguir melhores clientes potenciais e mais dispostos a se reunir conosco. Todos teríamos que arranjar mais tempo para focar em contatos iniciais e reuniões, principalmente eu.

– Será que entendi bem? – indagou Alan. – A meta é 12? Você vai se dedicar a isso como uma prioridade sua e da equipe de vendas?

– Sim, é o que terei que fazer – ela concordou com uma mistura de preocupação e determinação. – Ainda não sei se é possível, mas nunca vamos atingir as novas metas de vendas se não encontrarmos um jeito de fazer isso.

– Se precisar, eu posso colaborar para que funcione – ofereceu-se Vic.

– Obrigada, Vic. Talvez eu precise mesmo – agradeceu Sue.

Alan escreveu um "12" como meta semanal para as reuniões iniciais de vendas e continuou percorrendo a lista.

Em seguida, pediu à equipe que estabelecesse a responsabilidade pelos números. Explicou que o nome da pessoa mais responsável por manter um número no caminho certo seria escrito na coluna "Quem". Houve um conflito interessante durante essa discussão.

– Quem é responsável por controlar as contas vencidas? – inquiriu Alan.

– Sue ou Evan – respondeu Carol prontamente.

– Opa! – exclamou Evan. – Como você concluiu isso?

– Na maioria das vezes, quando uma conta venceu, eles estão irritados porque os equipamentos não funcionam ou porque cobramos a mais – explicou Carol. – O fato de a Lisa trabalhar comigo e fazer essas ligações de cobrança não significa que nós somos responsáveis por todas as contas atrasadas.

Seguiu-se uma discussão acalorada. Alan ajudou a acalmar os ânimos dizendo que a responsabilidade por contas em atraso costumava ser dividida por vários membros da equipe. Ajudou Carol a entender que ela e seu pessoal provavelmente eram as pessoas mais indicadas para "consertar" esse número se ele saísse dos trilhos, e ela concordou, relutante, em aceitar a responsabilidade pelo número.

Quando o exercício foi concluído, o modelo ficou assim:

QUEM	MENSURÁVEL	META	SEMANAS											
			1	2	3	4	5	6	7	8	9	10	11	12
Sue	Novos clientes potenciais	36												
Sue	Reuniões de vendas iniciais (#)	12												
Sue	Propostas (#)	4												
Sue	Propostas (US$)	300 mil												
Sue	Perspectiva 30 dias (US$)	1,5 milhão												
Sue	Contratos (#)	2												
Sue	Contratos (US$)	150 mil												
Evan	Projetos atrasados	1												
Evan	Projetos acima do orçamento	1												
Evan	Falhas com clientes	0												
Evan	Taxa de utilização	80%												
Carol	Balancete financeiro (US$)	75 mil												
Carol	CR > 60 dias (US$)	30 mil												
Carol	Erros de faturamento	0												

Carol recebeu a tarefa de reunir os números de cada líder toda semana. Ela deixou seu limite claro.

– Vou colocar a planilha no drive compartilhado – disse secamente. – Vou imprimir o relatório na segunda-feira às 16 horas. Os números que não estiverem na planilha não estarão na reunião do dia seguinte. Não vou ficar correndo atrás de ninguém.

Alan questionou se havia alguma pergunta e concluiu o exercício.

– Eu sei que já está tarde, mas acho que foi um bom trabalho – falou. – Lembrem-se de que esta é a primeira versão da Tabela de Desempenho. Pode levar de um a três meses, ou mais, até o ajuste final. Tenham paciência, sigam em frente e deixem evoluir. Tragam suas perguntas e comentários na próxima sessão.

Alan olhou para o relógio, viu que eram 16h40 e continuou rapidamente. Garantiu à equipe que, depois de mais duas sessões de Organização de Visão, em 4 de março e 8 de abril, todos na sala estariam sintonizados com para onde a Swan estava indo e *exatamente* como planejava chegar lá.

Vic se sentiu animado e, ao olhar ao redor, viu que outros líderes também demonstravam a mesma empolgação.

– Eileen – continuou Alan –, sua tarefa é criar o Diagrama de Responsabilidades da Swan à medida que receber os desenvolvimentos departamentais da Sue, do Evan e da Carol. Precisamos ver toda a empresa alinhada no primeiro Dia de Criação de Visão, daqui a trinta dias. A Carol vai preencher a Folha de Pedras da empresa, mas vocês precisam enviar a ela por e-mail suas próprias Pedras SMART até a próxima sexta-feira. *Todos* precisam se concentrar em concluir suas Pedras do trimestre. Comecem logo, planejem bem e terminem o trabalho. Na próxima terça-feira, às 8 horas, comecem a fazer Reuniões de Nível 10 semanais, sob a liderança da Eileen. A Sue vai trazer uma pauta para cada um. A Carol vai criar a Tabela de Desempenho da empresa para apresentar a cada Reunião de Nível 10. Ela pediu para cada um de vocês enviar os dados da semana até as 16 horas de cada segunda-feira.

Quando todos concordaram, Alan continuou:

– Está na hora de concluir. Gostaria que cada um reservasse dois minutos para anotar três aspectos a compartilhar com a equipe. O primeiro é o feedback. Reflitam sobre o dia: Onde está sua mente? Como você está se sentindo? O segundo é uma pergunta de sim ou não: suas expectativas para o dia foram atendidas? O último é uma avaliação de um a dez, sendo dez o melhor. Como nós nos saímos hoje?

Quando os executivos escreveram suas respostas, Alan pediu que alguém começasse.

– Eu começo – candidatou-se Sue. – Feedback: exausta e um pouco sobrecarregada. É impressionante como avançamos, e estou pensando se não demos o passo maior do que a perna. Mas foi uma reunião muito boa, focada e produtiva. São temas que precisávamos abordar havia muito tempo. Estou animada com o esclarecimento do meu papel e do papel do Vic. Minhas expectativas foram até superadas. Eu daria um dez.

– Obrigado, Sue – disse Alan. – Art?

– Bem, minha cabeça está confusa – começou Art. – Mas no geral foi uma boa reunião. Não sei bem se eu precisava ter ficado aqui o dia inteiro. Isso custa caro quando se é pago por hora, e muitos aspectos abordados não se beneficiaram muito da minha presença. Mas aprendi bastante e foi uma reunião muito bem conduzida. Expectativas atendidas; dou à reunião nota nove.

– Obrigado, Art – disse Alan. – Evan?

– Sobrecarregado – respondeu Evan. – Muita informação para absorver num dia só. Estou apavorado com o que me espera no escritório. Acho que fizemos coisas boas, mas foi um longo dia, e ainda não consigo ver como isso vai me ajudar a ser mais produtivo.

– Expectativas atendidas? – questionou Alan.

– Além de terminar antes das cinco, eu não tinha muitas expectativas – confessou. – Como ainda não são cinco horas, eu diria que sim.

– Avaliação? – perguntou Alan.

– Ah. Sete – respondeu.

– Obrigado, Evan – disse Alan. – Carol?

– Estou cansada e aflita com o que ainda preciso fazer antes do fim do dia – respondeu Carol. – Acredito que as expectativas foram atendidas. Avaliação? Seis. Ainda não consigo acreditar que tivemos de passar o dia todo numa sala com alguém para abordar todos esses temas básicos. Não vi nada de novo aqui, e sinceramente não entendo por que não podemos fazer isso sozinhos.

Carol recolheu seus pertences e deixou claro para os que ainda precisavam responder que já estava pronta para sair e que eles deveriam ser breves.

– Obrigado, Carol, agradeço sua franqueza – disse Alan. – Seguindo à esquerda?

– Foi um ótimo dia – começou Eileen. – Assim como a Sue, não consigo acreditar em tudo que fizemos. Sinceramente, me sinto um pouco envergonhada, pois se eu estivesse conduzindo a reunião nós não teríamos chegado a lugar nenhum e teríamos brigado antes do almoço!

Todos riram muito, inclusive Alan. Ele fez sinal para ela continuar.

– Minhas expectativas foram atendidas, e dou à reunião nota nove – falou. – Acho que podemos melhorar em termos de franqueza e sinceridade.

– Bom feedback, Eileen. Obrigado – disse Alan. – Vic?

– Dez – ele avaliou. – Minhas expectativas foram *amplamente* superadas, Alan.

– Feedback? – perguntou Alan.

– O dia passou voando, mas estou exausto – respondeu Vic. – Um dia inteiro numa sala de reuniões é uma tortura para mim, então o fato de eu ter me mantido envolvido por tanto tempo é incrível. Fizemos bastante trabalho pesado e acredito que nos saímos bem.

– Obrigado, Vic – disse Alan. – Obrigado a todos por este dia produtivo e franco. Foi um ótimo primeiro passo, mas lembrem que é uma jornada. Nós estamos só começando, e por algum tempo as questões não vão se encaixar do jeito que vocês gostariam. Sejam pacientes, mantenham o foco e façam progressos diários. Garanto que o encaixe logo vai começar. Vou entrar em contato antes da próxima reunião, mas podem me ligar se precisarem de ajuda antes disso.

CAPÍTULO 4
VISÃO PARTE 1

Quatro semanas depois da primeira sessão de um dia inteiro, a equipe da Swan Services voltou a se reunir no escritório de Alan para o primeiro dos dois dias de Organização da Visão. Eileen entrou às 8h45. Carol e Evan chegaram juntos alguns minutos depois. Fizeram questão de dizer a Eileen que passaram pelo escritório cedo naquela manhã e decidiram ir juntos porque pretendiam voltar juntos depois para "colocar o trabalho em dia".

Sue e Art apareceram em seguida. Vic foi o último e entrou apressado pela porta dez minutos depois das 9 horas. Enquanto Vic se acomodava, Alan olhou para o relógio, pegou uma caneta hidrográfica verde e escreveu "Vince Lombardi" na Lista de Problemas. Sua única resposta aos olhares curiosos da equipe de liderança foi um sorriso irônico e um aceno, dando a entender que explicaria em breve.

Mais uma vez, Alan começou revisando os Seis Componentes Fundamentais e o processo que a equipe de liderança tinha começado a seguir para fortalecê-los. Apresentou uma visão geral dos objetivos e da agenda no quadro branco:

OBJETIVOS (2 DIAS)
- DOMINAR FERRAMENTAS DO DIA DO FOCO
- VISÃO CLARA
- PLANO CLARO
- LISTA DE PROBLEMAS CLARA

AGENDA (2 DIAS)
- CHECK-IN
- REVISÃO FERRAMENTAS DO DIA DO FOCO
- VALORES FUNDAMENTAIS
- FOCO CENTRAL
- META DE 10 ANOS
- ESTRATÉGIA DE MARKETING
- IMAGEM DE 3 ANOS
- PLANO DE 1 ANO
- PEDRAS TRIMESTRAIS
- LISTA DE PROBLEMAS
- PRÓXIMOS PASSOS
- CONCLUSÃO

– Nosso primeiro objetivo nesses dois dias dedicados à Organização de Visão é dominar as ferramentas do Dia do Foco que vocês aprenderam na nossa última sessão – continuou. – Nessa jornada, dominar tem dois significados específicos: que vocês *entenderam* a ferramenta e que a *implementaram* na organização. O segundo e o terceiro objetivos são sair daqui em cerca de trinta dias, depois do segundo encontro, com uma visão cristalina e um plano claro para realizar essa visão. Isso significa que todos nesta sala estarão 100% alinhados quanto ao rumo do negócio e a como exatamente planejam chegar lá. Não pode haver exceções.

Alan apontou para os 12 problemas remanescentes do Dia do Foco da Swan e prosseguiu:

– O último objetivo é deixar a Lista de Problemas clara e completa. Vamos continuar identificando problemas nas duas sessões, e a lista vai aumentar.

Alan checou rapidamente a agenda, explicando que a equipe primeiro revisaria em detalhes as ferramentas do Dia do Foco e depois começaria a trabalhar nas oito perguntas do OV/T. Em seguida, apontou para o item Check-in no quadro e deu à equipe dois minutos de silêncio para anotar três pontos:

1. Melhores – suas melhores notícias dos últimos trinta dias (um destaque pessoal e um destaque profissional);
2. Atualização – uma lista do que *está* funcionando e do que *não está* funcionando na Swan Services;
3. Expectativas para a sessão de hoje.

A maioria dos líderes estava muito animada. Sue e Vic mencionaram oportunidades de vendas promissoras como melhores notícias profissionais. A boa notícia de Eileen foi o trabalho da equipe no Diagrama de Responsabilidades. O destaque de Carol foi todas as suas Pedras estarem nos trilhos.

As atualizações também foram na maior parte positivas. Vários líderes disseram que as Reuniões de Nível 10 estavam "funcionando". Reconheceram que no início os encontros foram um pouco difíceis, mas depois melhoraram muito. Três líderes afirmaram que as Pedras estavam funcionando, e tanto Carol como Eileen identificaram a Tabela de Desempenho como uma ferramenta promissora em desenvolvimento. No entanto, Sue considerou que o IDS não estava funcionando tão bem quanto poderia nas Reuniões de Nível 10. Também reconheceu que ela e a equipe de vendas ainda não tinham "feito a faxina na casa" e não estavam atingindo os números da Tabela de Desempenho. Mencionou ainda o Diagrama de Responsabilidades.

– Não posso dizer que não está funcionando – explicou –, mas eu e Vic estamos ansiosos para mostrar o Diagrama de Responsabilidades aos demais. Enquanto a equipe de vendas e os outros não conhecerem bem a nova estrutura, com Vic como visionário e eu liderando as vendas, será mais difícil para o Vic sair e eu ocupar meu novo papel.

Ela também se referiu ao problema não resolvido do lugar de marketing como algo que "não estava funcionando".

Art admitiu que não ter chegado a um acordo sobre sua carga horária era decepcionante. Alguns líderes concordaram com Sue sobre o IDS não estar funcionando de maneira eficaz, e outros dois mencionaram a Tabela de Desempenho incompleta como um problema menor. De maneira geral, essas questões foram vistas como meros incômodos e não como grandes problemas, e a equipe parecia satisfeita com o progresso.

O relato de Evan foi diferente. Com dificuldade para identificar boas notícias, expôs uma longa lista do que parecia não estar funcionando. Admitiu estar perdido com a maioria de suas Pedras e não ter concluído o Diagrama de Responsabilidades de sua equipe. Também não tinha informado os números da Tabela de Desempenho de modo consistente.

– Então, ou esse sistema não está funcionando... ou o problema sou eu – disse Evan, hesitante. – A impressão é que eu não consigo arranjar tempo para manter os projetos no rumo certo, gerenciar minha equipe e concluir toda as tarefas. Peço desculpas, Eileen e Vic, mas acho que estou em falta com vocês.

– Obrigado pela franqueza, Evan – disse Alan. – O que está acontecendo com você é normal nessa etapa do processo. Não me entenda mal: nós *precisamos* que você recupere o controle, mantenha suas Pedras nos trilhos e conclua as tarefas. Vamos trabalhar em algumas das causas essenciais desses problemas quando revisarmos as ferramentas do Dia do Foco hoje.

A resposta de Alan pareceu acalmar Evan, mas suas dificuldades deixaram Eileen preocupada.

Alan gostou de ouvir as expectativas da equipe. Todos os líderes demonstraram um entusiasmo genuíno em mergulhar na visão da empresa. O consultor concluiu o exercício expressando mais uma vez suas expectativas como simplesmente "franqueza e sinceridade". Em seguida, foi até um quadro onde havia escrito a seguinte lista:

FERRAMENTAS DO DIA DO FOCO
- BATENDO NO TETO
  - SIMPLIFICAR
  - DELEGAR
  - PREVER
  - SISTEMATIZAR
  - ESTRUTURAR
- DIAGRAMA DE RESPONSABILIDADES
- PEDRAS
- PULSAÇÃO DE REUNIÕES
- TABELA DE DESEMPENHO

Ele então lembrou à equipe que todas as organizações, todos os departamentos e todos os líderes batem no teto de vez em quando. Enfatizou a importância de dominar cinco habilidades de liderança: simplificar, delegar, prever, sistematizar e estruturar. Em seguida, revisou uma a uma, identificando ferramentas específicas que ajudariam os líderes a dominar e fortalecer cada uma delas.

– A ferramenta que usamos para obter a estrutura certa para a organização é o Diagrama de Responsabilidades – concluiu Alan. – Se não houver dúvidas sobre bater no teto e as cinco habilidades de liderança, vamos passar agora para o Diagrama de Responsabilidades.

O consultor pediu a Eileen que distribuísse cópias do Diagrama de Responsabilidades atualizado para todos os líderes, e passou para uma versão simplificada que havia desenhado no quadro. (Ver o Diagrama de Responsabilidades atualizado nas páginas 112-113.)

– Alan, preciso confessar algo – disse Evan timidamente. – Na verdade, eu não fiz minha lição de casa. A Eileen estruturou meu departamento sozinha.

– Obrigado, Evan – disse Alan. – Vamos trabalhar hoje aqui no que ela fez e tentar deixar todos vocês no mesmo ponto, certo?

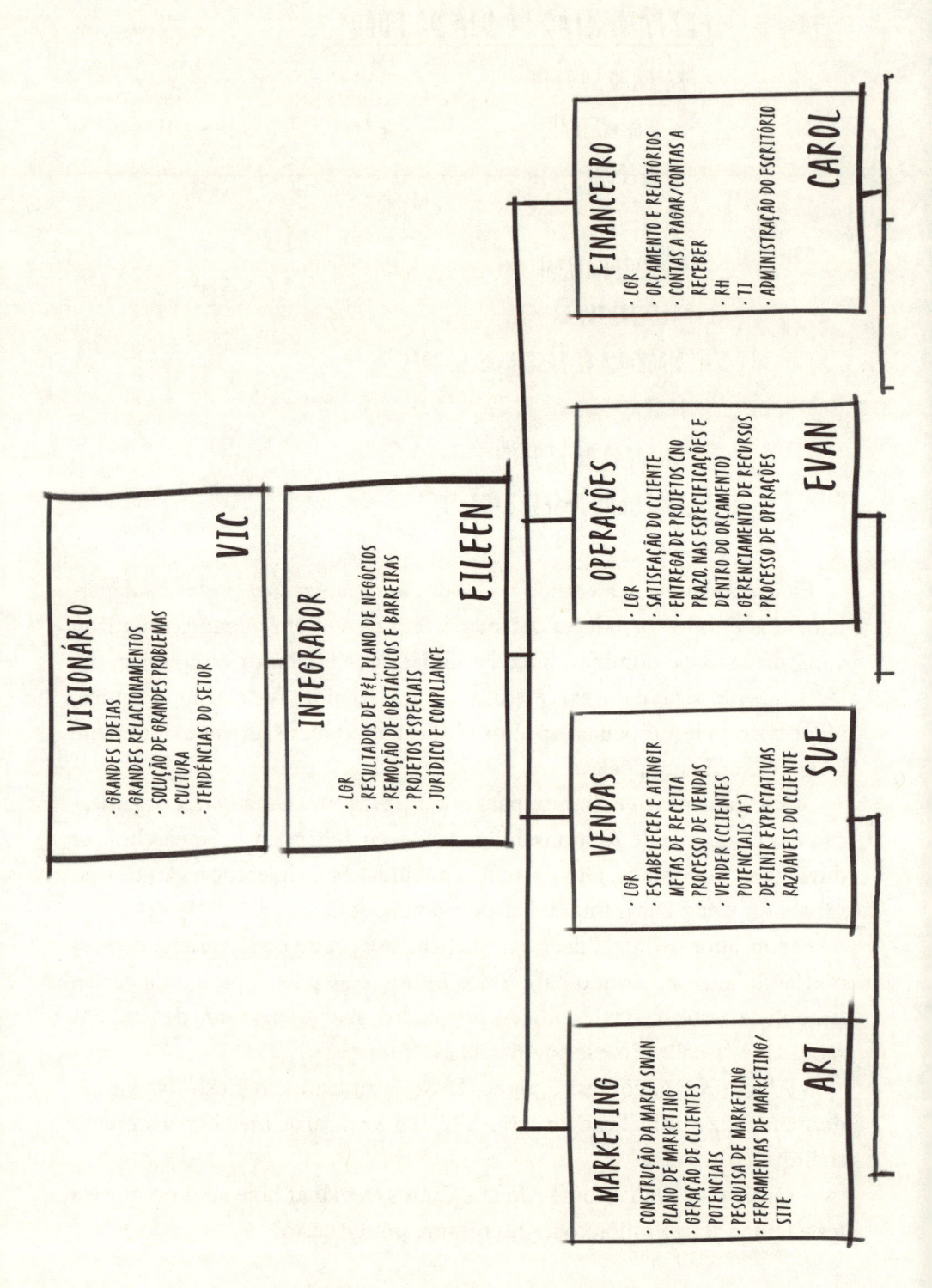

VISIONÁRIO — VIC
- GRANDES IDEIAS
- GRANDES RELACIONAMENTOS
- SOLUÇÃO DE GRANDES PROBLEMAS
- CULTURA
- TENDÊNCIAS DO SETOR

INTEGRADOR — EILEEN
- LGR
- RESULTADOS DE P&L, PLANO DE NEGÓCIOS
- REMOÇÃO DE OBSTÁCULOS E BARREIRAS
- PROJETOS ESPECIAIS
- JURÍDICO E COMPLIANCE

MARKETING — ART
- CONSTRUÇÃO DA MARCA SWAN
- PLANO DE MARKETING
- GERAÇÃO DE CLIENTES POTENCIAIS
- PESQUISA DE MARKETING
- FERRAMENTAS DE MARKETING/SITE

VENDAS — SUE
- LGR
- ESTABELECER E ATINGIR METAS DE RECEITA
- PROCESSO DE VENDAS
- VENDER (CLIENTES POTENCIAIS "A")
- DEFINIR EXPECTATIVAS RAZOÁVEIS DO CLIENTE

OPERAÇÕES — EVAN
- LGR
- SATISFAÇÃO DO CLIENTE
- ENTREGA DE PROJETOS (NO PRAZO, NAS ESPECIFICAÇÕES E DENTRO DO ORÇAMENTO)
- GERENCIAMENTO DE RECURSOS
- PROCESSO DE OPERAÇÕES

FINANCEIRO — CAROL
- LGR
- ORÇAMENTO E RELATÓRIOS
- CONTAS A PAGAR/CONTAS A RECEBER
- RH
- TI
- ADMINISTRAÇÃO DO ESCRITÓRIO

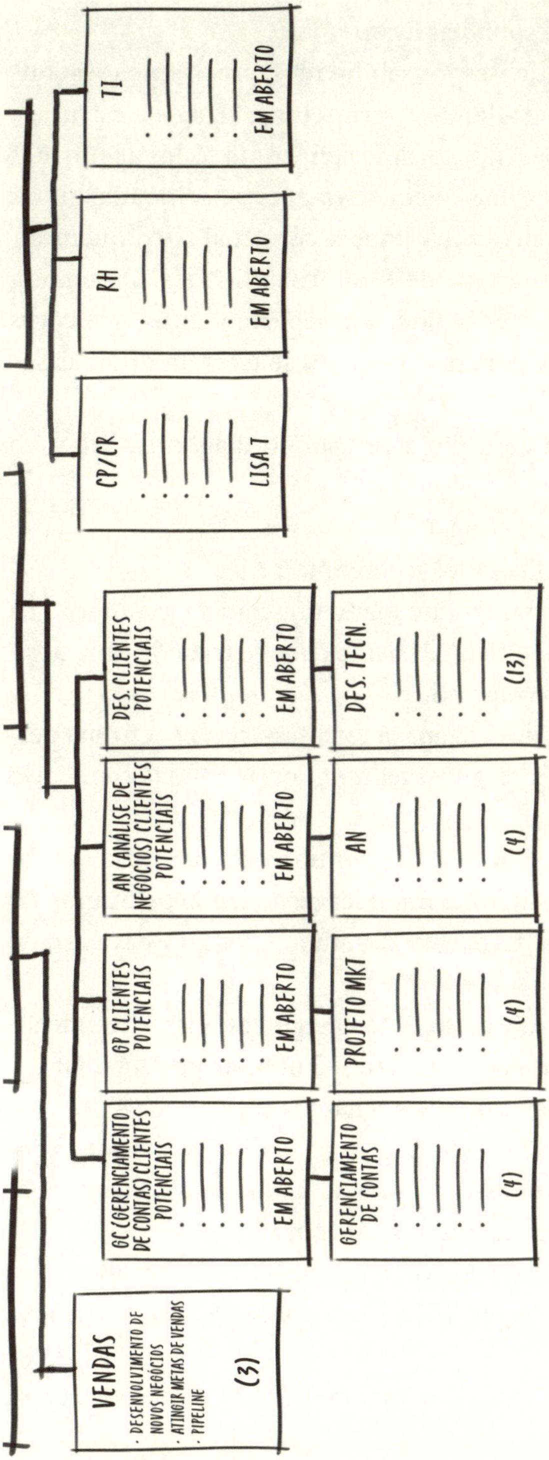
VENDAS
· DESENVOLVIMENTO DE NOVOS NEGÓCIOS
· ATINGIR METAS DE VENDAS
· PIPELINE
(3)
GC (GERENCIAMENTO DE CONTAS) CLIENTES POTENCIAIS
EM ABERTO
GP CLIENTES POTENCIAIS
EM ABERTO
AN (ANÁLISE DE NEGÓCIOS) CLIENTES POTENCIAIS
EM ABERTO
DES. CLIENTES POTENCIAIS
EM ABERTO
GERENCIAMENTO DE CONTAS
(4)
PROJETO MKT
(4)
AN
(4)
DES. TECN.
(13)
CP/CR
LISA T
RH
EM ABERTO
TI
EM ABERTO

– Totalmente de acordo – respondeu Evan.

– Analisando o Diagrama de Responsabilidades, precisamos responder a três perguntas – explicou Alan. – A primeira é: "Esta é a estrutura certa?" Sem pensar nas pessoas, nós levamos em conta todas as funções críticas da organização? Elas estão adequadamente relacionadas umas às outras? Cada lugar tem seus cinco papéis corretos? Dediquem alguns minutos à revisão do Diagrama de Responsabilidades. Desenhem um círculo ao redor de quaisquer lugares ou departamentos que vocês acharem que não estão com a estrutura certa ou se tiverem dúvidas sobre a estrutura.

Quando a equipe da Swan concluiu a revisão do diagrama, Vic foi o primeiro a falar:

– Eu assinalei o lugar de marketing.

– Qual é o problema específico, Vic? – perguntou Alan.

– Sue e eu acreditamos que o lugar de marketing não é uma função da equipe de liderança – respondeu ele. – Achamos que se trata de uma posição crucial e que deveria se reportar à Sue.

– Você está sugerindo que, nesta etapa, a estrutura certa é ter uma pessoa de sua equipe de liderança responsável *tanto* pelas vendas *como* pelo marketing? – perguntou Alan.

– Isso mesmo – concordou Vic. – Nada contra você, Art. Mas quanto mais conversamos, mais faz sentido ter um líder responsável pelo aumento da receita, por gerar demanda, fechar vendas, tudo isso. Eu estava errado na última sessão.

– Como você se sente em relação a isso, Art? – perguntou Alan diretamente.

– Não sei bem o que pensar – admitiu Art. – É uma surpresa para mim, portanto gostaria de entender por que eles acham isso.

Seguiu-se uma discussão incômoda, porém comedida. Vic e Sue explicaram sua lógica e mais uma vez asseguraram a Art que suas conclusões se baseavam na estrutura, não em restrições a ele como líder.

Quando o diálogo se tornou repetitivo, Alan incentivou a equipe a concluir. Todos os líderes (com exceção de Art) logo concordaram com a nova estrutura.

– Art? – perguntou Alan. – Diante de tudo que foi dito, você apoia essa estrutura revisada?

– Não sei bem – respondeu Art devagar, evitando contato visual. – Eu gostaria de ter sido incluído nas discussões anteriores. Não agiria assim se a empresa fosse minha.

– Então você deixaria a estrutura como está? – perguntou Alan.

– Sim – respondeu Art. – Pois acho que marketing é uma função crucial que pertence à equipe de liderança.

– Obrigado, Art – disse Alan com sinceridade. – É uma opinião válida, exatamente o que a equipe precisava saber para tomar uma decisão para o bem maior da organização. Eileen, a equipe foi ouvida. Nem todos concordam, mas você deve lembrar que nós não usamos gestão consensual neste sistema. É hora de decidir. Como integradora, que estrutura você acredita ser a melhor para a Swan?

Todos os olhares se voltaram para Eileen. Ela já tinha tomado muitas decisões na carreira, mas algo naquele momento, em sua própria empresa, parecia diferente. Ela não podia mobilizar as tropas, fazer lobby com os dissidentes, nem se aliar à maioria e seguir em frente. Precisava decidir naquele momento. Foi quando percebeu que *tomar decisões* era do que mais gostava e o que fazia *melhor*.

– Neste momento – afirmou –, a estrutura certa é ter uma única pessoa responsável por marketing e vendas representada na equipe de liderança.

Alan foi até o quadro e apagou o lugar de marketing no lado esquerdo do Diagrama de Responsabilidades, redesenhando-o como parte do departamento de vendas e marketing.

– Art, eu sei que isso foi uma surpresa para você – continuou Eileen. – Mas acredito que seja o melhor para a empresa no momento. Você vai continuar desempenhando um papel vital, mas como membro da equipe da Sue. Não se trata de nenhuma conspiração. Tudo isso ficou muito claro para mim quando analisei o Diagrama de Responsabilidades, ouvi o Vic e considerei todas as opções.

– Eu entendo – resignou-se Art. – Estaria mentindo se dissesse que não estou desapontado, mas a empresa é sua e eu respeito a decisão.

– Certo – disse Alan depois de algum tempo. – Com o problema da posição de marketing resolvido, existem outras perguntas sobre a estrutura?

– Com certeza ainda temos trabalho a fazer em operações – respondeu Eileen.

– Certo – disse Alan, apontando para o departamento de operações desenhado no quadro. – Todos acham que essa é a estrutura certa para o próximo nível do Diagrama de Responsabilidades?

– Isso é diferente do que temos hoje... – começou Evan timidamente.

– É mesmo – concordou Eileen. – Mas a estrutura atual, com você tendo 25 ou mais subordinados diretos, não parece estar funcionando. Por isso estou sugerindo inserir gerentes de nível médio responsáveis por liderar as equipes de gerenciamento de contas, gerenciamento de projetos, análise de negócios e desenvolvimento. Faz mais sentido do que a estrutura achatada de hoje.

Evan teve dificuldade em manter a compostura. Já se sentia constrangido porque a chefe fizera sua tarefa. Agora ela estava insinuando que o modo como ele administrava o departamento havia anos estava errado.

– Quem você vê *preenchendo* esses lugares, Eileen? – perguntou ele.

– Primeiro a estrutura! – gritaram Carol e Vic em uníssono.

– Muito bem – concordou Alan. – Eles estão certos, Evan. Vamos falar primeiro da estrutura, depois das pessoas.

Evan se esforçou para encontrar uma boa razão para defender sua posição. Começou a imaginar como seria a vida tendo apenas quatro subordinados diretos (em vez dos quatro gerentes de contas, quatro gerentes de projetos, quatro analistas de negócios e 13 desenvolvedores que se reportavam a ele).

Eileen sabia que aquela estrutura era melhor do que a que havia anos sobrecarregava o líder de operações. Sentiu-se incomodada por invadir seu espaço e reestruturar o departamento, mas Evan não conseguia pensar estrategicamente e aceitar mudanças. Esse fato aumentava sua preocupação sobre a capacidade dele para o lugar de liderança em operações.

– Pensando só em termos de estrutura, não consigo enxergar nenhum motivo para a proposta da Eileen não funcionar – concordou afinal Evan. – Mas ainda não entendo de onde vamos tirar dinheiro para contratar ou promover quatro novos gerentes. Sei que isso é uma questão de pessoas, mas nunca propus algo assim por não considerar financeiramente viável. Estou errado, Eileen?

– Não – respondeu ela. – Concordo que no momento não podemos pagar quatro novos gerentes de nível médio. Mas, se pensarmos juntos, acho que descobriremos um jeito de contratar essas pessoas de modo rentável para nós.

Alan continuou andando ao redor da mesa, solicitando feedback sobre a proposta para o departamento de operações. Com a adesão relutante de Evan e o restante da equipe apoiando a proposta de Eileen, Alan conseguiu preencher rapidamente os cinco papéis de cada um dos quatro novos lugares. Em seguida, ajudou a equipe a reestruturar o nível seguinte daquele departamento.

Enquanto observava seu Diagrama de Responsabilidades ganhar forma no quadro, Evan foi ficando mais aliviado, depois até empolgado. Esperava ter que passar o dia todo se desculpando por não ter feito sua tarefa, mas agora, com todos trabalhando juntos, a equipe levou menos de trinta minutos para estruturar todo o departamento!

Quando isso terminou, Alan orientou os líderes a abordar algumas pequenas questões estruturais em vendas e financeiro. Em seguida, passou para a segunda pergunta.

– Agora que temos a estrutura certa, a próxima pergunta é: Todas as pessoas certas estão nos lugares certos?

Lembrou à equipe que Evan, Carol e Art já estavam na Lista de Problemas. Pediu aos líderes que revisassem o Diagrama de Responsabilidades em busca de quaisquer outros "problemas relacionadas a pessoas", que ele definiu como posições ocupadas por alguém que não se encaixava na cultura da Swan ou que não tinha o EQC para o lugar.

Ao final, Alan pediu a cada um que identificasse problemas relacionados a pessoas na Swan. Agora totalmente engajado no exercício, Evan foi o primeiro a falar.

– Os quatro novos lugares no meu departamento estão vazios – observou. – Isso representa um problema relacionado a pessoas?

– Sim – respondeu Alan. – Nós vamos reservar alguns minutos para ver se conseguimos resolver um ou mais deles hoje. Ao pensar nos cinco papéis para cada lugar, há alguém na organização hoje que entende, quer e tem capacidade para assumir um desses lugares?

Essa pergunta deu início a uma discussão animada. Evan sugeriu Lisa Erickson, uma das gerentes de conta, como potencial titular para o lugar de líder da equipe de gerenciamento de contas. Ao obter o consenso de todos, Alan escreveu o nome "Lisa E." no lugar.

Tentativas semelhantes de preencher os outros lugares foram rejeitadas, principalmente por Evan. Eileen e outros sugeriram candidatos, mas Evan explicou por que nenhum deles se *encaixava* no lugar em questão. Depois de 15 minutos nessa parte do Diagrama de Responsabilidades, o consultor percebeu que o diálogo estava se tornando redundante e levou a equipe a encerrar a discussão.

– Evan, nós chegamos a um impasse – explicou. – No seu departamento existem três lugares certos para os quais parece não haver pessoas adequadas. Então, até eles serem preenchidos por outras pessoas, você é o titular. Quando e como vai preenchê-los é uma questão para a equipe decidir à medida que você avançar no processo, mas por enquanto nós precisamos concluir que isso é um problema.

Alan escreveu "Em aberto" nos três lugares, fez um círculo verde ao redor e os adicionou à Lista de Problemas, antes de a equipe passar para outras seções do Diagrama de Responsabilidades.

Carol começou uma discussão tensa ao dizer que Troy e Natalie – dois dos três membros da equipe de vendas de Sue – eram problemas de pessoas por não atingirem suas metas de modo consistente. Vic reagiu intensamente, defendendo os vendedores e repreendendo Carol por "atacar pessoas" que não estavam ali para se defender.

– Carol e Vic – interveio Alan –, parece que vocês têm opiniões firmes sobre Troy e Natalie, e não há nada de errado nisso. Mas agora seria um erro ficarmos presos nesse debate. É assim que a Lista de Problemas funciona. Se alguém da equipe tem um problema com pessoas, nós o anotamos. Daqui a pouco vou apresentar uma ferramenta simples e objetiva para ajudar vocês a resolverem essas discordâncias sem discussões intermináveis e emocionais sobre pessoas. Combinado?

Vic fez menção de contestar, mas Sue o interrompeu.

– Vic, na verdade eu também assinalei Troy e Natalie, pelos mesmos motivos – falou calmamente. – Não estou dizendo que os dois devem ser demitidos amanhã ou algo assim, mas, se eles realmente tivessem EQC para o lugar, estariam cumprindo suas metas com mais regularidade.

A sinceridade de Sue deixou Vic sem palavras, algo raro. Ele estava acostumado a defender o pessoal de vendas "dele", mas aceitou a opinião dela e deixou a equipe seguir em frente.

Quando Evan acrescentou dois membros da equipe de operações à lista, havia quase uma dúzia de lugares em verde no Diagrama de Responsabilidades da Swan. Vários líderes se mostraram preocupados com o número de problemas relacionados a pessoas, mas Alan lembrou que estes só poderiam ser resolvidos depois de identificados. Prometeu apresentar em breve o processo para isso.

Em seguida, Alan fez a terceira pergunta:

– Cada pessoa na organização tem tempo suficiente para desempenhar bem seu trabalho?

– Ah! – exclamou Evan. O restante da equipe riu junto com ele.

– Devo considerar isso um não? – perguntou Alan em tom de brincadeira.

– Um redondo *não* – respondeu Evan. – Eu não tenho tempo suficiente há tantos anos que nem sei desde quando. Não é assim mesmo quando se trabalha numa empresa pequena?

– Na maioria das empresas pequenas, sim – reconheceu Alan. – Mas não precisa ser, e francamente *não deveria* ser assim. A maioria dos meus clientes tem tempo suficiente.

Alan continuou explicando que líderes que trabalham além da capacidade não aguentam mais de seis meses até se esgotarem, desistirem ou começarem a ter um desempenho abaixo do esperado. Fez Evan e o restante da equipe entenderem por que não ter tempo suficiente é um problema sério, que precisava ser adicionado à Lista de Problemas, e não ignorado ou aceito como uma condição permanente de trabalho.

– Acho que você deveria me adicionar à Lista de Problemas... de novo – sugeriu Evan, sorrindo.

Alan escreveu "Evan, tempo suficiente" na lista. Carol levantou a mão e sugeriu que também deveria ser incluída.

– Então, Evan e Carol – continuou Alan –, se vocês não têm tempo suficiente para fazer bem o trabalho, é preciso um plano para solucionar esse problema de vez. De que vocês precisam para que isso aconteça?

Na discussão que se seguiu, Alan primeiro explicou a Evan e Carol que líderes com um ou mais problemas com pessoas em suas equipes costumam achar que falta tempo. Como os dois executivos tinham pelo menos um subordinado direto na Lista de Problemas, Alan enfatizou que eles precisavam primeiro resolver essas questões.

– Enquanto vocês liderarem pessoas erradas nos lugares errados – explicou –, *nunca* terão tempo suficiente, pois estarão fazendo parte ou todo o trabalho delas e consertando os problemas causados por elas. Portanto, o primeiro passo para ter tempo é resolver os problemas com as pessoas do departamento. Evan, com base no trabalho de hoje, três dos quatro lugares que se reportam a você estão abertos. Enquanto você não resolver esses problemas de maneira *definitiva*...

– Eu sempre serei o gargalo – complementou Evan.

– Exatamente – concordou Alan, sorrindo. – Se mesmo depois de resolver os problemas com as pessoas você continuar não tendo tempo suficiente, precisará usar o Diagrama de Responsabilidades e outra ferramenta que tenho à disposição para solucionar o problema de maneira definitiva.

Alan falou rapidamente sobre a ferramenta Delegar e se Elevar, uma maneira simples para os líderes saberem o que devem delegar e o que devem continuar fazendo. Prometeu ilustrar essa ferramenta de maneira mais completa na sessão seguinte. Respondeu a algumas perguntas e propôs um intervalo de cinco minutos.

DISCIPLINA

Na sequência, Alan introduziu a ferramenta seguinte do Dia do Foco: Pedras. Pediu a Eileen que distribuísse cópias da Folha de Pedras da Swan Services para o trimestre (ver página 121) e fez uma revisão do conceito de Pedras com a equipe, com um líder de cada vez. Depois de instruir os titulares de cada Pedra a responder "nos trilhos" ou "fora dos trilhos", Alan leu cada uma como estava escrita.

– Art, fazer folheto de três dobras e esboço completo do site – leu Alan. – Nos trilhos ou fora dos trilhos?

– O folheto está ficando bom... – respondeu Art.

– Só precisamos saber se está nos trilhos ou fora dos trilhos, Art – insistiu Alan delicadamente.

– Nos trilhos – disse Art.

Alan fez uma anotação e passou ao líder seguinte na Folha de Pedras.

FOLHA DE PEDRAS DA SWAN SERVICES PARA O TRIMESTRE

Data futura: 8 de abril de 20XX   Receita: Lucro: Mensuráveis:

PEDRAS DA EMPRESA	QUEM	
1) Fazer folheto de três dobras, modelo de proposta e esboço completo do site	Art	
2) Realizar levantamento de clientes atuais e plano de satisfação/retenção	Evan	
3) Fechar dois negócios "A" e dez acordos especiais com clientes estratégicos	Sue	
4) Decidir aquisição de software de gerenciamento de projetos	Carol	
5) Recomendar e aprovar mudanças no pessoal de operações para aumentar a lucratividade	Eileen	
6)		
7)		

ART	SUE	EVAN
1) Fazer folheto de três dobras, modelo de proposta e esboço completo do site	1) Fechar dois negócios "A" e dez acordos especiais com clientes estratégicos	1) Realizar levantamento de clientes atuais e plano de satisfação/retenção
2)	2) Documentar processo de vendas, obter aprovação da equipe de liderança	2) Contratar novo consultor/desenvolvedor
3)	3) Desenvolver Tabela de Desempenho do departamento de vendas	3) Concluir revisões de desempenho do departamento
4)	4) Fazer pelo menos uma reunião de prospecção com cada um dos três representantes de vendas	4) Fazer processo administrativo central
5)	5)	5) Entregar projeto Acme Industries no prazo e dentro do orçamento
6)	6)	6) Coordenar cronograma de férias no departamento
7)	7)	7) Implementar sistema de rastreamento de erros

CAROL	EILEEN	VIC
1) Decidir aquisição de software de gerenciamento de projetos	1) Recomendar e aprovar mudanças no pessoal de operações para aumentar a lucratividade	1) Ir a uma mostra de tendências do setor em busca de pelo menos uma "grande ideia"
2) Revisar orçamento anual	2) Recomendar e aprovar mudanças no pessoal de vendas para aumentar a lucratividade	2) Visitar pessoalmente pelo menos dois clientes estratégicos e dois parceiros estratégicos de negócios
3) Revisar manual de políticas de RH	3) Reunião com pelo menos três clientes estratégicos que reduziram ou limitaram gastos com a Swan	3)
4) Concluir balancete financeiro de junho	4) Iniciar processo de renovação de linhas de crédito	4)
5) Realizar oito horas de educação contínua	5) Concluir e implementar ferramentas do Dia do Foco	5)
6) Revisar contratos de processamento de TI/folha de pagamento	6)	6)
7)	7)	7)

– Sue – chamou Alan. – Fechar dois negócios "A" e dez acordos especiais com clientes estratégicos.

– Nos trilhos – respondeu ela imediatamente. Também estava nos trilhos nas suas outras três Pedras.

– Realizar levantamento de clientes atuais e implementar plano de satisfação/retenção. – leu Alan. – Nos trilhos ou fora dos trilhos, Evan?

– Fora dos trilhos – respondeu Evan, desanimado.

– Contratar novo consultor/desenvolvedor – continuou Alan.

– Nos trilhos – respondeu Evan, sorrindo sem entusiasmo.

Todas as demais cinco Pedras de Evan estavam fora dos trilhos. Alan fez algumas anotações na Folha de Pedras e passou à lista de Carol.

– Decidir aquisição de software de gerenciamento de projetos – leu Alan.

– Isso está fora dos trilhos, mas não por... – começou Carol, tentando se justificar.

– Desculpe, Carol – interrompeu Alan, delicadamente. – Vamos primeiro concluir a revisão e depois discutimos as Pedras, tudo bem?

Ela relutou, mas deixou Alan prosseguir, dizendo "Nos trilhos" com certo orgulho para as outras cinco Pedras da lista.

– Eileen – prosseguiu Alan. – Recomendar e aprovar mudanças no pessoal de operações para aumentar a lucratividade.

– Fora dos trilhos – respondeu ela. Suas outras quatro Pedras estavam nos trilhos.

Vic foi o último.

– Ir a uma mostra de tendências do setor em busca de pelo menos uma "grande ideia"? – perguntou Alan.

– Vai indo bem – respondeu Vic.

– Nos trilhos? – insistiu Alan.

– Por alguma razão, eu sabia que você ia me perguntar isso – disse Vic, rindo. – Sim, nos trilhos.

– Visitar pessoalmente pelo menos dois clientes estratégicos e dois parceiros estratégicos de negócios? – continuou Alan.

– Nos trilhos.

Alan revisou rapidamente suas anotações na Folha de Pedras e pareceu fazer alguns cálculos.

– Um ótimo progresso até agora – disse com um sorriso. – Vocês estão nos trilhos de 17 das 25 Pedras, pouco abaixo de 70%, o que não está longe da meta de 80%. Vocês já aprenderam algo sobre as Pedras?

– Acabei de aprender que preciso interromper pessoas para não passarmos vinte minutos na revisão das Pedras na Reunião de Nível 10. Estou deixando as pessoas fazerem muitas perguntas e se explicarem demais – disse Eileen, sorrindo.

– Música para meus ouvidos – comentou Alan. – Quanto melhor vocês se saírem nos relatórios, mais tempo terão para resolver problemas a cada semana.

– O que fazemos quando alguém quer explicar algo sobre a própria Pedra ou fazer uma pergunta sobre a Pedra de outra pessoa? – perguntou Eileen.

– Você registra na Lista de Problemas – explicou Alan. – Use a frase "Registrar na Lista de Problemas" sempre que alguém da equipe começar a explicar ou defender um item fora dos trilhos ou se desviar do assunto. Grite, se for necessário. Agindo assim, você vai retomar rapidamente o principal assunto da reunião e anotar perguntas, problemas e preocupações na Lista de Problemas. Qualquer número fora dos trilhos na Tabela de Desempenho vai automaticamente para a Lista de Problemas. Faz sentido?

– Parece um pouco ineficiente – comentou Carol. – As anotações na Lista de Problemas podem se perder por algumas semanas. Se tivermos alguma pergunta ou um comentário rápido, por que não podemos falar na hora?

– Porque as perguntas e os comentários sobre Pedras nem sempre são os problemas prioritários – explicou Alan. – Ao anotar essas questões e utilizar a Lista de Problemas, você vai dedicar seu tempo apenas aos problemas mais importantes a cada semana.

Alan virou-se para os outros.

– Alguma outra dúvida sobre as Pedras?

– Como obter ou fornecer atualizações de status? – questionou Evan.

– O que você quer dizer, Evan? – perguntou Alan.

– Tem gente na equipe que quer evidências de que cada Pedra está nos trilhos para acreditar nisso. Eles também gostam de informar um monte de detalhes sobre o que fizeram.

Alan estava formulando uma resposta quando Carol interrompeu em voz alta.

– Para com isso, Evan – retrucou. – Eu só perguntei sobre suas Pedras porque você está *sempre* atrasado e fica dizendo "nos trilhos". Você ficou irritado porque eu o questionei.

– Por que você não desce do pedestal, Carol? – replicou Evan, com o rosto vermelho. – Você tem razão, como sempre, mas isso não é desculpa para se vangloriar de seu progresso a cada semana. Você não é a única aqui que trabalha muito, sabe?

– Um momento, pessoal – interveio Alan. – Eu entendo essa agitação, mas debates e conflitos só são saudáveis e produtivos quando nos mantemos focados no bem maior da empresa e evitamos ataques pessoais. Estamos perigosamente perto de romper esse limite. Então vamos dar um passo atrás e esclarecer bem o problema específico para aplicar o IDS agora.

Nem Carol nem Evan desistiram facilmente da discussão, mas acabaram cedendo e pararam de falar.

– Obrigado – disse Alan. – Agora, se me lembro bem, a pergunta original foi: "Como obter e fornecer atualizações de status?"

– Isso mesmo – concordou Eileen.

– Tenho uma resposta simples – começou Alan, olhando os dois executivos irritados. – Quando vocês dizem "nos trilhos" ou "fora dos trilhos" em uma Reunião de Nível 10, estão comunicando a única atualização de status necessária para uma equipe de liderança saudável. Líderes capazes e trabalhadores precisam confiar uns nos outros para dar conta do recado. Quando vocês tiverem uma pergunta legítima ou necessidade de informação, registrem na Lista de Problemas e discutam depois. Se precisarem obter ou fornecer mais informações por não confiarem um no outro, há um problema de responsabilização ou de saúde da equipe... ou ambos.

A equipe ficou em silêncio, digerindo o que tinha ouvido. Ao refletirem sobre aquelas palavras mais tarde, tanto Vic quanto Eileen definiram o momento como marcante. Vic percebeu que Alan acabara de descrever um ambiente que só seria criado após uma grande mudança cultural. Eileen se conscientizou de que não poderia permitir que briguinhas fúteis atrasassem seu ritmo ou o da equipe. Os dois líderes entenderam – imediata e claramente – que algumas pessoas na sala não estavam preparadas para o que viria a seguir.

Alan continuou a falar sobre a Pulsação de Reuniões:

– Adorei ouvir vários de vocês dizerem que as Reuniões de Nível 10 estão começando a engrenar – disse com entusiasmo. – Vocês também contaram que alguns aspectos não parecem muito bem, o que é normal. Vai levar tempo para dominar todos os detalhes das Reuniões de Nível 10 e do IDS. O que constatei é que a maneira mais rápida de ajudá-los a chegar lá é seguir a agenda Nível 10 exatamente como deve ser conduzida.

Alan pediu a Eileen que distribuísse cópias da agenda Nível 10 mais recente da equipe e conduziu uma Reunião de Nível 10 em sua forma mais pura.

– Por favor, acompanhem e façam anotações sobre o que parecer diferente em comparação com a forma como acontece nas reuniões. Se vocês puderem guardar as observações, perguntas e problemas até o final, abordaremos todos de uma vez. Tudo bem?

Após verificar que as reuniões da equipe continuavam ocorrendo às terças-feiras às 8 horas, conduzidas por Eileen e com Sue cuidando da papelada, Alan percorreu a pauta passo a passo, como fizera no Dia do Foco.

– Às oito *em ponto* você começa com a atualização – disse dirigindo-se a Vic enquanto os outros líderes olhavam nervosos ao redor da sala. – Eileen convida o mais corajoso para começar com notícias boas, pessoais e empresariais, da semana anterior. Depois fala quem está à esquerda ao redor da mesa e assim por diante. Os três itens seguintes na pauta são relatórios. Ao informar os números da Tabela de Desempenho e das Pedras, o titular responsável pelos indicadores mensuráveis e pelas Pedras diz apenas "nos trilhos" ou "fora dos trilhos". Sem explicações, sem desculpas, sem justificativas. Quando um número ou uma Pedra estiver fora dos trilhos ou houver alguma pergunta ou comentário, vocês anotam na Lista de Problemas. Destaques sobre clientes e colaboradores são comentários rápidos. Relatórios negativos vão direto para a Lista de Problemas. Relatórios positivos que mereçam alguma discussão também podem ser adicionados à lista.

Alan passou para a Lista de Tarefas, desenhando alguns símbolos de tarefas e ticando os itens enquanto explicava como conduzir a revisão. Lembrou à equipe que 90% deveriam ser Tarefas Concluídas e retiradas da lista a cada semana.

– O item seguinte da pauta é a essência do que torna uma reunião excelente – continuou Alan. – Solucionar problemas. Quando vocês dominarem a Reunião de Nível 10, vão passar sessenta minutos por semana priorizando e resolvendo problemas: identificando, enfrentando e eliminando-os de vez.

– Essa é a maior batalha – admitiu Vic. – Nossa Lista de Problemas fica mais longa a cada semana.

– Isso é normal nesta etapa – esclareceu Alan. – Então vamos passar pelo IDS mais uma vez, e eu vou responder a todas as perguntas sobre como fazer isso funcionar para vocês.

Alan orientou Eileen a fazer todos adicionarem novos problemas e depois pedir para Sue ler todos os problemas da lista: novos e antigos. Em seguida, explicou como levar a equipe a priorizar rapidamente os três problemas mais importantes.

– Isso deve levar uns trinta segundos a cada semana – esclareceu Alan, recebendo olhares surpresos de vários líderes.

O consultor lembrou à equipe de começar pelo problema número um e aplicar o IDS. Explicou como identificar primeiro a(s) causa(s) do problema, discuti-la(s) sem arrogância ou conchavos e resolver o problema concordando com uma tarefa ou um plano de ação para eliminá-lo de uma vez por todas.

Enquanto Alan explicava o passo a passo, vários líderes pensaram em dúvidas e perguntas.

– Quando vocês tiverem solucionado o problema um, basta passar para o número dois e aplicar o IDS – continuou Alan. – Se solucionarem os três problemas e sobrar tempo, priorizem os seguintes três da lista e recomecem pelo novo número um. Haverá semanas em que vocês solucionarão vários problemas fáceis; em outras passarão o tempo todo numa grande questão. Mas, se estiverem priorizando de modo correto e se dedicando a solucionar cada problema, utilizarão o tempo de modo eficaz. Às 9h25, estejam no ponto em que estiverem, Eileen fará todos pararem de pensar nos problemas e encerrará a reunião.

Alan escreveu três itens no quadro: Recapitulação de Tarefas, Comunicação dos Resultados e Avaliação (1-10). Complementou com uma explicação detalhada de cada item. Ele lembrou à equipe que atribuir uma nota ajuda a melhorar a qualidade das reuniões e, quando útil ou necessário, dar um feedback para uma nota baixa.

– Assim as reuniões sempre terminam no horário, não afetando outros compromissos. Alguma pergunta?

Praticamente todos tinham algo a dizer. Para focar a discussão, o consultor pediu que percorressem a lista a partir do topo da pauta.

– Vocês estão começando todas as reuniões no horário? – perguntou, já sabendo a resposta.

Houve um breve silêncio constrangedor, que Eileen decidiu romper.

– Não – respondeu de maneira objetiva. – Mas já está muito melhor do que costumava ser. Nunca começamos depois das 8h10.

– A culpa é toda minha – reconheceu Vic. – Eu tenho chegado atrasado.

– Como o restante da equipe se sente em relação a isso? – perguntou Alan.

– Eles têm sido muito pacientes – respondeu Vic. – Eu luto contra o atraso desde sempre e estou me esforçando mais do que nunca para me ajustar. Vamos seguir em frente.

Alan avaliou os presentes. Vários líderes o olhavam com uma mistura de dúvida e esperança. Claramente, aquele assunto era delicado.

– Proposta aceita – declarou ele, meio relutante. – Mas, se você visse as expressões faciais aqui, não gostaria de simplesmente seguir em frente. Eu escrevi "Vince Lombardi!" na Lista de Problemas porque meus clientes e eu seguimos a abordagem dele sobre pontualidade. Ele disse: "Cedo é pontual; na hora já é tarde." Portanto, quando uma reunião começa às 9 horas, o esperado é que todos estejam em seus lugares nesse horário, prontos para começar. Isso não aconteceu esta manhã e não está acontecendo nas Reuniões de Nível 10. Então, para o bem da empresa, podemos nos aprofundar um pouco mais?

Sue mal conseguia acreditar que Alan tinha abordado a questão de frente. Aproveitou a oportunidade para dar a Vic um feedback sincero.

– Isso me incomoda – admitiu Sue. – É claro que você está se esforçando mais do que nunca, Vic, mas eu ando tão ocupada que perder dez minutos no início de uma reunião é angustiante! Quando isso acontece em cinquenta a cem reuniões por ano, todos nós perdemos uma semana de produtividade.

Alan agradeceu a sinceridade de Sue e depois ouviu comentários semelhantes de Evan e Art. A equipe se sentia frustrada. Diga-se a favor de Vic que ele ouviu atentamente, refletindo sobre o tempo desperdiçado e a frustração causada.

– Vic, começar as Reuniões de Nível 10 às 8h15 tornaria mais fácil você chegar no horário? – perguntou Alan.

– Não – respondeu Vic de maneira direta. – Eu entendi, e só posso dizer que sinto muito. Eu nunca soube que estava frustrando todos vocês... para mim esses cinco minutos sempre pareceram inofensivos. Posso melhorar sem mudarmos o horário da reunião.

Com a questão sobre pontualidade resolvida, Alan respondeu a mais algumas perguntas sobre a parte dos relatórios. De modo geral, a equipe estava fazendo um bom trabalho na revisão da Tabela de Desempenho, de Pedras e notícias, então passaram para a Lista de Tarefas.

– Estamos longe de atingir uma taxa de conclusão de 90% – murmurou Carol.

Alan fez algumas perguntas e descobriu que a equipe vinha utilizando a Lista de Tarefas como uma sala de espera, um problema comum. Lembrou a todos que uma tarefa é um item para ação em sete dias e recomendou que eles não se comprometessem com o que não poderia ser concluído em sete dias. Uma rápida discussão os ajudou a entender como usar a Lista de Tarefas e a Lista de Problemas para não repetir o erro.

– Vocês vão captar e concluir melhor suas tarefas à medida que dominarem as ferramentas da Reunião Nível 10 e as do Dia do Foco – explicou Alan.

Quando a equipe passou a discutir a Lista de Problemas, a priorização ganhou destaque. Os líderes estavam levando cinco minutos ou mais para chegar a um acordo sobre a qual questão deveriam aplicar o IDS primeiro. Quando Alan disse que o exercício precisava levar no máximo trinta segundos, Sue ficou perplexa.

– Como isso é possível quando existem 15 ou 20 itens na lista? – perguntou.

– Quando a Eileen pedir para vocês priorizarem os problemas, estejam prontos para sugerir pelo menos uma prioridade – respondeu Alan. – Em algumas semanas vocês terão uma Pedra ou uma métrica da Tabela de Desempenho fora dos trilhos em que queiram muito aplicar o IDS. Em outras ocasiões, um problema relacionado a um cliente ou funcionário exigirá atenção imediata. De vez em quando todos concordarão com o que precisa ser abordado primeiro. Mas, seja qual for o motivo da preferência, estejam prontos quando a Eileen perguntar quais são as prioridades. Quando a equipe estiver travada, você, Eileen, tome a decisão e priorize três problemas por conta própria. Afinal, se isso está levando cinco minutos, é mais um problema que vocês deveriam resolver a cada semana!

– Nós mais discutimos do que identificamos ou resolvemos questões – admitiu Carol.

– Eileen, seu trabalho é ajudar a equipe a aplicar o IDS corretamente – disse Alan. – Quando alguém quiser apenas *discutir* um problema, faça a equipe primeiro identificar a causa-raiz. Isso vai ajudar vocês a discutir e solucionar *a questão*. Se não identificarem a causa-raiz, acabarão discutindo um ou mais sintomas ou ficarão presos em intermináveis diálogos sobre tudo. Assim que identificarem o problema real, mantenham a discussão focada e sem conchavos. Eileen deve levar a equipe a concluir tomando uma decisão e concordando com um plano de ação. Quando a equipe estiver dividida e todos tiverem sido ouvidos, você tomará a decisão, Eileen. Uma vez resolvido o problema, a conclusão precisa ser clara e apoiada por todos na sala.

– Entendido – respondeu Eileen. – Devo dizer que temos recebido avaliações bastante positivas e estou impressionada com a quantidade de problemas resolvidos. É claro que podemos melhorar, mas acredito que avançamos muito nesse último mês.

O restante da equipe concordou. Alan fez questão de responder a todas as perguntas e determinou um intervalo antes de prosseguir para a revisão da Tabela de Desempenho. Na saída da sala, Art se aproximou de Eileen e pediu para ter uma conversa.

– Diga, Art – ela falou quando estavam afastados no corredor.

– Eu devo continuar nesta reunião? – perguntou ele, pouco à vontade.

– O que você quer dizer com isso? – replicou Eileen, meio surpresa.

– Eu fui retirado da chamada equipe de liderança há 45 minutos – explicou ele. – Agora eu me reporto à Sue, então...

– Ah! – exclamou Eileen. – Não sei bem.

Eileen pensou por um momento e sugeriu trazer Alan à conversa para dar sua opinião. Art concordou, relutante – gostaria de evitar mais constrangimentos lidando com essa questão em particular com Eileen.

Alan ouviu atentamente e, contribuindo para o desânimo de Art, sugeriu que ele fizesse aquela pergunta de novo na retomada da sessão. No mínimo, Sue precisava ser incluída na discussão, e ele acreditava que o problema deveria ser submetido ao IDS de toda a equipe. A reunião improvisada se desfez e os líderes começaram a voltar à sala.

– Antes de revisarmos a Tabela de Desempenho – disse Alan quando a sessão recomeçou –, o Art fez uma boa pergunta que só a equipe pode ajudar a responder. Art?

– Pois é, a pergunta foi se eu deveria continuar aqui – disse ele.

Os líderes ficaram pensando. Vic foi o primeiro a falar:

– Você acha que talvez não devesse estar aqui porque seu lugar no Diagrama de Responsabilidades foi retirado da equipe de liderança?

– Exatamente – respondeu Art, sentindo-se melhor agora com sua dúvida compartilhada com todos.

– Eu acho que você agrega um grande valor aqui – disse Sue. – Estamos prestes a começar a definir nossa visão, e você pode ser um grande ativo nesse processo.

– Obrigado, Sue – respondeu Art, realmente emocionado. – Isso significa muito para mim.

Vic concordou com a opinião de Sue, mostrando seu apoio. Carol e Evan não expressaram nenhuma opinião decisiva.

– Então podemos concluir? – perguntou Alan.

– Sim – respondeu Eileen. – Acho que a permanência do Art nessas sessões do segundo dia da Criação de Visão é a decisão certa. De acordo?

Todos concordaram. Art e Sue pareceram especialmente contentes, tanto com a decisão quanto com a forma como fora tomada. Eileen sorriu, começando a ver com mais clareza o IDS funcionando melhor.

Solucionado aquele problema delicado, Alan passou à revisão da ferramenta final do Dia do Foco: a Tabela de Desempenho da empresa. Começou pedindo para Eileen distribuir cópias.

QUEM	MENSURÁVEL	META	\multicolumn{12}{c}{SEMANAS}

QUEM	MENSURÁVEL	META	1	2	3	4	5	6	7	8	9	10	11	12
Sue	Novos clientes potenciais	36	11	4	47	17								
Sue	Reuniões de vendas iniciais (#)	12	8	9	4	14								
Sue	Propostas (#)	4	2	1	3	4								
Sue	Propostas (US$)	300 mil	175 mil	70 mil	275 mil	350 mil								
Sue	Perspectiva 30 dias (US$)	1,5 milhão	1,15 milhão	1,05 milhão	1,10 milhão	1,25 milhão								
Sue	Contratos (#)	2	2	1	1	2								
Sue	Contratos (US$)	150 mil	161 mil	135 mil	75 mil	170 mil								
Evan	Projetos atrasados	1			4	4								
Evan	Projetos acima do orçamento	1												
Evan	Falhas com clientes	0		1		1								
Evan	Taxa de utilização	80%												
Carol	Balanço financeiro (US$)	75 mil	55 mil	85 mil	70 mil	61 mil								
Carol	C/R > 60 dias (US$)	< 30 mil	42,5 mil	42,5 mil	31 mil	26,1 mil								
Carol	Erros de faturamento	0	0	1	1	0								

– É essa a Tabela de Desempenho que dá a vocês uma pulsação absoluta do negócio? – perguntou Alan.

– Isso está se tornando um tema recorrente – reconheceu Evan –, mas é culpa minha ninguém ter a menor noção da pulsação do departamento de operações. Simplesmente ainda não consegui criar o sistema certo para mensurar isso.

Alan pediu para a equipe confirmar se ainda queria ver os quatro números de Evan e todos confirmaram. Com uma medida de cada vez, ele pediu para Evan verificar se era possível mensurar cada número semanalmente. Evan concordou, e Alan foi até a Lista de Problemas e escreveu "Números da Tabela de Desempenho de Operações" em verde.

A equipe revisou rapidamente os números dos departamentos de cada um. Vieram à tona preocupações sobre vários mensuráveis, mas no fim os líderes decidiram trabalhar com esses números pelo restante do trimestre antes de fazer alterações.

O almoço chegou no momento em que a discussão sobre a Tabela de Desempenho terminou. A equipe fez uma pausa rápida. Alan apagou o quadro e se preparou para a transição para a Criação de Visão.

TRANSIÇÃO PARA A VISÃO

O consultor começou explicando primeiro a lógica da tração e depois a da visão. Disse que, ao implementar as ferramentas do Dia do Foco *antes* de trabalhar na visão da empresa, a Swan Services conseguiria realizar sua visão de modo muito mais eficaz.

– Eu costumo dizer que visão sem tração é alucinação – começou Alan, provocando algumas risadas. – Com as responsabilidades esclarecidas e a disciplina em vigor, as discussões sobre o futuro e as decisões a tomar se tornam mais concretas, mais palpáveis. Vocês não ficarão esperando ou desejando que algo aconteça. Vão *prever o futuro* com pessoas assumindo suas responsabilidades e depois trabalhar duro juntos para realizar a visão.

As palavras motivaram alguns sorrisos, e ele continuou:

– Vamos adotar uma abordagem simples para definir a visão da Swan. Podemos fazer isso porque ela já existe na cabeça de cada um. Infelizmente, são seis variações, e só podemos ter uma. Vamos garantir que todos estejam 100% alinhados com as respostas para as oito perguntas do OV/T.

Em seguida, apontou para o meio do quadro, onde havia listado os seguintes itens:

- VALORES FUNDAMENTAIS
- FOCO CENTRAL
- META DE 10 ANOS
- ESTRATÉGIA DE MARKETING
- IMAGEM DE 3 ANOS
- PLANO DE 1 ANO
- PEDRAS TRIMESTRAIS
- LISTA DE PROBLEMAS

– Vamos abordar uma questão por vez, começando pelos Valores Fundamentais – prosseguiu Alan. – Valores Fundamentais são um pequeno conjunto de princípios essenciais e duradouros que definem a cultura da empresa. A regra geral é ter de três a sete valores, de preferência mais perto de três, pois menos é mais. Ao final deste exercício, teremos definido a cultura desta organização: o que torna a Swan e suas pessoas únicas. Isso é quem vocês são. Esses Valores Fundamentais se tornarão úteis e indispensáveis, as regras com as quais vocês jogam. Vocês precisam *viver* de acordo com eles e usá-los para contratar, demitir, avaliar, recompensar e reconhecer o pessoal. Quando esses Valores Fundamentais estiverem vivos e ativos na organização, vocês vão atrair as pessoas mais certas para a empresa. As pessoas erradas se sentirão deslocadas e preferirão sair de maneira suave, sem conflitos.

Seguindo um processo já utilizado para ajudar muitas organizações a descobrir seus próprios Valores Fundamentais, Alan pediu aos líderes que escrevessem os nomes de três verdadeiras superestrelas da Swan.

– São pessoas que vocês amam. Elas se encaixam na cultura, e a cultura se encaixa nelas. Vocês gostariam de cloná-las, porque com mil delas poderiam conquistar o mundo – continuou. – Idealmente, escolham três pessoas que atualmente fazem parte da organização, mas que não estão nesta reunião.

Passados alguns minutos, Alan pediu para cada líder ler sua lista e escreveu os nomes no quadro. Houve várias repetições, que ele assinalou ao lado do nome.

```
MATT        I
MARY C.
HENRY       IIII
BELLA       II
RACHEL      III
RICHARD
STEPHANIE
MARK
```

– Pensando nessas pessoas – continuou Alan –, façam uma lista das características, dos atributos ou das aptidões que as tornam tão valiosas.

Quando todos terminaram, Alan começou a registrar as características. No final a lista no quadro tinha 41 palavras ou frases.

– Tem certeza de que menos é mais, Alan? – perguntou Vic, rindo.

– Isso não é nada – respondeu Alan com um sorriso. – Prometo que nós vamos sair daqui com três a sete.

Orientou a equipe a fazer a primeira redução na extensa lista usando o processo de eliminação "Manter, Eliminar e Combinar". Nessa etapa não poderia haver debates. Se alguém quisesse manter um Valor Fundamental em potencial, o item continuaria na lista. Ficaram 15 itens.

```
POSITIVO/PROATIVO
SEDENTO DE CONHECIMENTO
APAIXONADO
ÍNTEGRO
INOVADOR/CRIATIVO
```

CAPACIDADE DE TRABALHO
DETALHISTA
FAZ O QUE É CERTO
CUMPRE AS TAREFAS
NUNCA ESTÁ SATISFEITO
COMPETITIVO
HUMILDE
CONFIÁVEL
CONFIANTE
PRESTATIVO

Antes de fazer uma segunda seleção, Alan falou sobre um artigo da *Harvard Business Review* escrito por Patrick Lencioni e intitulado "Faça seus valores significarem alguma coisa". Lencioni menciona três "armadilhas de valores" – erros cometidos por empresas ao definir Valores Fundamentais que dificultam seu uso para a criação e manutenção de uma cultura forte.

– Valores Fundamentais *Aspiracionais* – resumiu Alan – são características que parecem grandiosas, mas não definem a cultura existente na organização hoje. Se as pessoas que se encaixam na Swan forem workaholics que trabalham 65 horas por semana e não têm vida fora do escritório, "equilíbrio entre trabalho e vida pessoal" seria um Valor Fundamental aspiracional. Se não for assim na empresa de *hoje*, não será possível cobrar responsabilidades por isso no *futuro*. Os Valores Fundamentais chamados de *Permissão-para-brincar* são essenciais para a organização. Vocês nunca contratarão alguém sem essas características, e quem não as tiver será dispensado. Mas esses Valores Fundamentais não definem o que é único na cultura *de vocês*. Todas as empresas os exigem. Se eles não definem a cultura única da *Swan*, não devem ser chamados de Valores Fundamentais. Honestidade e profissionalismo são dois exemplos. Os chamados Valores Fundamentais *Acidentais* são características que podem ter levado vocês ao ponto em que estão, mas não serão necessários para todos na empresa para sempre. Um exemplo é algo como o espírito empreendedor. Para a maioria dos meus clientes, isso foi importante para o sucesso inicial. Mas eu peço que eles imaginem a empresa daqui a dez anos, quando talvez tenham 250 funcionários. Quem sabe 12 funcionários só na contabilidade. Continuará sendo importante que todos tenham espírito empreendedor? Se a resposta for não, precisamos eliminar esse valor. Ele não representa um princípio essencial e atemporal.

Eileen sorriu. Já tivera sua dose de participação em exercícios de Valores Fundamentais enquanto estava na Anodyne e praticamente todos os clientes tinham caído em uma ou mais das armadilhas de valores de Lencioni.

Na segunda passada pelos Valores Fundamentais, Alan incentivou um debate acirrado. Ficou interessante.

– Eliminar! – disse Carol quando Alan leu o primeiro item da lista, "positivo/proativo".

– Manter – opinaram Vic e Sue em uníssono.

– É isso que define nossas melhores pessoas, Carol – continuou Vic. – A situação pode ter ficado difícil nos últimos tempos, mas este negócio foi construído com pessoas positivas, confiantes e proativas. Não vou deixar você matar esse quesito.

– Tudo bem – disse Carol, sem convicção. – Eu acho superficial, só isso. Não precisa pular no meu pescoço.

Alan consultou o restante da equipe e todos disseram "Manter". A resposta aos dois itens seguintes foi quase unânime: "Manter". Integridade foi logo eliminada por ser um valor do tipo permissão-para-brincar; e inovador, por ser acidental. Alan riscou capacidade de trabalho quando a equipe concluiu que também era um valor de permissão-para-brincar.

Continuaram percorrendo a lista, eliminando, mantendo e combinando características, até se envolverem em outra discussão em torno do valor "competitivo". Evan queria eliminar por ser uma característica indesejável. Vic insistiu que tinha sido fundamental para o sucesso da Swan e que deveria continuar sendo uma das características exigidas. No fim, eles eliminaram o valor "competitivo" por não ser essencial para todos os colaboradores.

Após uma discussão interessante, a equipe decidiu combinar os valores "humilde" e "confiante" em um único Valor Fundamental. Eileen e Evan se preocuparam que confiante fosse mal interpretado como arrogante. Tendo sugerido ambos os valores para a lista, Sue assegurou à equipe que ela não confundia confiante com arrogante. Percebeu que tinha mencionado as duas características para estabelecer exatamente esse ponto.

– E se combinarmos esses dois em um único Valor Fundamental? – perguntou. – Podemos estabelecer que somos pessoas que acreditam em si mesmas e em nossas soluções, mas sem sermos presunçosos ou arrogantes. Isso funcionaria?

– Eu adorei – opinou Vic. – Manter.

– Concordo – disse Eileen. Art também concordou, Carol deu de ombros e Evan fez sinal de positivo. A equipe repassou a seguinte lista:

> POSITIVO/PROATIVO
> SEDENTO DE CONHECIMENTO/NUNCA SATISFEITO
> APAIXONADO
> FAZ O QUE É CERTO
> CUMPRE AS TAREFAS/CONFIÁVEL
> HUMILDE/CONFIANTE
> PRESTATIVO

Quando Alan lembrou aos líderes que "menos é mais", houve duas rápidas discussões. Primeiro Sue sugeriu que a equipe combinasse atitude positiva com prestativo, argumentando que a atitude por si só não era tão importante quanto um desejo genuíno de se aprofundar e ajudar os outros a obter os resultados necessários. Apesar de Vic ter defendido "apaixonado" ferrenhamente, Eileen o convenceu de que um funcionário que realmente se encaixasse na cultura da Swan segundo o definido pelos outros cinco Valores Fundamentais seria, implicitamente, apaixonado pela Swan e por seu papel na organização.

Ao final da discussão, Alan parabenizou a equipe pelo trabalho. Durante uma pausa rápida, preparou outra parte do exercício dos Valores Fundamentais. Quando os líderes retornaram, distribuiu cópias de uma tabela em branco, uma ferramenta que ele chamou de Analisador de Pessoas. Pediu que eles escrevessem os cinco Valores Fundamentais da Swan nas colunas em diagonal no alto e os nomes de cada líder nas linhas do lado esquerdo.

	SEDENTO DE CONHECIMENTO/NUNCA SATISFEITO	FAZ O QUE É CERTO	CUMPRE AS TAREFAS/CONFIÁVEL	HUMILDE/CONFIANTE	PRESTATIVO/POSITIVO/PROATIVO			
VIC								
EILEEN								
ART								
CAROL								
EVAN								
SUE								

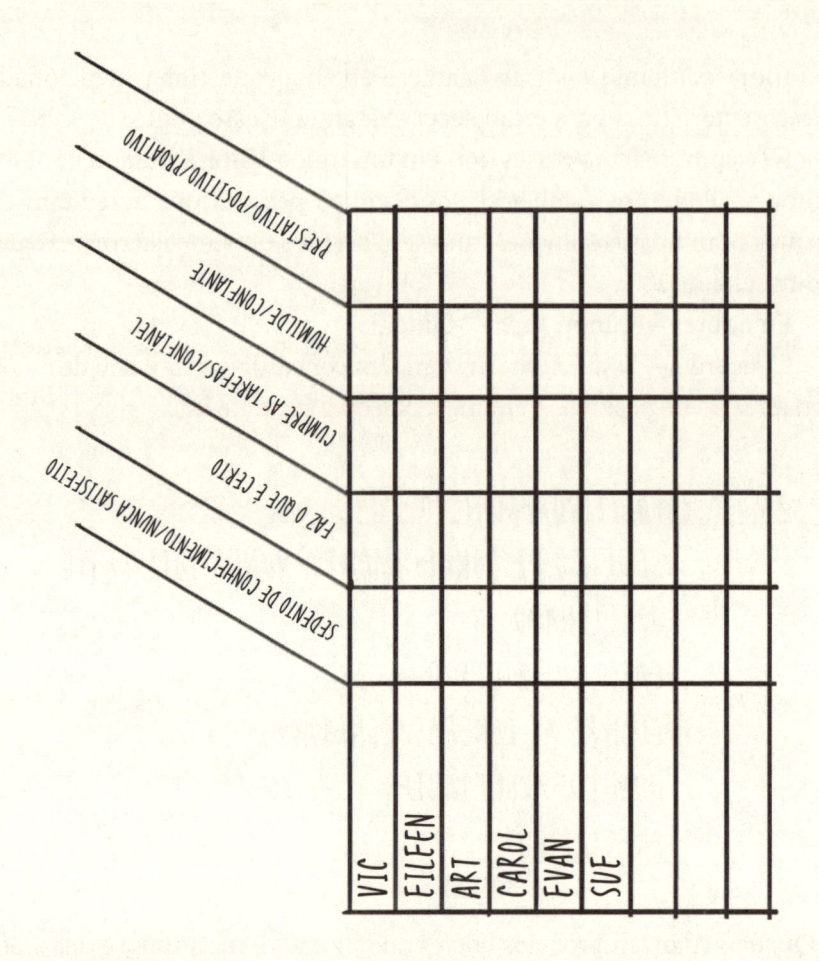

– Para testar seus Valores Fundamentais, vamos analisar as pessoas presentes – começou Alan. – Abordaremos um Valor Fundamental de cada vez e usaremos uma de três pontuações: Mais (+) significa que a pessoa manifesta esse Valor Fundamental na *maioria* das vezes, pois ninguém é perfeito. Menos (-) significa que na maioria das vezes a pessoa *não* demonstra o Valor Fundamental. Mais/menos (+/-) significa que a pessoa demonstra o Valor Fundamental em algumas ocasiões, mas não em outras.

Em seguida, Alan pediu à equipe para avaliar todos na sala em relação a cada Valor Fundamental. Alguns ficaram imóveis, outros se debruçaram sobre as tabelas. Ao responder, Carol cobriu sua folha com a mão. A tensão aumentou à medida que eles perceberam para onde o exercício estava indo.

– Vamos começar do topo avaliando o Vic – sugeriu Alan. – Um Valor Fundamental de cada vez, primeiro à esquerda de Vic.

Para "sedento de conhecimento/nunca satisfeito", todos disseram "mais", exceto Carol, que optou por "mais/menos".

Alan escreveu um "+" no diagrama e explicou que era a média da pontuação. Quando o exercício terminou, Vic tinha sido avaliado assim:

VIC	+	+	+/−	+	+

Apesar de seu voto não constar da pontuação de Alan, Vic admitiu se considerar "mais/menos" na categoria de "cumpre as tarefas/confiável". A equipe passou a avaliar Eileen. Evan e Vic a classificaram como "mais/menos" em "positiva", mas na média suas pontuações foram todas "mais".

EILEEN	+	+	+	+	+

Art estava à esquerda de Eileen, parecendo apreensivo conforme sua vez se aproximava. Começou a relaxar quando todos deram "mais" para os três primeiros Valores Fundamentais. Sua pontuação média foi "mais/menos" em "humilde/confiante" (ele também tinha se avaliado assim).

ART	+	+	+	+/−	+

Chegou a vez de Carol. A tensão na sala aumentou, mas Alan percebeu um estranho meio sorriso no rosto de Eileen, que parecia quase ansiosa para começar a avaliação. O exercício dos Valores Fundamentais tinha cristalizado os sentimentos de Eileen em relação a Carol. Olhando para as pontuações, ela relembrou sua dificuldade em avaliar o EQC da diretora de controladoria no Dia do Foco. Percebeu que a competência para os papéis em sua posição não tinha sido o problema. Carol era claramente a *pessoa errada* no *lugar certo*.

Começando com Evan, Alan pediu a avaliação de cada líder para Carol em "sedenta de conhecimento/nunca satisfeita".

– Mais/menos? – disse Evan, hesitante.

– Mais/menos – repetiu Sue.

Carol lançou aos dois um olhar fulminante. Os líderes se esforçavam para evitar o contato visual. Vic, Eileen e Art responderam "mais/menos" numa rápida sucessão, e Alan anotou a pontuação. Carol se acalmou um pouco quando obteve a média "mais" para "faz o que é certo" e "cumpre as tarefas/confiável".

Alan passou para "humilde/confiante".

– Mais/menos – começou Evan.

– Mais/menos – repetiu Sue.

– Menos – disse Vic.

– Menos – confirmou Eileen logo em seguida. Alguém tossiu. Carol enrubesceu.

– Mais/menos – avaliou Art.

Alan anotou a pontuação e continuou, sem se abalar.

– Prestativa/positiva/proativa? – perguntou a Evan.

– Menos – ele respondeu, mais confiante depois das avaliações de Vic e Eileen.

– Menos – disseram Sue e Vic na sequência.

Eileen observava Carol atentamente. Estava irritada e parecia prestes a ter um acesso de raiva ou a sair da sala intempestivamente.

– Menos – falou Eileen calmamente.

– Mais/menos – disse Art em voz baixa.

Alan anotou um sinal de menos e se afastou do quadro para mostrar as avaliações de Carol.

CAROL	+/–	+	+	+/–	–

Após uma breve pausa, o consultor continuou:

– Muito bem, agora vamos avaliar Evan.

– Espera aí! – disparou Carol. – Nós não vamos seguir em frente sem falar sobre isso, vamos? Você está agindo como se nada tivesse acontecido.

– Sinto muito, Carol – disse Alan delicadamente. – Você está surpresa ou frustrada com as avaliações?

– Estou! – gritou. – Estou muito irritada! Eu não vou ter a chance de me defender?

– Seria melhor lidarmos com quaisquer frustrações em relação às avaliações depois do exercício – disse Alan calmamente. – Eu entendo que pode ser difícil, mas no momento estamos focados em avaliar os Valores Fundamentais. Você concorda com isso?

Carol estava estupefata. Não esperava um não como resposta de Alan e ficou sem palavras. Limitou-se a encostar na cadeira, zangada e resignada.

Aliviada por ter concluído a avaliação de Carol, a equipe passou rapidamente e sem problemas pelas avaliações de Evan e Sue. Por fim, Alan anotou as seguintes pontuações dos dois líderes:

EVAN	+	+	+/−	+	+
SUE	+	+	+	+	+

Com toda a equipe avaliada, Alan adicionou outra linha na parte inferior do Analisador de Pessoas e escreveu "LINHA DE CORTE" na coluna da esquerda.

– Agora precisamos definir o corte – explicou. – Em outras palavras, qual é a pontuação mínima para poder dizer que um funcionário compartilha os Valores Fundamentais da Swan? Com isso definido, quem estiver na linha de corte ou acima dela é considerado uma "pessoa certa". Vocês decidirão onde estabelecer essa linha, mas a regra geral quando se tem cinco Valores Fundamentais é qualquer combinação de três mais e dois mais/menos. Alguém com um menos nunca pode estar acima da linha de corte.

A equipe fez perguntas, discutiu as opções e acabou seguindo a sugestão de Alan. Carol continuou visivelmente agitada durante o processo e não disse mais nada.

– Estamos quase terminando – prometeu Alan. – Mas gostaria de testar os Valores Fundamentais mais uma vez. Alguém pode me dar o nome de uma das estrelas da Swan?

Evan apontou para os nomes dos funcionários anotados por Alan no quadro e disse:

– Que tal o Henry? Ele recebeu cinco votos.

A equipe concordou.

– Então o Henry é uma das melhores pessoas na organização – continuou Alan, escrevendo o nome dele no Analisador de Pessoas.

– Você pode me dar um dos piores? Existe alguém que não se encaixa na cultura da organização?

– Jerry – disse Evan sem hesitar.

Eileen concordou. Os dois vinham discutindo os problemas pessoais e de desempenho de Jerry Ryan havia meses. Era um desenvolvedor relativamente capaz, mas precisava de atenção constante e era comum se envolver em conflitos com colegas.

Alan adicionou o nome de Jerry à lista e pediu que cada líder avaliasse Henry e Jerry de acordo com os Valores Fundamentais. Quando Alan começou a registrar as notas de cada um, Art ponderou:

– Eu não tenho nenhum contato com o Jerry. Devo passar?

– Sim, já que você não tem nenhuma experiência relevante com ele – respondeu Alan.

Alan compilou as avaliações e registrou as médias no quadro da seguinte forma:

LINHA DE CORTE	+	+	+	+/−	+/−
HENRY	+	+	+	+	+
JERRY	+/−	+/−	+	+/−	+/−

– Sinto que acertamos em cheio – disse Vic.

Alan deixou o comentário de Vic decantar, observando a equipe processar os dados refletidos no Analisador de Pessoas.

– Parabéns! – disse com sinceridade. Vocês definiram claramente o que significa ser uma "pessoa certa" na Swan Services. Antes de prosseguirmos, também quero explicar como o Analisador de Pessoas ajuda a definir os lugares certos.

Alan lembrou à equipe que EQC significa entender, querer e ter a capacidade de fazer. Explicou que a linha de corte do EQC é ter três respostas sim – um requisito essencial. Anotou isso no quadro. (Ver p. 143.)

– Para determinar se alguém está no lugar certo usando o Analisador de Pessoas, vocês olham para o lugar do colaborador no Diagrama de Responsabilidades e para os papéis desse lugar – prosseguiu. – Assim como fizemos com todos aqui, vocês pontuam essa pessoa com um sim ou um não em cada uma das três colunas: E, Q, C. Se não se sentirem confortáveis dizendo sim, coloquem não, já que não existe a opção de sim/menos ou talvez. É preciso ter todos os sim para estar no lugar certo. Um único não é fatal. Entenderam?

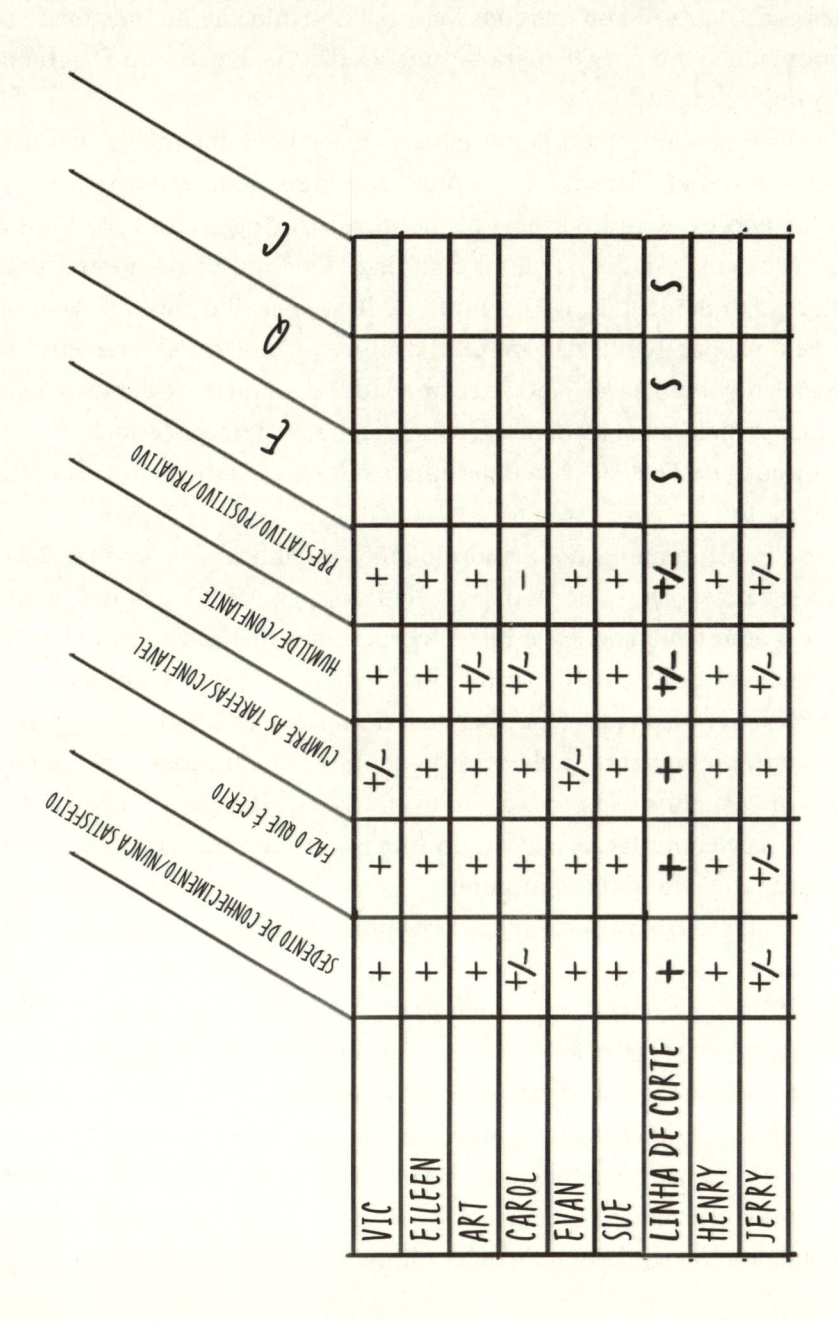

	C	Q	E	PRESTATIVO/POSITIVO/PROATIVO	HUMILDE/CONFIANTE	CUMPRE AS TAREFAS/CONFIÁVEL	FAZ O QUE É CERTO	SEDENTO DE CONHECIMENTO/NUNCA SATISFEITO
VIC				+	+	+/-	+	+
EILEEN				+	+	+	+	+
ART				+	+/-	+	+	+
CAROL				–	+/-	+	+	+/-
EVAN				+	+	+/-	+	+
SUE				+	+	+	+	+
LINHA DE CORTE	S	S	S	+/-	+/-	+	+	+
HENRY				+	+	+	+	+
JERRY				+/-	+/-	+	+/-	+/-

Essa discussão ajudou a equipe a começar a ver exatamente como em breve usaria o Analisador de Pessoas para identificar os problemas de pessoal. Alan explicou ainda que alguns colaboradores que souberem que estão "abaixo da linha de corte" terão a chance de subir revelando de modo mais consistente um ou mais dos Valores Fundamentais ou mostrando mais claramente que têm EQC para as funções de seus lugares no Diagrama de Responsabilidades.

– Na verdade, a maioria das pessoas reage bem quando vê suas expectativas com mais clareza – explicou. – Lembrem-se de que vocês estão introduzindo esses padrões pela primeira vez. Até agora estiveram em falta com seus colaboradores, não o contrário. Quando começarem a usar os Valores Fundamentais, o Diagrama de Responsabilidades e o Analisador de Pessoas para contratar, demitir, avaliar, recompensar e reconhecer as pessoas na organização, vão se surpreender com quão evidentes seus problemas de pessoal se tornarão. Quando algo não parecer certo, basta usar o Analisador de Pessoas para determinar se estão diante da pessoa certa no lugar certo.

Vic estava empolgado. Sempre definiu a cultura – ou a vibração – da empresa como algo que podia ser sentido, percebido, mas não quantificado. Como resultado, ele e Eileen perderam semanas e meses discutindo e debatendo oscilações de ânimo, problemas de atitude e outras questões complexas relacionadas a pessoas sem nunca resolver nada. Nas raras ocasiões em que tomaram a decisão de demitir alguém, passaram noites em claro angustiados. Na verdade, muitas vezes a situação se repetia até nas decisões de contratação. Vic viu no Analisador de Pessoas uma ferramenta que acabaria com toda essa agonia.

– O que se faz quando alguém está abaixo da linha de corte? – perguntou Sue.

– Ótima pergunta – respondeu Alan. – A maioria dos meus clientes usa uma regra de três golpes. Você se senta com essa pessoa para a primeira de três reuniões e explica objetivamente por que ela não se encaixa na cultura, não tem EQC para o lugar ou ambas as questões. Apresenta exemplos específicos do que não está funcionando e estabelece um prazo para a correção dos problemas, digamos de trinta ou sessenta dias. Se ao fim desse período o colaborador não tiver superado a linha de corte, há o segundo golpe, o que significa uma segunda reunião com uma advertência por escrito e um novo prazo. O terceiro golpe é a demissão.

Os líderes ficaram em silêncio, refletindo sobre a regra descrita por Alan.

– Esses cinco Valores Fundamentais são as regras de vocês – explicou Alan. – Mas, antes de elas começarem a funcionar, vocês precisam fazer o seguinte: se repetir com frequência (vou explicar como daqui a pouco) e ser coerentes, ou seja, fazer o que dizem. Se vocês mesmos não demonstrarem os Valores Fundamentais, não poderão esperar que o pessoal siga as regras. Em outras palavras, é liderar pelo exemplo. Para ajudar vocês a repetir esses Valores Fundamentais com frequência, precisamos que alguém escreva uma declaração sobre Valores Fundamentais que possa ser usada de maneira coerente por todos. Esse é o dever de casa que precisa ser concluído até a próxima sessão. Algum voluntário?

– Eu faço – disse Vic. – Essa é minha especialidade.

O restante da equipe concordou, e Alan continuou explicando a tarefa. Vic deveria primeiro "aprimorar" os cinco Valores Fundamentais, escolhendo uma palavra ou frase curta que definisse mais claramente cada um deles. Depois precisava acrescentar dois ou três exemplos, histórias ou analogias para cada um. Traria um resumo de uma página do discurso dos Valores Fundamentais na sessão seguinte.

Apesar de preparado para seguir em frente, Alan decidiu lidar com o que havia se tornado uma distração perceptível. Desde que recebeu suas avaliações relativas aos Valores Fundamentais, Carol estava agitada. Só participou quando pressionada e continuou com os braços cruzados no peito e uma expressão de poucos amigos.

– Está claro que nós temos um elefante na sala – disse Alan. – Acho que precisamos lidar com isso agora. Obviamente, a Carol está abaixo da linha de corte.

A declaração contundente chamou a atenção de todos.

– Carol, como eu disse antes, esses Valores Fundamentais nunca tinham sido definidos – prosseguiu Alan. – Eles representam um novo conjunto de padrões, e na minha experiência a maioria dos líderes e colaboradores que se encontram abaixo da linha de corte reage bem e sobe. Mas você está visivelmente chateada com o que aconteceu. Então vou perguntar a você e aos demais: como querem lidar com o problema?

Carol ficou sem saber o que dizer. Estava acostumada a remoer questões como aquela por semanas e se vingar sutilmente dos líderes por quem se sentia injustiçada. Um relatório atrasado aqui, um comentário sarcástico ali — e acabava tendo a última palavra. Contudo, diante daquela oportunidade de lidar abertamente com sua contrariedade, ficou em silêncio.

– Eu gostaria de ter uma reunião com a Carol para discutir isso em detalhes amanhã – interveio Eileen. – Vamos ajustar nossa agenda no intervalo e encontrar um tempo para conversar fora do escritório. Tudo bem?

– Tudo bem – respondeu Carol, acabrunhada.

Alan dispensou a equipe para mais um intervalo e limpou o quadro para preparar o exercício do Foco Central.

O PONTO FORTE

– Algo é certo nos negócios – começou Alan quando todos estavam acomodados. – Todos nós vamos perder o foco.

– Desculpe, Alan – interrompeu Vic. – De que você estava falando mesmo?

Mais uma vez, a equipe caiu na risada.

– Às vezes perdemos o foco porque os progressos são lentos e nos sentimos ansiosos pelo próximo grande negócio – continuou Alan, sorrindo. – Outras ficamos superconfiantes, achando que, por termos nos saído bem num negócio, teremos sucesso em outro. Há ainda casos em que nos entediamos, nos distraímos e começamos a perseguir o que um dos meus clientes chama de "coisa brilhante".

O consultor prosseguiu explicando a importância do foco, de canalizar a energia de uma pequena empresa numa única direção.

– Para fazer isso, precisamos definir e manter o Foco Central da Swan, seu ponto forte como organização. Isso já recebeu vários nomes: "declaração de missão"; "voz" (na concepção de Stephen Covey); "conceito do ouriço" (Jim Collins); "capacidade singular" (Dan Sullivan). Nós vamos chamar de Foco Central porque vem do seu cerne, e vocês precisam se manter concentrados nele para evitar distrações. Assim como os Valores Fundamentais, o Foco Central já existe; só precisamos identificá-lo e colocá-lo em palavras.

Alan preparou o exercício desenhando um diagrama no quadro:

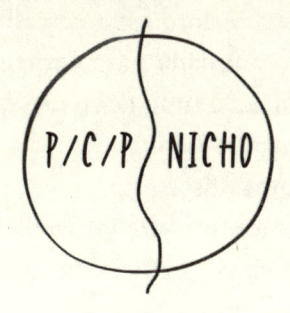

$$P / C / P \ |\ NICHO$$

Ele explicou que o Foco Central da Swan existe na interseção de seu "propósito, causa ou paixão" com seu "nicho", aquilo que a empresa é geneticamente codificada para fazer. Pediu que os líderes anotassem o que entendiam por propósito, causa ou paixão da empresa – "o que os faz levantar da cama todas as manhãs". Deixou claro que a "razão de ser" deveria ser maior do que dinheiro; maior do que o setor, os produtos ou serviços; e maior do que um objetivo.

Em seguida, Alan pediu que todos anotassem o que pensavam sobre o nicho da Swan, incluindo uma definição da "capacidade superior da empresa" – aquilo que fazem melhor do que qualquer concorrente.

Sue e Evan estavam ansiosos por esse exercício desde que Alan mencionou o Foco Central na Reunião de Noventa Minutos. Os dois costumavam discordar sobre o tipo de serviço que a equipe de vendas da Swan deveria estar oferecendo. Art também estava curioso. O site da empresa e o material de apoio sofriam de falta de foco e clareza – na humilde opinião não emitida antes por Art – porque Vic e Eileen queriam que a empresa parecesse mais capaz do que era.

– Vamos começar com propósito, causa ou paixão – disse Alan quando todos terminaram. – Quem gostaria de ser o primeiro?

– Ajudar os clientes a obter o máximo da tecnologia mais recente – leu Evan.

– Ótimo. Obrigado, Evan – disse Alan, anotando a resposta.

– Sue?

– Realizar um ótimo trabalho com e para pessoas incríveis – respondeu ela.

– Só para esclarecer, Sue – perguntou Alan. – Ao dizer "pessoas incríveis", você está se referindo a clientes, a colegas de trabalho ou a ambos?

– A ambos... e mais – respondeu Sue. – Minha paixão é trabalhar de perto com pessoas autênticas, interessantes e altamente capazes. Estou aqui por causa do Vic e da Eileen. Adoro estar cercada pelo pessoal talentoso e empenhado da Swan. Fico animada para competir e ganhar um negócio quando o cliente em potencial é uma *pessoa real*, com um *problema real* e buscando uma *parceria real* conosco.

– Entendi. Obrigado, Sue – disse Alan.

– Tornar o mundo melhor, um cliente vitalício de cada vez – afirmou Vic. – Para mim, tem tudo a ver com fechar o negócio e fazer um ótimo trabalho para os clientes.

– Criar a melhor empresa de soluções tecnológicas do mundo, com excelentes funcionários e clientes satisfeitos – disse Eileen.

– Carol?

– Isso pode não ser o que você está buscando, porque paixão não é bem minha praia – começou. – Eu escrevi: Tornar esta empresa mais estável e lucrativa.

– Está ótimo, Carol. Obrigado.

Alan então fez dois pedidos à equipe: uma lista de exemplos do mundo real e um *checklist* descrevendo as características essenciais de uma declaração clara e eficaz de propósito, causa ou paixão.

EXEMPLOS DE PROPÓSITO/CAUSA/PAIXÃO:

- **Schechter Wealth Strategies:** Criar relacionamentos vitalícios e admiradores fascinados
- **Image One:** Construir uma grande empresa com grandes pessoas e grandes resultados
- **Mary Kay:** Oferecer oportunidades ilimitadas às mulheres
- **Nike:** Experimentar a emoção da competição, da vitória e de vencer os adversários
- **Disney:** Fazer as pessoas felizes
- **EOS Worldwide:** Ajudar empreendedores a obter o que desejam de seus negócios
- **Mortgage Resource Plus:** Servir à comunidade com paixão e excelência
- **pulse220:** Criar experiências "surpreendentes"
- **McKinley:** Revigorar a qualidade de vida em nossas comunidades

CHECKLIST PROPÓSITO/CAUSA/PAIXÃO:

1. Declarado em três a sete palavras ☐
2. Escrito em linguagem simples ☐
3. É grandioso e ousado ☐
4. Tem um efeito "a-há, era isso!" ☐
5. Vem do coração ☐
6. Envolve todo mundo ☐
7. Não tem a ver com dinheiro ☐
8. É maior do que um objetivo ☐

Isso ajudou a equipe a afunilar ainda mais a lista, e Alan escreveu o que restava no quadro ao lado do diagrama P/C/P:

- AJUDAR PESSOAS
- SOLUCIONAR PROBLEMAS
- CRIAR A MELHOR EMPRESA

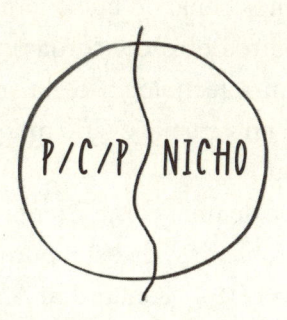

P/C/P / NICHO

Alan passou para o nicho. Dessa vez, Eileen foi a primeira.
– Projetar e implementar as melhores e mais adequadas soluções tecnológicas – disse.
Soluções abrangentes utilizando a tecnologia mais recente – opinou Art, sentado à esquerda de Eileen.
– Soluções tecnológicas para empresas – falou Carol rapidamente.
– Integração customizada de tecnologia empresarial – disse Evan.
Alan olhou para Sue.
– Eu adotei uma abordagem diferente – explicou ela. – O que fazemos melhor do que qualquer outra empresa é *ouvir*. Nós conhecemos os clientes, entendemos seus problemas e desafios, e falamos a linguagem deles. Isso porque agimos como gente de verdade e não como *nerds* de tecnologia... sem querer ofender, Evan. Só recomendamos o que faz sentido para eles.
O restante da equipe ficou ouvindo atentamente.
– Então escrevi: "Solucionar problemas reais com a tecnologia certa" – continuou Sue com um sorriso tímido. – Isso é o que fazemos melhor do que qualquer concorrente. Nós nos aprofundamos e ajudamos os potenciais clientes a descobrir de que realmente precisam, e assim encontramos a melhor forma de resolver aquele problema ou criamos a solução adequada. Se eles não precisarem do que fazemos... *nós dizemos isso*. A maioria dos concorrentes simplesmente despeja soluções nos potenciais clientes, esperando que alguma delas dê certo.
– Minha nossa! – exclamou Vic. – Isso é *muito* melhor d que o meu texto.

– Eu também gostei muito – concordou Eileen. – O que vocês acham?

– Este *nerd* acha que a Sue acertou em cheio – falou Evan rindo. – Soa bem menos banal do que o jargão do setor que muitos de nós usamos.

Os outros dois concordaram, e Alan escreveu "Solucionar problemas reais com a tecnologia certa" na seção Nicho do diagrama. Em seguida, apontou novamente o lado marcado como P/C/P (propósito/causa/paixão) e esperou.

– Sabe de uma coisa, Alan? – disse Vic. – Acho que podemos riscar "resolver problemas" da lista, porque tudo isso já está no nicho.

– Está certo – concordou Alan, apagando do quadro.

A partir daí, a equipe definiu rapidamente que sua paixão era uma combinação de ajudar pessoas e construir uma empresa especial. Eles passaram alguns minutos experimentando diferentes maneiras de expressar o conceito antes de se decidirem por "Construir uma empresa especial com pessoas especiais". As conclusões ficaram assim:

```
       PAIXÃO          NICHO
   CONSTRUIR UMA    SOLUCIONAR
   GRANDE EMPRESA   PROBLEMAS
   COM GRANDES      REAIS COM A
   PESSOAS          TECNOLOGIA
                    CERTA
```

– Adorei – disse Vic de imediato.

Sue, Art e Evan também concordaram, entusiasmados.

Alan fez então a primeira de duas perguntas:

– Os negócios que se enquadram no Foco Central da Swan são suficientes para atingir as metas de receita e lucro?

– Sim, claro – respondeu Vic sem hesitar. – Todo mundo quer solucionar problemas reais com a tecnologia certa. Alguns podem nem saber a diferença entre isso e o que acabam comprando. Só precisamos contar nossa história melhor para que mais clientes potenciais saibam que deveriam trabalhar com a Swan Services.

– Eu concordo – disse Sue, e os demais acompanharam.

– Vocês estão fazendo algum trabalho que não se enquadre no Foco Central? – Alan apresentou a segunda pergunta.

– Sabem de uma coisa? – pensou Sue em voz alta – Se nós formos mesmo usar esse Foco Central como um filtro, o correto seria parar de fazer negócios com a Dynatrend Industries.

– Por quê? – exclamou Carol, de repente totalmente sintonizada. – Eles representam quase 5% da receita!

– Porque é um trabalho de subcontratação temporária – interveio Evan para explicar, percebendo logo a razão.

– Desculpe, Evan– interrompeu Alan. – Tenho certeza de que todos aqui sabem o que você quer dizer com "subcontratação temporária", mas eu não sei. Você poderia me explicar em poucas palavras?

– Claro – respondeu Evan. – Normalmente nós somos contratados para projetar, construir e implementar uma solução tecnológica que resolva um problema específico. No trabalho de "subcontratação temporária" nossos clientes não compram uma solução, eles compram um ou mais profissionais. Querem apenas desenvolvedores de baixo custo e competentes para um projeto de curto prazo que não conseguem realizar com seus próprios colaboradores. Isso não é nosso ponto forte; não estamos ajudando a solucionar problemas reais e não temos qualquer controle sobre a tecnologia utilizada. Pode até aumentar a receita, mas causa diversos problemas de alocação de recursos para mim e minha equipe.

– Entendi – respondeu Alan. – Obrigado, Evan.

Sempre uma analista financeira, Eileen ouviu atentamente. Por um lado, não se entusiasmou com a ideia de *optar* por eliminar receitas que a empresa vinha lutando para manter. Por outro lado, compreendeu de imediato o valor do foco e da disciplina.

– Então simplesmente dispensamos todos os clientes que não se encaixam? – perguntou Vic.

– Isso depende de vocês – respondeu Alan. Dependendo do convívio com o Foco Central nos próximos trinta dias, vocês terão que tomar decisões difíceis sobre o que se encaixa e o que não se encaixa. Alguns clientes fecharam divisões inteiras quando definiram claramente o Foco Central. Outros levaram algum tempo, mantendo os clientes existentes, concentrando-se em criar novos negócios dentro do Foco Central e deixando antigos negócios morrerem por fadiga. O importante é que vocês usem o Foco Central para identificar e aplicar o IDS nesses problemas e tomar essas decisões... e as outras que deverão encarar no futuro como equipe.

Eileen começou a assimilar lentamente a imagem que Alan acabara de esboçar. Percebeu que, com esse sistema funcionando na organização toda e com uma equipe de líderes comprometidos e focados, o papel de integradora consistiria principalmente em tomar decisões estratégicas como as que ele acabara de descrever. "É *isso* que eu adoro fazer e o que faço melhor", pensou mais uma vez.

– O Alan tem razão – ponderou Eileen. – Devemos tomar algumas decisões difíceis pela frente. Mas definir claramente e manter o foco no nosso ponto forte trará grandes recompensas. Vamos conquistar mais negócios do tipo certo. Ganharemos mais dinheiro e nos divertiremos mais trabalhando. Assim como a Carol, tenho um pouco de medo dos riscos, mas estou muito mais animada com as oportunidades.

O exercício do Foco Central terminou com Alan escrevendo "Subcontratação temporária dentro do Foco Central?" na Lista de Problemas. Em seguida, pediu um voluntário para "aprimorar" o trabalho feito pela equipe. Sue logo levantou a mão. Alan olhou para o relógio.

– São 15h45 – observou. – Vamos fazer um intervalo e depois abordar o próximo item da agenda: a Meta de 10 Anos. Em seguida, passaremos aos próximos passos para concluirmos até as 17 horas.

O OBJETIVO

Após uma breve pausa, com algumas ligações para o escritório, todos voltaram.

– Os Valores Fundamentais definem *quem* vocês são, o Foco Central define *o que* vocês são – começou Alan. – A Meta de 10 Anos define *para onde* estão indo. É um objetivo de longo prazo, energizante, com que todos na Swan se envolverão. Mesmo tendo muitos objetivos a cada dia, a Meta de 10 Anos é *o* objetivo. Dez anos é o mais comum, mas pode ser qualquer meta de longo prazo, de cinco a vinte anos no futuro. Seja qual for a escolha, todos devem concordar e se dedicar para transformar a meta em realidade.

Alan explicou a importância de tornar a meta SMART para ajudar todos na organização a saber exatamente para onde a empresa está indo. Muitas Metas de 10 Anos são ao mesmo tempo quantitativas e qualitativas. Ele deu alguns exemplos da vida real para despertar o entusiasmo da equipe: o objetivo de Henry Ford de "democratizar o automóvel", o objetivo da Apple de "democratizar a tecnologia" e as Metas de 10 Anos de dois de seus clientes, que eram "Construir uma excelente empresa de 50 milhões de dólares" e "Ser uma referência para cada cliente e ter cada cliente como referência".

Alan pediu aos líderes que anotassem uma descrição dos serviços da Swan que eles quisessem criar nos próximos cinco a vinte anos. Após alguns minutos, convidou o mais corajoso a começar.

– Cem milhões de dólares – exclamou Vic. – A empresa líder em soluções tecnológicas do Meio-Oeste dos Estados Unidos.

Alan escreveu aquelas palavras no quadro. Indo para a esquerda de Vic, perguntou qual era a meta de Eileen.

– Eu digo 40 milhões – respondeu ela. – No mesmo prazo.

– Quem está sendo conservadora agora? – brincou Vic com sua cautelosa sócia.

– Também anotei 15% de lucro líquido – continuou Eileen, sem hesitar. – Mais ou menos o dobro do que ganhávamos num bom ano antes de batermos no teto.

– Para mim, 40 milhões está bom – disse Art quando Alan se virou para ele. – Também gostaria que a Swan fosse a empresa *top of mind* no mercado em que atua.

Alan anotou e se voltou para Carol, que disse ter escrito apenas "mais lucrativa".

– Eu estabeleci 30 milhões de dólares em dez anos – disse Evan em seguida. – Também escrevi "mais estável". Para mim, isso inclui, além de lucratividade, fluxos de trabalho mais proativos e previsíveis. Menos crises, menos noites em claro e menos prazos perdidos.

Alan anotou o enunciado de Evan e olhou para Sue.

– Cinquenta milhões – disse Sue. – Também pensei em ser *a top of mind* nos nossos mercados, Art. Não vejo a hora de todos os nossos melhores clientes em potencial nos incluírem automaticamente em suas licitações.

– Entendi – disse Alan. – Então todos vocês veem um crescimento significativo no horizonte, variando de 30 milhões a 100 milhões de dólares. Vamos ver se podemos especificar melhor. Vic, explique como você chegou a esse número.

– Eu simplesmente acho que podemos chegar lá, Alan – respondeu. – Concordo com a Eileen que o lucro é fundamental. Mas quando nós tivermos esse sistema instalado...

– Eu não discordo, Vic – afirmou Eileen quando a voz de seu sócio sumiu. – Só acho que precisamos ter cuidado na busca do crescimento só pelo crescimento.

– Concordo com a Eileen – interveio Sue. – Acho que se conseguirmos gerar um crescimento estável e lucrativo para 40 milhões, teremos as pessoas, a estrutura e o *capital* para escalar de lá para 100 milhões e até mais. Além disso, não consigo deixar de imaginar que uma empresa de 100 milhões de dólares seja muito mais complexa.

Alan solicitou o feedback de todos ao redor da mesa, e a equipe logo definiu a seguinte Meta de 10 Anos, que Alan anotou no quadro:

META DE 10 ANOS – 40 MILHÕES DE DÓLARES DE RECEITA, COM LUCRO LÍQUIDO DE 15%.

– Agora vendo só os números no quadro, parece tão *frio* – disse Evan. – Não deveríamos acrescentar algo qualitativo? Talvez sobre ser uma ótima empresa, um provedor líder ou algo assim?

– Essa é uma decisão da equipe, Evan – respondeu Alan. – Eu tenho clientes que fazem das duas maneiras. Lembrem-se de que isso é apenas um objetivo energizante e de longo prazo. O propósito do exercício é fazer com que todos estejam 100% alinhados sobre para onde estão indo e entendam que, para cumprir essa meta, tudo precisa começar a ser feito diferente *hoje*.

– Eu também achei muito pragmático, Evan, mas acredito que vai funcionar – interveio Vic. – Quero dizer, 40 milhões de dólares e alta lucratividade vão fazer *mais* do que animar o pessoal. Vão enlouquecer todo mundo... no bom sentido. Concorda?

– Claro – respondeu Evan. – Se você acha que não parece que estamos focados demais no dinheiro, por mim tudo bem.

O relógio marcava 16h40. Alan concluiu o exercício e passou para o bloco de "Próximos passos", convidando alguém para adicionar a Meta de 10 Anos ao OV/T.

Sue logo se ofereceu. Em seguida, o consultor quis checar se todos na equipe tinham uma compreensão clara do que precisava acontecer para a Swan Services se manter nos trilhos entre as sessões.

– Alguma pergunta sobre os próximos passos? – perguntou Alan. Como não houve perguntas, ele concluiu: – Então nos veremos de novo daqui a uns trinta dias para o segundo dia da Criação de Visão.

Andou até o quadro, pegou uma caneta vermelha e escreveu:

- FEEDBACK?
- EXPECTATIVAS?
- AVALIAÇÃO (1-10)?

Mais uma vez, pediu à equipe que respondesse a essas três questões. Quando todos pareciam ter terminado, Evan foi o primeiro a levantar a mão.

– Feedback – começou. – Sendo franco, eu estava *apreensivo* com esta reunião. No melhor cenário, pensei que seria um desperdício de preciosas oito horas de trabalho. Além disso, esperava ser repreendido, merecidamente, por não ter feito o dever de casa. Ainda me sinto muito mal por isso, mas acho que mantivemos o foco na tarefa do dia e fizemos um progresso real. Surpreendentemente, sinto que minha carga de trabalho diminuiu como resultado da reunião. Não me lembro de ter me sentido assim depois dos encontros anteriores. A reunião *superou* minhas expectativas. Vou dar um nove.

– Obrigado, Evan – disse Alan. Olhou para a esquerda de Evan. – Sue?

– Eu estou exausta, mas muito satisfeita com a qualidade e a quantidade do trabalho que fizemos – respondeu ela. – Minhas expectativas foram atendidas... Eu não via a hora de estabelecer Valores Fundamentais e um Foco Central, e acho que conseguimos. Dou um dez.

– Vic?

– Nove – respondeu Vic sem hesitar –, e só porque cheguei atrasado. Fora isso, foi um dia surpreendentemente positivo. Trabalhamos bastante e aquele exercício de Valores Fundamentais foi muito legal. Adorei a forma como tudo se juntou e consigo nos ver usando esses Valores Fundamentais para gerenciar pessoas e conduzir o negócio. Isso é superempolgante. Minhas expectativas foram atendidas e até superadas.

– Eileen? – continuou Alan.

– Muito satisfeita – declarou ela –, especialmente depois de ouvir o feedback do Evan. Acho que a maneira como nos concentramos no futuro e evitamos cair num ciclo de culpa e frustração é uma lição muito importante para mim. Também aprendi muito na revisão das ferramentas do Dia do Foco. Estou empolgada com o trabalho que fizemos no OV/T e animada com as possibilidades que ele pode nos proporcionar. Minhas expectativas foram totalmente atendidas. Nota dez.

Alan agradeceu a Eileen e virou-se para Art.

– Foi um dia difícil para mim, que afetou minha capacidade de contribuir – respondeu Art, falando devagar. – Sinto muito. Mas a equipe fez um ótimo trabalho. As três perguntas que respondemos a partir do OV/T foram muito sólidas. Então, embora dê um sete a minha participação pessoal, a reunião como um todo merece nove.

– Perspectiva interessante, Art. Obrigado – disse Alan antes de pedir a Carol que terminasse o exercício. Como de costume, ela parecia pronta para sair.

– Feedback? – perguntou. – Obviamente, não gostei da forma como aquele Analisador de Pessoas foi conduzido. Não é justo criticar alguém desse jeito e não lidar com isso na hora. Na verdade, eu não tinha expectativas, e daria à reunião nota seis.

Alan agradeceu e parabenizou a equipe por mais um produtivo dia de franqueza e sinceridade. Recomendou manter o foco durante o mês, procurá-lo em caso de dúvidas ou dificuldades e comparecer à sessão seguinte prontos para continuar dominando as ferramentas do Dia do Foco e finalizar a visão e o plano da Swan. Com isso, dispensou a equipe, com uma exceção: pediu para Eileen ficar. Gostaria de ajudá-la a se preparar para a conversa com Carol. Os dois falaram sobre a postura de Carol na sessão, as atitudes avaliadas que resultaram em sua classificação abaixo da linha de corte e sobre a abordagem correta para uma conversa difícil sobre o Analisador de Pessoas.

– Quando você estiver lidando com um problema de pessoas – começou a explicar –, seja discutindo um problema sobre um ou mais Valores Fundamentais, EQC ou qualquer outro aspecto, sempre levante três questões. Uma só pode ser racionalizada, se forem duas a pessoa pode se esquivar, mas três configuram uma verdadeira epidemia!

Eileen riu e decidiu dedicar algum tempo a reunir exemplos específicos do comportamento de Carol antes da reunião no dia seguinte. Apesar de cansada, sentia-se aliviada por ter sobrevivido a alguns dos conflitos e estava excepcionalmente satisfeita com o que a equipe já tinha realizado e ansiosa pelo que estava por vir.

CAPÍTULO 5
VISÃO PARTE 2

Todos os membros da equipe da Swan Services saíram do escritório de Alan com a forte sensação de que algo importante estava começando a acontecer. Isso se manifestou de modo diferente na cabeça de cada líder, mas todos pareciam saber que tinham cruzado uma linha e que não havia retorno.

Vic estava empolgado com o trabalho da equipe com o OV/T. Depois de anos tentando fazer com que Eileen e outros se concentrassem no que ele chamava de "alma" da empresa, viu a equipe definir seus Valores Fundamentais e um Foco Central em meio dia de trabalho. Mais importante ainda: tinha começado a entender como usar essas ferramentas para reconstruir a cultura da empresa, e os demais membros da equipe pareciam de fato animados.

Eileen sentia-se preparada para a difícil jornada que tinha pela frente. Esperava uma batalha terrível com Carol, mas ao mesmo tempo a via como uma oportunidade para começar a resolver de vez uma antiga fonte de dor e frustração. Perguntava-se qual deveria ser o real papel de Evan; claramente, ele não estava conseguindo liderar o departamento de operações. Embora sem saber sobre como a situação com Art se desenrolaria, ela sentia que a empresa e a amizade sobreviveriam.

Sue e Eileen teriam uma reunião mais tarde naquele dia sobre a decisão de tirar Art da equipe de liderança. Elas concordavam que ele deixaria de participar das Reuniões de Nível 10 semanais, mas, como discutido durante a sessão, estaria no próximo Dia de Criação de Visão. Eileen ficou feliz por Sue e Art terem conseguido resolver isso sem tensão.

Por fim, Eileen estava *encantada* porque Alan havia chamado a atenção de Vic pelo atraso. Tinha a esperança (mesmo sem acreditar muito) de que Vic corrigisse seu comportamento por conta própria, mas também estava determinada a responsabilizar o sócio se ele precisasse de um empurrão de vez em quando.

Eileen e Carol passaram a manhã seguinte se preparando para uma conversa difícil. A diretora de controladoria da Swan fez uma pesquisa sobre Valores Fundamentais na internet, na esperança de desacreditar o conceito, e compilou diversas evidências para apoiar seus anos de trabalho árduo. Às 11h45, Carol entrou no escritório de Eileen com uma volumosa pasta com planilhas e outros documentos.

– Oi, Carol – disse Eileen. – Obrigada por arranjar um tempo hoje.

– Claro – respondeu Carol, pouco à vontade. – Nós vamos juntas?

– Vamos no meu carro – disse Eileen. – Assim podemos começar a trabalhar logo. Estendeu a mão para pegar o material trazido por Carol. – Você trouxe isso para eu ler mais tarde?

Instintivamente Carol segurou a pasta junto ao peito.

– Não – reagiu –, eu trouxe para conversarmos, se você concordar.

– Ah – exclamou Eileen, franzindo a testa. Não esperava ter que examinar números. – Tudo bem, se você acha que pode ser útil.

Depois desse desconfortável preâmbulo, as duas saíram para o almoço. Pouco chegada a conversas triviais, Eileen entrou no assunto assim que Carol fechou a porta do carro.

– Carol – começou –, em primeiro lugar eu gostaria de deixar dois pontos bem claros. O primeiro é que você é muito boa no que faz e trabalha muito arduamente. Ninguém questiona suas habilidades como diretora de controladoria nem sua ética, então não vamos discutir isso.

– Mas... – interrompeu Carol, olhando para a pasta.

– O segundo – continuou Eileen sem hesitar – é que você estar abaixo da linha de corte é um problema nosso, não seu. Eu quero resolver isso tanto quanto você, então vamos começar agora mesmo... juntas. Tudo bem?

– Mas... eu não acho que estou abaixo da linha – protestou Carol timidamente. – Achei que era isso que iríamos discutir. Também considero que há muitas outras pessoas...

– Carol – interrompeu Eileen, com autoridade –, eu não estou disposta a discutir isso agora. Nós vamos ficar uma hora juntas e pretendo usar esse tempo para ajudá-la a entender por que a equipe avalia que você não demonstra de fato os Valores Fundamentais que definimos ontem. Também quero buscar maneiras de fazer você voltar a atingir a linha de corte.

Para surpresa de Eileen, Carol não protestou. Quando chegaram ao restaurante, ela saiu do carro sem a pasta e caminhou ao lado da chefe.

– Certo, Eileen – disse Carol –, o que eu preciso fazer?

Pela primeira vez, Eileen viu uma expressão de vulnerabilidade sincera no rosto de Carol. Não era uma rendição incondicional, mas também não era sua postura típica de confronto.

– O primeiro passo era fazer essa pergunta – disse Eileen, mais aliviada. – Porque, se você não quiser aceitar os padrões que estabelecemos ontem nem se esforçar para alcançá-los, estamos perdendo nosso tempo aqui. Então, obrigada.

Eileen colocou uma folha sobre a mesa. (ver o Analisador de Pessoas na p. 162). Era uma cópia dos Valores Fundamentais e das avaliações de Carol na sessão com Alan.

Eileen usou o Analisador de Pessoas como um guia, revisando todos os Valores Fundamentais. Um a um, ela os definiu com suas próprias palavras, ilustrando ações possíveis para ganhar um ponto positivo naquele valor.

– Alguém com sede de conhecimento está sempre procurando maneiras de aprimorar a si mesmo e os outros – explicou. - Participa de associações profissionais, lê livros, faz cursos, pesquisa, aperfeiçoa processos... nunca para.

– Mas eu faço cursos – protestou Carol. – Continuo estudan...

– Concordo, Carol, mas não vejo você fazendo isso de maneira *constante*. Às vezes você demonstra sede de conhecimento. Em outros momentos, parece satisfeita com o *status quo*. Na verdade, você é muito rígida. Por isso eu a avaliei com um mais/menos. Mesmo não podendo falar por todos os membros da equipe, acredito que eles diriam o mesmo.

Recordando o conselho de Alan, Eileen em seguida citou três fatos específicos para ajudar Carol a entender por que tinha recebido aquela avaliação. Carol conseguiu descartar o primeiro e o segundo exemplos, mas aceitou o contraponto de Eileen de modo relutante quando confrontada com três dados concretos.

– Mas sou muito ocupada – Carol começou a explicar. – Como vou conseguir...

– Não sei – interrompeu Eileen. – Mas, se quiser ter um sinal de mais nesse Valor Fundamental, você precisa dar um jeito. Estou disposta a ajudá-la a descobrir uma maneira, mas só se estiver totalmente comprometida em passar para cima da linha de corte.

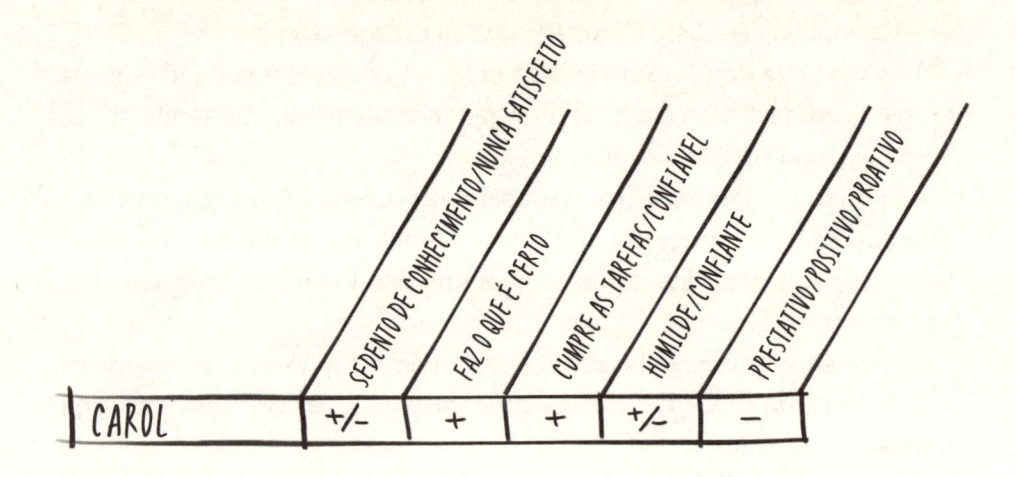

CAROL	SEDENTO DE CONHECIMENTO/NUNCA SATISFEITO	FAZ O QUE É CERTO	CUMPRE AS TAREFAS/CONFIÁVEL	HUMILDE/CONFIANTE	PRESTATIVO/POSITIVO/PROATIVO
	+/–	+	+	+/–	–

Carol assentiu sem muita convicção. Não concordava totalmente com a avaliação que Eileen fazia da situação, mas também não a rejeitou.

Eileen seguiu o mesmo padrão com os dois Valores Fundamentais seguintes, definindo-os, ilustrando-os e apresentando três exemplos. Mesmo quando as avaliações de Carol eram positivas, Eileen deu exemplos e o feedback positivo. Isso ajudou Carol a entender que os Valores Fundamentais poderiam trabalhar a seu favor e abriu caminho para a parte mais difícil que viria a seguir.

– Você teve um sinal mais/menos para humilde/confiante – começou Eileen –, mas tenho certeza de que notou que eu a avaliei com um menos.

– Sim – resmungou Carol –, e o Vic também.

– Pois é – disse Eileen. – Então, claramente nós temos que trabalhar aqui. Eu não posso falar pelo Vic, mas vou expor minha perspectiva. Para ter um mais nesse valor, você precisa ser confiante, mas não pode ser arrogante nem autoritária. Queremos que as pessoas estejam seguras do que fazem, dispostas a enfrentar desafios e certas de que podem se superar. O que não queremos é que fiquem desfilando como se tivessem todas as respostas. Nenhum de nós é perfeito, Carol. Somos todos humanos, e todos cometemos erros.

– Você acha que eu faço as pessoas sentirem que tenho todas as respostas? – perguntou Carol com sinceridade.

– Sim – respondeu Eileen, pensativa. – Acho que você entra em muitas conversas convencida de que está certa. Consequentemente, parece relutante em ouvir o que os outros têm a dizer e pronta a tratar quem não concorda com você como inferior de alguma forma. Ontem, por exemplo, quando o Evan perguntou sobre fornecer atualizações de status e obter detalhes sobre as Pedras, você o criticou. Começou a frase com "Ah, para com isso, Evan". Havia um tom de desprezo em sua voz, mesmo sabendo que o Evan está trabalhando tanto quanto você. É o tipo de comportamento que me leva a lhe dar um menos para humilde/confiante.

Eileen continuou com mais dois exemplos, observando a resistência de Carol diminuir à medida que percebia que a perspectiva de Eileen era válida.

– Entendi – admitiu Carol, ainda resmungona, mas começando a processar o que Eileen estava dizendo. – E o último quesito?

– Sim... prestativa/positiva/proativa – Eileen leu em voz alta. – Carol, como você se avaliaria nesse Valor Fundamental?

Carol ficou em silêncio, olhando para o papel. Quando levantou a cabeça, seus olhos estavam marejados.

– Um menos – reconheceu. – Mas não é normal ficar frustrada com as pessoas quando elas não fazem o que deveriam? Quantas vezes eu preciso ajudar o Vic a preencher um contrato corretamente ou o pessoal do Evan a entregar os cronogramas a tempo para eu poder me adiantar um pouco? Eu só tento cobrar as pessoas de acordo com nossos padrões. Quando elas parecem não se importar eu fico irritada, e nesses casos não sou mesmo positiva nem prestativa.

– Eu não estou questionando os motivos, Carol – respondeu Eileen delicadamente. – É a *maneira* como você ajuda as pessoas e defende os padrões que precisa mudar. Nunca é aceitável ficar com raiva ou frustrada com outro funcionário em público. Quando você questiona o Vic, o Evan ou a mim durante uma Reunião de Nível 10, mesmo quando cometemos algum erro, isso não é útil nem produtivo. Não é necessário agir como se tivesse nos pegado pisando na bola e sentir orgulho disso. Não se trata de você ganhar e nós perdermos. Ser aberta e sincera é bom; ser crítica e prepotente, não. Entendeu?

– Entendi – respondeu Carol.

– Ótimo – disse Eileen. – A pergunta mais difícil e mais importante é se você se compromete a mudar. Você vai se esforçar para ser mais positiva e prestativa? Vai controlar o impulso de atacar alguém quando se sentir contrariada ou com raiva? Vai pedir ajuda ao restante da equipe quando estiver cedendo a velhos hábitos?

– Puxa, Eileen – exclamou Carol –, você está fazendo isso parecer uma intervenção!

– Talvez seja – afirmou Eileen. – Mas, se nós trabalharmos juntas, espero e acredito que poderemos fazer você ficar acima da linha de corte. Não precisa ser perfeita; nenhum de nós será. Você pode ter dois mais/menos e ainda assim ficar acima da linha. É isso que eu quero, se for isso que *você* quer.

– É isso que eu quero – declarou Carol. – Vai ser difícil, mas vou chegar lá.

Nas quatro semanas seguintes, os líderes da Swan trabalharam muito para dominar as ferramentas do Dia do Foco. À medida que finalizavam o Diagrama de Responsabilidades, concluíam as Pedras, revisavam a Tabela de Desempenho a cada semana e usavam as Reuniões de Nível 10 para resolver problemas urgentes, surgiu uma nova vibração. A equipe se tornou mais aberta e otimista. A situação não era perfeita, mas quase todos achavam que a Swan Services começava a ganhar tração.

A única exceção era Carol. No entanto, em vez de atacar os demais, ela foi se ensimesmando e se afastando da equipe. Comparecia a todas as Reuniões de Nível 10, mas raramente falava e nunca entrava em conflitos. Chegava cedo, saía tarde e fazia questão de marcar presença, sobrecarregando as caixas de entrada dos outros mostrando o trabalho que havia feito.

ESTABELECENDO AS BASES

Quando a equipe da Swan Services retornou ao escritório de Alan, quatro semanas depois, o status de Carol no Analisador de Pessoas não era mais um elefante no meio da sala. Ela tinha se esforçado, mas todos podiam ver que sua adesão aos Valores Fundamentais da Swan seria um desafio. Quando Carol agia de maneira que não correspondia aos Valores Fundamentais da Swan, Eileen a chamava em particular para discutir o incidente.

Às 8h48, Vic entrou no escritório de Alan e estendeu a mão. Olhou para o relógio ostensivamente e apertou a mão de Alan, sorrindo com orgulho.

– Vince Lombardi – disse em voz alta. – Imenso prazer em conhecê-lo!

Alan riu e deu uns tapinhas no ombro de Vic. O restante da equipe entrou devagar, expressando surpresa ao ver Vic já acomodado à mesa. Sempre afável, o visionário da Swan aceitou com bom humor as brincadeiras da equipe até pouco antes das 9h, quando todos estavam prontos para começar.

Depois de cumprimentar o grupo, Alan iniciou a sessão revisando os Seis Componentes Fundamentais e seu Processo Comprovado. Em seguida, explicou os objetivos e a agenda para os dois dias de Criação de Visão:

OBJETIVOS (2 DIAS)
- DOMINAR FERRAMENTAS DO DIA DO FOCO
- VISÃO CLARA
- PLANO CLARO
- LISTA DE PROBLEMAS CLARA

AGENDA (2 DIAS)
- CHECK-IN
- REVISÃO FERRAMENTAS DO DIA DO FOCO
- VALORES FUNDAMENTAIS

- FOCO CENTRAL
- META DE 10 ANOS
- ESTRATÉGIA DE MARKETING
- IMAGEM DE 3 ANOS
- PLANO DE 1 ANO
- PEDRAS TRIMESTRAIS
- LISTA DE PROBLEMAS
- PRÓXIMOS PASSOS
- CONCLUSÃO

Alan deixou clara sua expectativa de que a equipe alcançasse plenamente os quatro objetivos até o fim do dia. Também prometeu revisar todo o trabalho feito nos Valores Fundamentais, no Foco Central e na Meta de 10 Anos antes de continuar a responder às perguntas restantes sobre o OV/T. Por fim, pediu outra vez à equipe que fizesse o check-in fornecendo três informações: melhores momentos, uma atualização e expectativas. Depois de alguns minutos de silêncio, Alan convidou o mais "corajoso" a começar.

– Eu passei um ótimo fim de semana na casa de campo com minhas filhas algumas semanas atrás – começou Art. – Meu melhor momento profissional é estar aqui. O que aconteceu da última vez foi difícil, mas quero que todos saibam que estou em paz com isso e focado em ajudar a Sue e o restante da equipe a levar a Swan para o próximo nível.

Eileen e Sue assentiram para confirmar que haviam trabalhado de maneira produtiva com Art desde a sessão anterior. Art fez sua atualização e falou sobre as expectativas. Alan se virou para a esquerda e pediu para Carol fazer seu check-in.

A resposta dela foi contida, mas relativamente positiva, considerando os acontecimentos do último mês. Seu melhor desempenho profissional foi ter concluído cinco das seis Pedras. Ela disse que as Pedras e as Reuniões de Nível 10 estavam funcionando, e que ambas as ferramentas pareciam contribuir para incrementar a responsabilidade. Quanto às expectativas, uma rara demonstração de humor autodepreciativo provocou risos da equipe.

– Só espero que esta sessão seja melhor do que a última – falou, esboçando um sorriso.

Em seguida, Alan pediu para Evan se manifestar.

Parecendo agitado e distraído, como sempre, Evan fez obedientemente sua lista. Não conseguia em melhores momentos pessoais. Seu melhor resultado profissional foi "progredir em muitas Pedras".

– O que não está funcionando? – continuou Evan. – Concluir as Pedras e arranjar tempo para tudo. Quanto às expectativas, só espero que a gente estabeleça Pedras mais alcançáveis.

Sue foi a seguinte.

– Meu melhor momento profissional foi *sem dúvida* concluir a Pedra de vendas – disse com um largo sorriso. – Todos contribuíram, eu e Vic trabalhamos muito juntos e, no último minuto, conseguimos fechar dois negócios "A" e concluir dez acordos especiais com clientes estratégicos.

Sue mencionou Pedras, Pulsação de Reuniões e Diagrama de Responsabilidades como ferramentas que estavam funcionando, mas não conseguiu concluir todas as suas Pedras nem atingir as metas da Tabela de Desempenho. Ela tinha duas expectativas: que a equipe fizesse o OV/T e elaborasse um plano concreto para implementar as ferramentas no restante da organização.

Vic falou logo depois de Sue. Ficou claro que os dois líderes de vendas tinham trabalhado em estreita colaboração, pois os relatos deles no check-in foram quase iguais. Vic também disse que os Valores Fundamentais estavam funcionando.

Eileen seguiu Vic e concordou, identificando a declaração sobre os Valores Fundamentais e a dedicação de Vic e Sue à equipe de vendas como seus melhores momentos profissionais. Assim como Sue, ela também esperava a conclusão do OV/T e a definição de um plano de implementação antes do fim do dia.

Alan acabou de anotar os comentários de Eileen e revisou as ferramentas do Dia do Foco. Repassou rapidamente com a equipe o conceito de bater no teto e as cinco habilidades de liderança. Ajudou a equipe a relacionar cada habilidade – simplificar, delegar, prever, sistematizar e estruturar – a uma ou mais ferramentas. A mensagem era clara: adotar as ferramentas ajudaria os executivos a se tornarem os melhores líderes possíveis.

Após concluir a revisão das cinco habilidades de liderança, Alan pediu que Eileen distribuísse cópias do Diagrama de Responsabilidades (ver pp. 170-171). Em seguida passou a uma versão atualizada que havia escrito no quadro.

– Como vocês devem se lembrar – começou Alan –, nós precisamos responder a três perguntas sobre o Diagrama de Responsabilidades e obter três respostas afirmativas para concluir o trabalho. A primeira pergunta é: "Nós temos a estrutura *certa* para a organização?" Não pensem em pessoas, pois primeiro devemos nos concentrar na estrutura.

A única pergunta relacionada à estrutura envolvia o departamento de operações. Eileen e Evan tinham feito os últimos retoques nessa parte do Diagrama de Responsabilidades na noite anterior, por isso o restante da equipe estava tomando conhecimento dele pela primeira vez. Para desalento de Eileen, Evan pediu que ela explicasse.

– Ainda acreditamos que o grupo deve incluir quatro funções – observou. – Gerenciamento de contas (GC), gerenciamento de projetos (GP), análise de negócios (AN) e desenvolvimento. Na última sessão, tínhamos um líder de equipe para cada uma dessas funções, reportando-se ao líder de operações. Mas hoje não há tanta gente nesse departamento para tantos gerentes. Portanto, em vez de quatro gerentes de nível médio, os GC, GP e AN continuarão a se reportar ao Evan... quero dizer, ao líder de operações, e vamos ter apenas um gerente de nível médio para os 12 desenvolvedores.

– Duas perguntas estruturais – disse Sue. – Isso vai ajudar? Nós podemos pagar?

– Sim, vai ajudar – respondeu Eileen. – Com mais de vinte subordinados diretos, o Evan acha que não é capaz de LGR de modo eficaz. Ninguém seria. A equipe toda é reativa, quase sempre operando em modo de crise. Ninguém está em seu melhor desempenho. Essa nova estrutura, com as pessoas certas nos lugares certos no departamento, vai nos tornar muito mais eficientes e produtivos. Vai reduzir imensamente o desperdício, os projetos atrasados e a insatisfação dos clientes. Eu adoraria passar direto para quatro gerentes. À medida que crescermos, provavelmente vamos dimensionar esse departamento assim, mas no momento não temos verba. Portanto, essa estrutura divide o departamento em duas equipes mais gerenciáveis.

– Nós temos verba para pagar o líder da equipe de desenvolvimento? – perguntou Carol.

– Sim, vai ser um grande investimento – adiantou Eileen. – Vamos ter uma melhor compreensão do que nossos clientes realmente desejam, planejando e executando projetos, e administrando recursos no departamento. A pesquisa que fiz para minhas Pedras indica que horas extras desnecessárias, terceirizados de emergência muito caros e desperdício de projetos representam quase 30% do nosso custo de operações total! Só este ano são mais de 600 mil dólares. Se pudermos reduzir esse número em 20% no ano que vem, pagaremos *com folga* esse novo recurso e qualquer outra despesa que surgir à medida que crescermos.

Eileen agora tinha a atenção total de todos na sala, inclusive de Evan. Ele concordava com as descobertas e propostas, mas estava desapontado por não ter chegado a essas conclusões por conta própria. Começou a perceber quanto a Swan Services precisava de algo que ele não conseguia oferecer. Pela primeira vez, Evan começou a pensar que falta de tempo não era a única razão pela qual ele tinha prometido muito e entregado pouco como vice-presidente de operações.

– A redução de custos é excelente – afirmou Vic –, mas eu e a Sue ficamos mais animados com o impacto que isso pode ter na retenção de clientes. É muito mais fácil vender para um cliente já satisfeito do que buscar um novo.

A equipe logo concordou que a proposta de Eileen era a estrutura certa para operações. Como não houve outras questões estruturais, Alan fez uma pausa.

– Agora que vocês concordaram com a estrutura – começou ele quando todos retornaram –, a segunda pergunta que temos de responder antes de concluirmos o Diagrama de Responsabilidades é: "Nós temos todas as pessoas certas nos lugares certos?" Vocês precisam de ambos.

Alan definiu mais uma vez esses dois termos com uma rápida revisão da ferramenta projetada para determinar se as pessoas certas estavam nos lugares certos: o Analisador de Pessoas.

– As pessoas certas compartilham os Valores Fundamentais de vocês – explicou. – Elas se encaixam na cultura da Swan Services. Na última sessão vocês definiram que quem recebesse pelo menos três mais e dois mais/menos seria considerado uma pessoa certa. Isso ainda vale?

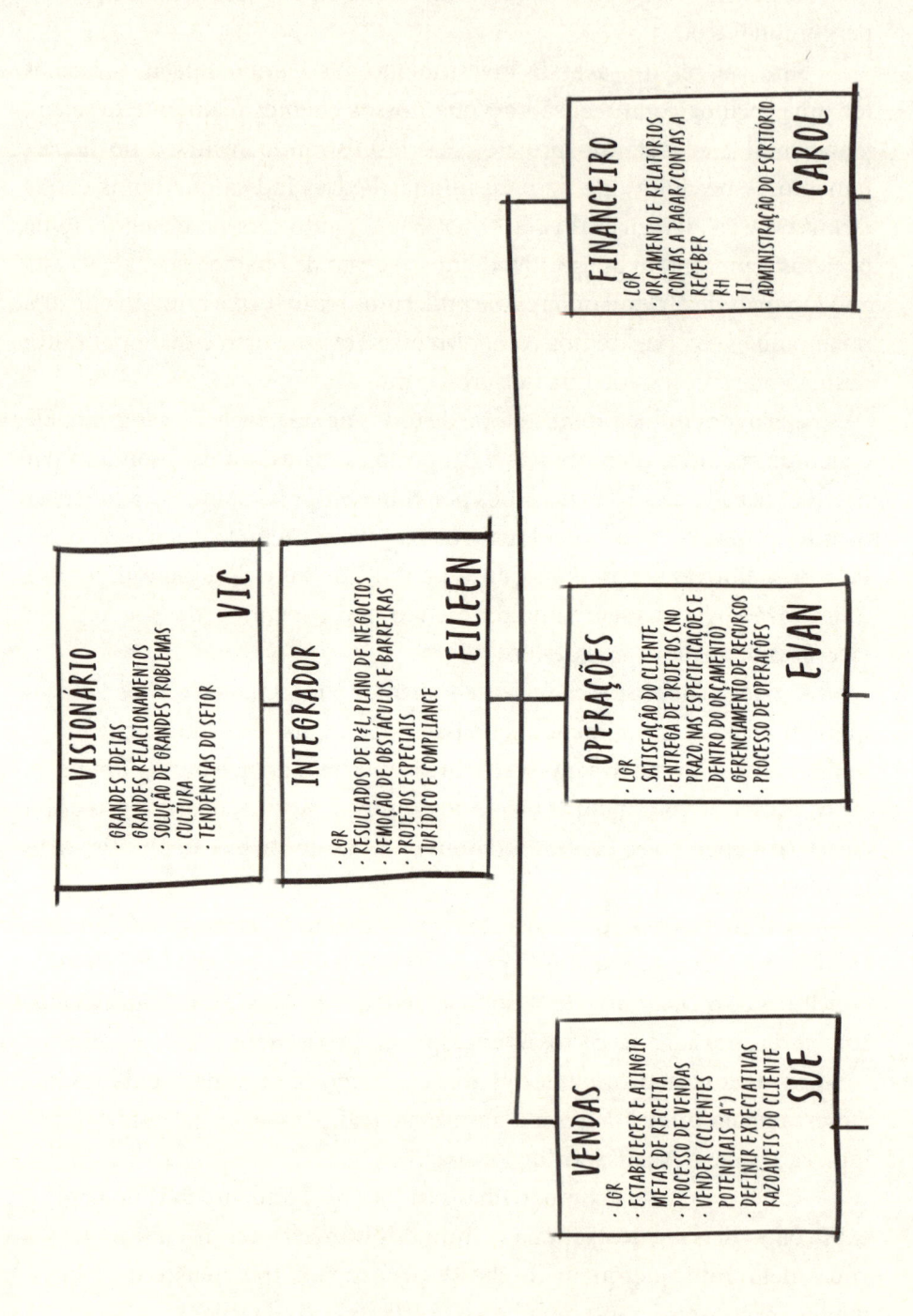

VISIONÁRIO — VIC
- GRANDES IDEIAS
- GRANDES RELACIONAMENTOS
- SOLUÇÃO DE GRANDES PROBLEMAS
- CULTURA
- TENDÊNCIAS DO SETOR

INTEGRADOR — EILEEN
- LGR
- RESULTADOS DE PÉL PLANO DE NEGÓCIOS
- REMOÇÃO DE OBSTÁCULOS E BARREIRAS
- PROJETOS ESPECIAIS
- JURÍDICO E COMPLIANCE

FINANCEIRO — CAROL
- LGR
- ORÇAMENTO E RELATÓRIOS
- CONTAS A PAGAR/CONTAS A RECEBER
- RH
- TI
- ADMINISTRAÇÃO DO ESCRITÓRIO

OPERAÇÕES — EVAN
- LGR
- SATISFAÇÃO DO CLIENTE
- ENTREGA DE PROJETOS (NO PRAZO, NAS ESPECIFICAÇÕES E DENTRO DO ORÇAMENTO)
- GERENCIAMENTO DE RECURSOS
- PROCESSO DE OPERAÇÕES

VENDAS — SUE
- LGR
- ESTABELECER E ATINGIR METAS DE RECEITA
- PROCESSO DE VENDAS
- VENDER (CLIENTES POTENCIAIS "A")
- DEFINIR EXPECTATIVAS RAZOÁVEIS DO CLIENTE

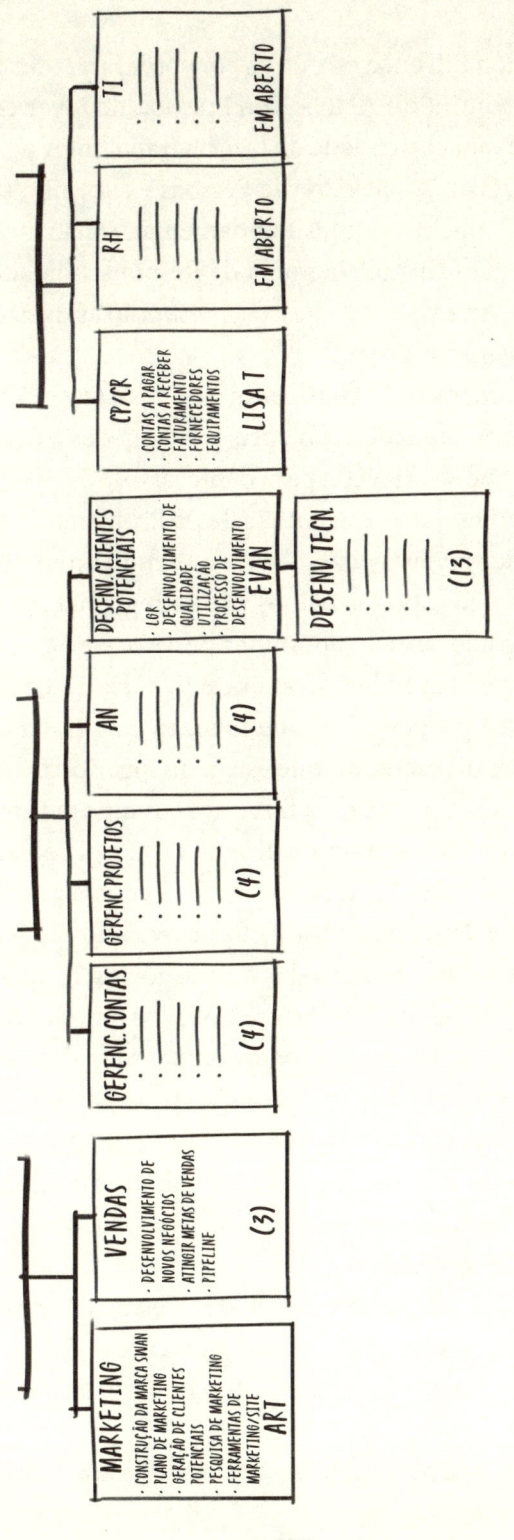

MARKETING — ART
- CONSTRUÇÃO DA MARCA SWAN
- PLANO DE MARKETING
- GERAÇÃO DE CLIENTES POTENCIAIS
- PESQUISA DE MARKETING
- FERRAMENTAS DE MARKETING/SITE

VENDAS (3)
- DESENVOLVIMENTO DE NOVOS NEGÓCIOS
- ATINGIR METAS DE VENDAS
- PIPELINE

GERENC. CONTAS (4)

GERENC. PROJETOS (4)

AN (4)

DESENV. CLIENTES POTENCIAIS — EVAN
- LGR
- DESENVOLVIMENTO DE QUALIDADE
- UTILIZAÇÃO
- PROCESSO DE DESENVOLVIMENTO

DESENV. TECN. (13)

CP/CR — LISA T
- CONTAS A PAGAR
- CONTAS A RECEBER
- FATURAMENTO
- FORNECEDORES
- EQUIPAMENTOS

RH — EM ABERTO

TI — EM ABERTO

— Sim — respondeu Eileen, e os outros concordaram. — Exatamente.

— Além disso — continuou Alan —, uma pessoa no lugar certo é alguém que entende, quer e tem capacidade de fazer o trabalho. A pontuação dessa pessoa na seção EQC do Analisador de Pessoas é sim, sim, sim. Qualquer um que não compartilhe os Valores Fundamentais *e* não atenda aos critérios de EQC para seu lugar no Diagrama de Responsabilidades está abaixo da linha de corte do Analisador de Pessoas. *Essas* são as questões relacionadas a pessoas. Faz sentido?

Os líderes concordaram, e Alan pediu que revisassem o Diagrama de Responsabilidades em busca de problemas relacionados a pessoas. Quando todos terminaram, Sue se ofereceu para começar.

— Anotei dois nomes que já estão na Lista de Problemas — falou. — Troy e Natalie, da equipe de vendas. Natalie continua sendo um problema relacionado a pessoas. Ela não está nos trilhos para atingir sua meta. Pior ainda, não respondeu ao desafio lançado por mim e pelo Vic para a equipe de vendas *dois meses* atrás: limpar a agenda e focar em fazer mais ligações, marcar mais reuniões e gerar mais propostas. Ela também está atrasada com esses números. Francamente, não acredito que esteja no lugar certo.

Alan usou uma caneta verde para fazer um círculo em torno do lugar de Natalie (vendas) e confirmou o nome dela na Lista de Problemas.

— Por outro lado — continuou Sue —, Troy deveria ser *retirado* da lista. Ele mudou de atitude desde que o Vic e eu conversamos com a equipe. Está mais ativo, a atitude melhorou e um dos dois negócios "A" que acabamos de fechar teve forte participação dele. Se continuar assim, não só vai alcançar a meta do restante do ano como também compensar a deficiência dos dois primeiros trimestres.

Alan retirou o nome de Troy da Lista de Problemas.

— Algum problema com pessoas, Vic? — perguntou a seguir.

— Todos que eu marquei já estão na Lista de Problemas — respondeu.

— Eileen? — perguntou Alan.

— Bem, eu marquei o lugar em aberto de líder de desenvolvimento em operações — explicou. — Com base em conversas com o Evan, há dois desenvolvedores, Bill e Terry, e uma gerente de contas, Jennifer, sobre os quais tenho dúvidas.

Alan fez um círculo verde em torno dos lugares e adicionou esses nomes à Lista de Problemas. Art e Carol não tinham problemas relacionados a pessoas para acrescentar, então Alan passou para Evan.

– Bem – começou Evan, hesitante –, pode marcar o meu lugar. Eu não atendo aos critérios de EQC para líder de operações.

Isso chamou a atenção de todos.

– Os últimos dois meses foram difíceis, mas me ajudaram a ver tudo com mais clareza – continuou Evan – Estou pronto para admitir que estar *ocupado demais* não é a única razão para as dificuldades de liderar esse departamento. Se eu realmente pertencesse a esse lugar, teria recomendado mudanças na forma como o departamento está estruturado há muito tempo. Mas precisei que a Eileen fizesse isso. Se não fosse por ela e por esse processo, eu ainda estaria trabalhando demais, fazendo o mesmo de sempre e esperando que algo mudasse. Resumindo: nunca chegaremos a 40 milhões em dez anos comigo liderando operações.

– Equipe? – questionou Alan. – O que vocês acham da avaliação franca e sincera do Evan?

– Evan, você está sendo muito duro consigo mesmo – ponderou Vic. – Mas há alguma verdade no que diz, e estou impressionado com a forma como coloca as necessidades da empresa em primeiro lugar. Para mim, isso é mais uma indicação de que você é a pessoa certa que precisamos que esteja no lugar certo.

– Evan – começou Eileen, falando devagar e parecendo emocionada –, eu concordo 100% com o Vic. Você transpira a cultura da Swan e tem sido fundamental para estarmos onde estamos hoje. Não consigo me imaginar administrando essa empresa sem você num papel vital. Só precisamos descobrir qual é seu lugar certo.

– Obrigado – respondeu Evan, lidando com emoções intensas.

– A propósito, Evan – continuou Eileen –, o que você acha de ocupar o lugar de líder de desenvolvimento?

– Era exatamente o que eu estava pensando – respondeu Evan. – Comecei aqui como desenvolvedor. Ainda passo a maior parte do tempo liderando desenvolvedores. Posso fazer esse trabalho bem com um pé nas costas, e acho que vou gostar disso... desde que a gente encontre o líder de operações certo.

– E quanto ao LGR nesse lugar? – perguntou Carol, enfática.

– Eu me sinto melhor liderando uma equipe de desenvolvedores do que administrando todo o departamento – respondeu Evan, sem se abalar com a insinuação de Carol. – É muito mais fácil para mim gerenciar pessoas quando sei o que elas fazem e como pensam.

– Parece razoável, Evan – disse Alan. – Então, equipe, que nome devemos colocar no lugar de líder de operações por enquanto?

– Não podemos escrever "em aberto"? – perguntou Evan ingenuamente.

– Entendo por que você diz isso, mas a resposta simples é não – observou Alan. – Vocês concordaram que o líder de operações é uma função crucial. Portanto, significa que a empresa não pode funcionar bem sem um responsável. Precisamos decidir quem vai assumir o lugar até encontrarmos a pessoa certa.

– Isso acontece com frequência? – perguntou Vic.

– Sim – respondeu Alan. – É muito comum ter uma posição na equipe de liderança sem uma pessoa ideal na empresa para ocupá-lo. Muitas vezes um líder precisa assumir dois ou três cargos até a organização conseguir preenchê-los com as pessoas certas. Não é o ideal e é um problema, mas é melhor do que ter um lugar importante vago por um longo período. Quem vai ocupar o lugar de líder de operações no curto prazo? Continua sendo o Evan?

– Sim – adiantou Eileen. – Até preenchermos o lugar, o Evan é *muito* mais capaz de administrar o departamento que qualquer outra pessoa aqui. Eu vou continuar ajudando no que puder. Tudo bem?

Evan concordou. Alan fez um círculo ao redor da posição de líder de operações. Depois ajustou a Lista de Problemas apagando "Lugar de Desenvolvimento em Aberto" e escrevendo "Evan em 2 lugares", totalizando nove problemas relacionados a pessoas.

– Como vocês devem se lembrar – retomou –, a terceira pergunta sobre o Diagrama de Responsabilidades é: "Cada um tem tempo suficiente para fazer bem seu trabalho?" Quem não tem?

Vic e Carol foram os únicos que não levantaram a mão. Em vista dos acontecimentos da reunião anterior, Carol achou melhor não reclamar de excesso de trabalho.

– Nós não vamos resolver esse problema hoje – admitiu Alan –, mas vocês têm que sair daqui sabendo exatamente o que precisa acontecer para terem tempo suficiente. Alguém se lembra da nossa última sessão, do primeiro passo para resolver um problema de "tempo suficiente"?

– Solucionar os problemas de pessoas, senão nunca haverá tempo suficiente – disse Sue.

– Exatamente – concordou Alan. – Se as pessoas no departamento não compartilharem os Valores Fundamentais ou não tiverem EQC para seus lugares, elas consumirão o tempo precioso de vocês a cada semana. Mantê-las significa ter que fazer parte do trabalho delas. Vocês deverão lidar com erros, conflitos de personalidade e problemas de gestão. Portanto, quando eu perguntar se têm tempo suficiente, nunca digam sim antes de solucionar esses problemas de maneira definitiva.

Eileen fixou o olhar no Diagrama de Responsabilidades no quadro. Mais de 20% dos lugares no diagrama estavam dentro de círculos verdes, incluindo dois dos seus três subordinados diretos – os lugares de líder de operações e o de líder do financeiro. Ela apertou os lábios, sentindo-se mais convencida do que nunca em relação às mudanças de pessoal necessárias para a Swan realizar sua visão – e para ela própria recuperar um mínimo de controle da própria vida.

Alan explicou os passos para usar sua ferramenta Delegar e se Elevar.

– O primeiro passo é decidir o que significa "tempo integral" para vocês – começou. – Vocês têm um desempenho melhor quando trabalham quarenta horas ou setenta horas por semana? Vejo pessoas e empresas bem-sucedidas que trabalham de ambas as maneiras; nenhuma delas é boa ou ruim. Vocês só precisam definir a cultura da Swan.

– Devo dizer que *nunca* seremos uma empresa onde se trabalha das 9 às 17 horas – opinou Vic.

– Nem precisam ser – disse Alan. – A equipe tem o poder de decidir o que a cultura da Swan exige. Mas, se a cultura for de cinquenta horas por semana e vocês estiverem trabalhando setenta, algo terá que mudar. Vocês precisarão delegar e reduzir vinte horas para não acabarem exaustos.

– Faz sentido – concordou Vic.

– Quando estiverem acima da capacidade – continuou Alan –, o segundo passo será anotar tudo que fazem durante uma semana típica. Registrem as atividades e a duração de cada uma. O terceiro passo será pôr tudo em um dos quadrantes deste diagrama simples.

Alan apresentou a ferramenta.

ADORO/EXCELENTE	GOSTO/BOM
NÃO GOSTO/BOM	NÃO GOSTO/RUIM

— O quadrante superior esquerdo é para o que vocês adoram fazer e em que são excelentes fazendo. O que vocês gostam de fazer e em que são bons vai para o quadrante superior direito. Tudo que vocês não gostam de fazer, mas fazem bem, vai para o quadrante inferior esquerdo. A maioria dos líderes empresariais passa muito tempo nesse quadrante. Você se treinou ou se forçou a fazer o que o negócio exige porque, sinceramente, não há mais ninguém para isso. O quadrante inferior direito é onde vocês colocam aquilo que não gostam de fazer e em que não são bons. Muitas pessoas poderiam fazer melhor; algumas já são colaboradoras da Swan Services e ganham muito menos por hora do que vocês. Se alguém precisar delegar vinte horas de trabalho por semana, deve escolher o que está nos dois quadrantes inferiores. Se não houver ninguém no seu Diagrama de Responsabilidades que adore fazer e seja excelente nessas atividades, pode ser preciso criar um novo posto. De um jeito ou de outro, quando todos passam a maior parte da semana dedicados àquilo que adoram e em que são excelentes, todos terão mais energia, serão mais eficazes e *farão mais*. E a empresa ganhará mais dinheiro. Isso é bom para vocês, para a equipe e para a Swan Services.

– Parece um conceito muito simples – admitiu Sue. – Eu dedico muito tempo por semana a tarefas que alguém mais disponível poderia fazer melhor. Mas sempre que tento delegar algo penso em dez razões que me impedem de resolver o problema, como vai custar muito caro, não tenho tempo para treinar ninguém, a pessoa vai fazer tudo errado.

– Já ouvi isso muitas vezes – disse Alan, enquanto Eileen e Evan concordavam com conhecimento de causa. – Mas este sistema e estas ferramentas foram criados para ajudar a perceber que há saída. Continuem trabalhando juntos para administrar a Swan com este sistema e resolver seus problemas. Em pouco tempo cada um vai poder dizer que sempre tem tempo para trabalhar bem.

Alan concluiu o exercício do Diagrama de Responsabilidades com quatro perguntas: "Nós concluímos o Quadro de Responsabilidades? Todos estão satisfeitos com ele? Identificamos todos os problemas relacionados a pessoas? Ficou claro como todos podem ter tempo suficiente?"

Quando a equipe concordou, Alan pediu para Eileen distribuir cópias da Folha de Pedras (ver p. 178).

– Ao revisarmos as Pedras, vocês vão notar uma mudança – explicou. – Até agora vocês vinham dizendo se as Pedras estão nos trilhos ou fora deles. Chegou a hora da verdade: dizer se isso foi feito ou não... e 95% concluído não é totalmente concluído. Estão prontos?

Passando um por um, em cinco minutos Alan leu cada Pedra e pediu que cada líder respondesse apenas "feito" ou "não feito". Lembrou que 95% concluído não significava totalmente concluído.

– Ser responsável significa fazer *exatamente* o que você prometeu – enfatizou Alan. – Se sua Pedra diz "contratar alguém" e essa pessoa não foi contratada, dizer "feito" porque você tentou muito ou quase conseguiu é só uma racionalização, não uma conclusão. Se chegar perto de concluir for considerado concluído, você nunca vai sentir que foi totalmente responsável. Nem vai conseguir tração.

O consultor foi fazendo anotações. Quando a revisão das Pedras terminou, ele informou à equipe que eles tinham concluído 13 de 25 Pedras, ou seja, 52%.

FOLHA DE PEDRAS DA SWAN SERVICES

Data futura: 8 de abril de 20XX   Receita: Lucro: Mensuráveis:

PEDRAS DA EMPRESA

	QUEM
1) Fazer folheto de três dobras, modelo de proposta e esboço completo do site	Art — Não
2) Realizar levantamento de clientes atuais e plano de satisfação/retenção	Evan — Não
3) Fechar dois negócios "A" e dez acordos especiais com clientes estratégicos	Sue — Feito
4) Decidir aquisição de software de gerenciamento de projetos	Carol — Não
5) Recomendar e aprovar mudanças no pessoal de operações para aumentar a lucratividade	Eileen — Feito
6)	
7)	

EVAN

1) Realizar levantamento de clientes atuais e plano de satisfação/retenção	Não
2) Contratar novo consultor/desenvolvedor	Não
3) Concluir revisões de desempenho do departamento	Não
4) Fazer processo administrativo central	Não
5) Entregar projeto Acme Industries no prazo e dentro do orçamento	Feito
6) Coordenar cronograma de férias no departamento	Não
7) Implementar sistema de rastreamento de erros	Feito

CAROL

1) Decidir aquisição de software de gerenciamento de projetos	Não
2) Revisar orçamento anual	Feito
3) Revisar manual de políticas de RH	Feito
4) Concluir balanço financeiro de junho	Feito
5) Realizar oito horas de educação continua	Feito
6) Revisar contratos de processamento de TI/folha de pagamento	Feito
7)	

EILEEN

1) Recomendar e aprovar mudanças no pessoal de operações para aumentar a lucratividade	Feito
2) Avaliar custos variáveis para identificar oportunidades de economizar	Feito
3) Reunião com pelo menos três clientes estratégicos que reduziram ou limitaram gastos com a Swan	Não
4) Iniciar processo de renovação de linhas de crédito	Feito
5) Concluir e implementar ferramentas do Dia do Foco	Feito
6)	
7)	

SUE

1) Fechar dois negócios "A" e dez acordos especiais com clientes estratégicos	Feito
2) Documentar processo de vendas, obter aprovação da equipe de liderança	Não
3) Desenvolver Tabela de Desempenho do departamento de vendas	Feito
4) Fazer pelo menos uma reunião de prospecção com cada um dos três representantes de vendas	Não

ART

1) Fazer folheto de três dobras, modelo de proposta e esboço completo do site	
2)	
3)	
4)	

VIC

1) Ir a uma mostra de tendências do setor em busca de pelo menos uma "grande ideia"	Não
2) Visitar pessoalmente pelo menos dois clientes estratégicos e dois parceiros estratégicos de negócios	Não
3)	
4)	

– A meta de conclusão das Pedras é de 80% – explicou Alan. – A boa notícia é que essa primeira série de Pedras é uma espécie de treinamento. Meus clientes costumam chegar em média a 50%, então vocês estão dentro do padrão. Agora vamos falar sobre o aprendizado.

– Definir Pedras viáveis ajudaria – opinou Vic. – No meu caso, não houve nenhum evento empresarial para participar entre nossa primeira reunião e hoje. É um problema que eu *sempre* vou ter.

Alan sorriu e andou ao redor da mesa, solicitando feedback de todos. Os líderes consideraram que aquelas primeiras Pedras não eram muito SMART. Evan e Eileen disseram que precisavam se comprometer com menos Pedras. Sue admitiu que não começou a tempo para concluir as dela. Carol disse que jamais assumiria uma Pedra que implicasse depender de outra pessoa. Isso chamou a atenção de Evan e gerou um comentário de Alan.

– Entendo – observou Alan –, mas, quando você pertence a uma equipe, é inevitável depender dos outros para concluir as Pedras. Às vezes você faz tudo que é humanamente possível, mas alguma coisa fora de seu controle atrapalha. Os líderes agem assim, Carol. Estabelecem metas desafiadoras, assumem algum risco e se dedicam para conseguir tudo. Quando as Pedras envolvem outras pessoas, eles convocam reuniões, dão puxões de orelha e conseguem que o trabalho importante seja feito. Quanto mais você depender de outros, mais terá que considerar o fator tempo perdido ao planejar a conclusão de uma Pedra. Você deve pensar três passos à frente e incluir os atrasos, pois pessoas ocupadas nem sempre estarão disponíveis quando precisarmos delas. Se levar isso em conta, mesmo que as pessoas falhem, você vai terminar suas Pedras.

Alan se dirigiu a todos os líderes:

– Entendo que minha filosofia de definição de metas é diferente do que vejo em muitas empresas. Quando estabelecemos uma meta ou uma Pedra, é sério. Nós estabelecemos metas e as atingimos. Então, quando saírem daqui hoje com metas para o Plano de 1 Ano e Pedras para o próximo trimestre, acreditem que podem alcançar todas elas. Se deixarem de cumprir uma meta, vão analisar o motivo, aprender, melhorar e seguir em frente. Por isso, a meta da taxa de conclusão das Pedras é de 80%, não de 100%. Parabéns a Carol e a Eileen por terem alcançado esse patamar.

Encerrada a discussão sobre as Pedras, Alan fez uma rápida revisão da Reunião de Nível 10. Começou reconhecendo o progresso mencionado pela equipe no check-in. Como fizera um mês antes, abordou todos os itens da pauta, explicando como conduzir cada aspecto da reunião. Houve menos perguntas, já que a equipe estava pegando o jeito.

Mas Art levantou uma boa questão sobre a baixa taxa de conclusão das tarefas:

– Alan, você disse que a meta é concluir 90% das tarefas a cada semana, e acho que nem chegamos perto. Isso é raro?

– De jeito nenhum, mas precisamos solucionar o problema – respondeu Alan. – Então vamos aplicar o IDS.

Após alguns minutos, ficou claro que a equipe estava confundindo Pedras, tarefas e problemas. Alan desenhou o seguinte diagrama no quadro:

COMPARTIMENTAR

METAS	PEDRAS	TAREFAS	PROBLEMAS
1 ANO	90 DIAS	7 DIAS	LONGO PRAZO – OV/T CURTO PRAZO – REUNIÃO DE NÍVEL 10

– Todo executivo é constantemente bombardeado por *fatos* – explicou Alan. – O site precisa mudar de cara, um cliente liga, há um problema de pessoal, surge uma oportunidade de comprar um concorrente, o banheiro entope e, por alguma razão, tudo acontece ao mesmo tempo. Se vocês não situarem cada assunto no lugar certo, provavelmente vão enlouquecer, focar nas questões erradas e perder tempo.

Vários membros da equipe riram, reconhecendo a verdade nas palavras de Alan.

– Neste sistema há um lugar para todos esses temas – prosseguiu. – Tudo se encaixa em um dos quatro compartimentos. O primeiro compartimento, de metas do Plano de 1 Ano, é, como indica o nome, para as prioridades de 12 meses. Vamos definir de três a sete metas importantes de longo prazo para o ano. O segundo compartimento é para Pedras trimestrais. O terceiro é o de tarefas, para identificar e se comprometer com itens de ação de sete dias. O quarto é preenchido com os problemas: tudo que não foi resolvido. Eles se dividem em duas categorias: longo prazo e curto prazo. Problemas de longo prazo vão para o OV/T; são grandes questões com as quais vocês não querem se distrair no momento. Resolveremos o maior número possível no próximo trimestre. Problemas de curto prazo vão para a agenda da Reunião de Nível 10, ou seja, vocês devem ou querem resolvê-los neste trimestre.

Alan, após olhar para cada um, prosseguiu:

– Leva algum tempo para dominar a separação em compartimentos. Mas depois ajuda a gerenciar todas as partes móveis do negócio dentro de um único sistema coerente. Isso vai tornar todos na organização mais focados, disciplinados e responsáveis. A Lista de Tarefas será preenchida apenas com itens de ação de sete dias, e vocês vão fazer uma por semana.

Com Art e os demais satisfeitos, eles limparam a Lista de Tarefas, deixando apenas as tarefas de fato da semana. Alan respondeu a mais algumas perguntas sobre a Reunião de Nível 10 e concluiu verificando se todos os líderes tinham dominado o conceito. Em seguida, pediu a Eileen que distribuísse cópias da Tabela de Desempenho da empresa.

Alan fez uma rápida revisão da Tabela de Desempenho. Os líderes viram poucas oportunidades de melhoria, e o feedback foi unanimemente positivo. Todos sentiram que a tabela tinha começado a dar à equipe uma pulsação certa do negócio. Tanto Sue como Vic consideraram que o desempenho da equipe de vendas tinha melhorado muito porque as atividades e os resultados estavam sendo medidos semanalmente. Eileen gostou de ver tendências e padrões se revelando no trimestre. Carol afirmou "adorar" a Tabela de Desempenho por conectar cada líder com objetivos específicos e fazer todos reportarem seus números a cada semana.

– Isso conclui nossa revisão das ferramentas do Dia do Foco – explicou Alan. Vamos fazer uma breve pausa.

Quando a equipe voltou, Alan tinha apagado o quadro e agora se lia "Ferramentas do Dia do Foco".

QUEM	MENSURÁVEL	META	SEMANAS											
			1	2	3	4	5	6	7	8	9	10	11	12
Sue	Novos clientes potenciais	36	11	4	47	17	29	24	35	41				
Sue	Reuniões de vendas iniciais (#)	12	8	9	4	14	11	15	16	13				
Sue	Propostas (#)	4	2	1	3	4	2	4	5	4				
Sue	Propostas (US$)	300 mil	175 mil	70 mil	275 mil	350 mil	150 mil	370 mil	410 mil	325 mil				
Sue	Perspectiva 30 dias (US$)	1,5 milhão	1,15 milhão	1,05 milhão	1,10 milhão	1,25 milhão	1,15 milhão	1,05 milhão	1,10 milhão	1,25 milhão				
Sue	Contratos (#)	2	2	1	1	2	3	1	3	4				
Sue	Contratos (US$)	150 mil	161 mil	135 mil	75 mil	170 mil	201 mil	41 mil	170 mil	320 mil				
Evan	Projetos atrasados	1			4	4	4	3	3	4				
Evan	Projetos acima do orçamento	1							2	2				
Evan	Falhas com clientes	0		1		1	0	2	1	1				
Evan	Taxa de utilização	80%												
Carol	Balancete financeiro (US$)	75 mil	55 mil	85 mil	70 mil	61 mil	52 mil	91 mil	77 mil	68 mil				
Carol	C/R > 60 dias (US$)	< 30 mil	42,5 mil	42,5 mil	31 mil	26,1 mil	35,5 mil	40,5 mil	34 mil	36,4 mil				
Carol	Erros de faturamento	0	0	1	1	0	0	1	1	0				

– Chegamos a um ponto importante nesta jornada juntos – anunciou. – Vocês agora dominam as ferramentas do Dia do Foco, então veremos como introduzi-las na organização. Não há pressa. Vocês decidirão como equipe quando for a hora de adotar este sistema na empresa como um todo e a melhor forma de fazer isso. Por enquanto só quero ajudá-los a entender tudo que envolve a implementação de um sistema. O que antes eram as ferramentas do Dia do Foco agora se tornam as ferramentas fundamentais.

Alan apagou Dia do Foco e escreveu "Ferramentas fundamentais". Explicou que "bater no teto" se tornaria um termo comum para a organização e apagou-o da lista, substituindo-o por OV/T.

FERRAMENTAS FUNDAMENTAIS
- OV/T
- DIAGRAMA DE RESPONSABILIDADES
- PULSAÇÃO DE REUNIÕES
- PEDRAS
- TABELA DE DESEMPENHO

– Eu chamo isso de ferramentas fundamentais – explicou Alan –, porque dominar e implementar essas ferramentas na organização estabelece as bases para este sistema se tornar o modo de operar da Swan Services. Representa 80% do trabalho que resultará no fortalecimento dos Seis Componentes Fundamentais. Quando vocês estiverem conduzindo a empresa com este sistema, todos estarão usando as ferramentas fundamentais. Todos saberão para onde estão indo e como planejam chegar lá, conforme descrito no OV/T. Os papéis e as responsabilidades de todos estarão cristalinos, graças ao Diagrama de Responsabilidades. As Reuniões de Nível 10, a Tabela de Desempenho e as Pedras estarão em vigor em toda a organização, mantendo todos focados, disciplinados e responsáveis por fazer a parte que lhes cabe para a Swan Services realizar sua visão. Vamos decidir quanto desse estado futuro vocês querem definir hoje quando estabelecermos as Pedras. Por enquanto, só gostaria que entendessem que essas cinco ferramentas fundamentais serão utilizadas por todos os colaboradores da empresa.

Depois de indagar se havia perguntas, Alan pediu a Eileen que distribuísse cópias atualizadas do OV/T e para Vic entregar cópias da declaração dos Valores Fundamentais.

VISÃO E PLANO

– Agora que terminamos a revisão das ferramentas que ajudam a criar tração – explicou Alan –, vamos dedicar o resto do dia a esclarecer a visão da Swan Services, concluindo as oito questões do OV/T. Vamos repassar o OV/T com uma pergunta de cada vez, validando nosso trabalho da última sessão para garantir que todos estejam alinhados. Começaremos revisando os Valores Fundamentais. Por favor, leiam a declaração do Vic e preparem-se para comentar quando terminarem.

A DECLARAÇÃO

Ser humildemente confiante
- Não seja arrogante
- Conheça seu assunto
- Seja flexível; você não é perfeito

Crescer ou morrer
- Sinta-se mais desconfortável com o *status quo* do que com a perspectiva de mudança
- Seja um maximizador (pegue algo ótimo e transforme em excepcional)

Ajudar em primeiro lugar
- Você precisa agregar valor antes de receber algo
- Você consegue tudo que deseja da vida se ajudar os outros a conseguir o que desejam
- Sinta-se genuinamente feliz ao ajudar

Fazer o que é certo
- Encare o perigo
- Nenhum dinheiro compensa trair a confiança de alguém
- Pense: "Se minha mãe estivesse vendo, o que ela acharia?"

Fazer o que diz
- Entregue tudo e no prazo
- Tudo bem dizer "não"
- Assuma a responsabilidade, não culpe ninguém
- Termine o que começou

A equipe leu em silêncio o documento de uma página com os cinco Valores Fundamentais destacados e seguidos por recomendações. Vic se mexia na cadeira, nervoso. Queria ter obtido o feedback da equipe muito antes da reunião, mas só tinha concluído o dever de casa na noite anterior.

Quando a equipe terminou de ler, Alan falou:

– A primeira pergunta é se todos vocês acreditam que esses Valores Fundamentais definem a cultura da Swan Services.

Andando ao redor da mesa a partir da esquerda, Alan obteve um sim de cada membro da equipe de liderança antes de fazer a segunda pergunta:

– Estão preparados para usar esses Valores Fundamentais ao contratar, demitir, avaliar, recompensar e reconhecer colaboradores da organização?

– Gostaria de ressaltar por que essa tarefa foi tão difícil – observou Vic. – Eu precisava definir cada valor essencial de modo que todos nos sentíssemos à vontade para demitir alguém que esteja abaixo da linha de corte. É muito mais difícil do que parece!

Vários membros da equipe de liderança da Swan concordaram e voltaram à declaração. Quando todos terminaram, Alan mais uma vez percorreu a mesa, recebendo respostas positivas de cada um.

– Última pergunta – continuou. – Como vocês se sentem em relação ao discurso dos Valores Fundamentais?

Todos pareciam satisfeitos com as pequenas mudanças feitas por Vic na redação dos Valores Fundamentais. Alguns líderes sugeriram alterar ou esclarecer os exemplos escolhidos por Vic para ilustrar claramente cada valor. Vic anotou tudo, disposto a ajustar o texto.

– Bom trabalho, Vic. Você tem tudo de que precisa para terminar a declaração? – perguntou Alan depois de cada líder ter dado seu feedback.

– Tenho, sim – respondeu ele. – Pode estar pronto no início da próxima semana.

Vic tinha feito anotações em sua cópia do documento. Estava tão animado para lançar os Valores Fundamentais que apresentou um esboço completo para a equipe de liderança poucos dias depois.

– Lembrem-se de repetir essa declaração com frequência para si mesmos – ressaltou Alan. – Quando um colaborador for digno de reconhecimento, elogiem-no em público por demonstrar um ou mais dos Valores Fundamentais. Se virem alguém se comportando em desacordo com esses valores, comentem em particular. Quando repetirem essas regras para si mesmos, a equipe vai responder e haverá uma cultura excelente.

O consultor ressaltou outro ponto:

– Comecem a usar esses valores no processo de contratação. Quando identificarem alguém certo para o lugar certo, declarem os Valores Fundamentais com paixão, para a pessoa saber em que está se envolvendo. Deixando isso claro, será fácil identificar e dispensar quem não se encaixar na cultura.

Com a discussão dos Valores Fundamentais concluída e o nível de energia bem alto, Alan pediu à equipe que revisasse o Foco Central no OV/T que Eileen havia distribuído.

– Todos acham que o ponto forte está claro? – perguntou Alan.

– Parece que sim – respondeu Eileen –, mas tivemos algumas conversas difíceis sobre alguns trabalhos que estamos fazendo.

Alan aprofundou um pouco mais o debate para identificar o verdadeiro problema. Evan e Sue tinham se tornado cada vez mais enfáticos quanto à necessidade de a Swan parar de fazer trabalhos que exigissem terceirizados. Vic estava começando a gostar da ideia, mas Carol era veementemente contra qualquer decisão que reduzisse a receita. Eileen conseguia entender os dois lados, mas ainda não estava pronta para tomar uma decisão.

FOCO CENTRAL	**Paixão:** Construir uma grande empresa com grandes pessoas **Nicho:** Solucionar problemas reais com a tecnologia certa

Alan ajudou a equipe a ratificar o Foco Central. Os líderes sentiram que tinham acertado em cheio o ponto forte da Swan.

Depois de um breve e apaixonado debate, Eileen sugeriu que a questão sobre o que fazer em relação à contratação de terceirizados fosse incluída na Lista de Problemas de longo prazo. A equipe concordou.

Encerrada a discussão do Foco Central, Alan direcionou a atenção da equipe para a Meta de 10 Anos no OV/T.

META DE 10 ANOS	40 milhões de receita, com lucro líquido de 15%

Nas semanas que se passaram desde a sessão anterior, Evan vinha se sentindo mais à vontade com o potencial da empresa. Com seu apoio explícito, a equipe concordou em manter o compromisso de alcançar a desafiadora meta de longo prazo. Enquanto a equipe fazia uma pausa rápida para o almoço, Alan escreveu os seguintes itens no quadro:

MERCADO-ALVO:
　DEMOGRÁFICO:
　GEOGRÁFICO:
　PSICOGRÁFICO:

TRÊS SINGULARIDADES:
　1.
　2.
　3.

PROCESSO COMPROVADO: SIM/NÃO
GARANTIA: SIM/NÃO

A sessão foi retomada com uma pergunta sobre o OV/T: "Qual é a Estratégia de Marketing da Swan?"

– Estabelecer uma verdadeira Estratégia de Marketing – começou Alan – vai ajudar a equipe a superar o maior problema das pequenas empresas: tentar alcançar um grande público com poucos recursos. Isso criará um foco preciso para os esforços das equipes de vendas e marketing, e ajudará a conquistar mais negócios do tipo certo. Vocês usarão o tempo para se conectar com os clientes ou clientes em potencial certos, e vão se comunicar com eles de modo consistente e eficaz.

Alan introduziu as quatro partes da Estratégia de Marketing. A primeira parte, o mercado-alvo, era uma definição clara dos clientes potenciais ideais da Swan – as empresas mais propensas a se tornar os melhores clientes durante um longo prazo e por um alto valor. As três singularidades, o processo comprovado e a garantia comporiam a mensagem de marketing da empresa para esses clientes potenciais ideais.

– Hoje vamos concluir as duas primeiras partes da Estratégia de Marketing: o mercado-alvo e as três singularidades – explicou Alan. – Para o processo comprovado e a garantia só precisamos de "sim" ou "não". Se vocês acreditam que criar esses dois elementos vai contribuir para fechar mais negócios, vamos adicioná-los à Lista de Problemas e, em algum momento, eles se tornarão grandes Pedras trimestrais.

Alan apontou para o primeiro termo no quadro.

– Vamos começar com o mercado-alvo, ou o que chamamos de "A Lista" – disse. – Para definir os clientes potenciais ideais, pensem em seus *melhores clientes*. *Quem* são, *onde* estão e *o que* são, ou *como* pensam? Por favor, façam três minutos de silêncio para escrever os perfis demográfico, geográfico e psicográfico desses clientes ideais.

Enquanto os demais líderes começavam a fazer anotações, Carol parecia confusa. Perguntou qual era a definição específica de um perfil demográfico.

– O tipo e o tamanho das empresas com que querem trabalhar, e às vezes das pessoas dessas empresas – respondeu Alan.

– Em que isso é diferente do perfil psicográfico, Alan? – perguntou Evan.

– O perfil psicográfico é como os clientes certos pensam e agem, e o que valorizam – esclareceu o consultor.

– Por exemplo – interveio Vic –, nós trabalhamos melhor com gente que procura verdadeiros *parceiros* em tecnologia. Se alguém abre uma licitação para um projeto só para escolher o preço mais baixo, sem avaliar quem é mais capacitado para entender e resolver aquele problema empresarial, não tem o perfil psicográfico adequado.

– Exatamente – concordou Alan. – Ficou claro para você, Evan?

– Sim – respondeu Evan.

Pouco depois, todos pareciam prontos para prosseguir.

– Eu começo – disse Sue. – Para "quem", eu escrevi diretores de TI ou CFOs de grandes empresas dependentes de tecnologia. Companhias de seguros, bancos, sistemas hospitalares, empresas de tecnologia médica, universidades e até agências governamentais. "Onde" é nos Estados Unidos. Como eles pensam? Devem se sentir à vontade para terceirizar iniciativas tecnológicas chave. *Realmente* precisam de um parceiro estratégico, e não do fornecedor mais barato que só entra e faz o trabalho.

Alan andou pela sala, checando as anotações dos outros líderes. A maioria achou que Sue tinha acertado em grande parte, mas complementou algumas descrições. Art discordou do perfil geográfico.

– Os Estados Unidos parecem um pouco grande demais para você e três vendedores cobrirem. Não deveríamos nos concentrar em um mercado menor? – ponderou.

– Não – respondeu Sue. – Se alguém do Maine quiser fazer negócios conosco, eu sou a favor!

– Mas isso não significa que precisamos perder tempo fazendo marketing ou telefonando a esmo para o Maine – opinou Eileen. – O mercado-alvo é onde aplicamos nossa energia de vendas e marketing *proativos*. Certo, Alan?

– Isso mesmo – respondeu o consultor. – Se vocês concentrarem seus esforços de marketing e vendas proativos dentro desse mercado e conseguirem um cliente potencial de fora, fechem o negócio se for compensador.

– Certo – concordou Eileen. – Sue, prefiro ver você e sua equipe se conectando com todos os clientes potenciais ideais em Minnesota e acima do Meio-Oeste antes de perdermos tempo em outros lugares.

Sue pensou um pouco, analisando as opiniões de Art e de Eileen.

– O que seria "acima do Meio-Oeste" para você, Eileen? – perguntou Alan.

– Minnesota e os cinco estados vizinhos – ela definiu. – Além da metade norte de Illinois... Já fizemos negócios em Chicago que justificaram focar um pouco de energia lá.

– Há clientes potenciais ideais em número suficiente nesses sete estados para manter Art e suas equipes de vendas ocupados por algum tempo, Sue? – perguntou Alan.

– Sim – ela garantiu. – Podemos chegar facilmente a 40 milhões de dólares nesses sete estados. Além disso, focar nesse mercado vai reduzir a abrangência e a complexidade dos esforços de vendas e marketing. Elimina problemas com fusos horários, voos longos e grandes prestações de contas. Nós temos melhores chances de desenvolver relacionamentos de longo prazo perto de casa. Talvez possamos até parar de participar de eventos empresariais, que são caros e perturbam a rotina.

Com o perfil geográfico resolvido, Alan respondeu a algumas outras perguntas antes de pedir para a equipe opinar sobre o mercado-alvo definido no quadro:

MERCADO-ALVO

DEMOGRÁFICO: DIRETORES DE TI OU CFOS DE GRANDES EMPRESAS DEPENDENTES DE TECNOLOGIA (SAÚDE, SERVIÇOS FINANCEIROS, EDUCAÇÃO) COM RECEITA > US$ 100 MILHÕES

GEOGRÁFICO: COM SEDE ACIMA DO MEIO-OESTE

PSICOGRÁFICO: DISPOSTOS A BUSCAR SOLUÇÕES DE PROBLEMAS TECNOLÓGICOS FORA DA EMPRESA, DESEJANDO RELAÇÕES DE LONGO PRAZO COM UM PARCEIRO ESTRATÉGICO, NÃO COM UM FORNECEDOR DE BAIXO CUSTO

– Agora que definiram o cliente ideal e têm clareza sobre o mercado-alvo – continuou Alan –, vocês podem passar o mundo inteiro por esse filtro e verão surgir o nome, telefone e e-mail de todos os clientes ideais. Claro que não é tão simples assim, mas com essa ferramenta vocês podem começar a elaborar "A Lista" e concentrar *todos* os esforços de vendas e marketing nela. Está claro?

Com o mercado-alvo estabelecido, Alan pediu para Eileen resumir o trabalho no OV/T e passou para as três singularidades em que a Swan podia ser considerada única.

– Imaginem a sua empresa enfrentando dez concorrentes – falou. – Vocês estão conversando com alguém do mercado-alvo: um cliente potencial ideal quer saber por que vocês são diferentes e melhores do que as outras empresas. Vocês precisam identificar três singularidades do que fazem que, em conjunto, os tornam a melhor opção. Talvez os dez concorrentes possam dizer que têm um desses aspectos, e um pequeno grupo possa afirmar que tem dois, só que mais ninguém pode dizer que conta com os três. Essas singularidades os tornam valiosos para o mercado-alvo de uma maneira única.

Alan deu à equipe três minutos para listar possíveis singularidades e depois pediu aos líderes que lessem as anotações e as escreveu no quadro:

> SOMOS GENTE DE VERDADE
> SOLUCIONAMOS PROBLEMAS
> É FÁCIL TRABALHAR CONOSCO
> FAZEMOS O QUE DIZEMOS
> SOMOS ESPECIALISTAS EM TECNOLOGIA
> TEMOS FOCO EM RELAÇÕES DE LONGO PRAZO
> ENTENDEMOS DE NEGÓCIOS E DE TECNOLOGIA
> RESPONDEMOS RÁPIDA E ADEQUADAMENTE
> SABEMOS OUVIR

Com mais um exercício de Manter, Eliminar e Combinar, em um debate saudável, a equipe reduziu a lista aos três itens:

1. SOMOS GENTE DE VERDADE E NOS IMPORTAMOS COM O CLIENTE
2. SOMOS ESPECIALISTAS NO USO DE TECNOLOGIA PARA RESOLVER PROBLEMAS DE EMPRESAS
3. FAZEMOS O QUE DIZEMOS

Alan andou ao redor da mesa. Todos os líderes concordaram que aquelas três singularidades definiam as razões pelas quais a Swan era diferente e melhor do que a concorrência, e por que conseguiam reter seus melhores clientes. Isso levou Vic a se perguntar em voz alta o motivo de a Swan ter começado a perder clientes.

– Talvez tenhamos deixado de cumprir essas três promessas – opinou.

A equipe concordou, reconhecendo como isso tinha se tornado mais difícil com o crescimento da empresa. Sue se ofereceu para assumir a tarefa de aprimorar as três singularidades, e pediu ajuda a Art.

– Agora que esses três pontos estão definidos – retomou Alan –, eles devem se tornar o fio condutor de todos os esforços de vendas e marketing. A equipe de vendas deve utilizá-los todas as vezes que for questionada:

"Por que a Swan Services?". Devem estar no site, no material de vendas e em tudo que vocês fizerem.

– Vejo claramente como isso será útil – afirmou Art, entusiasmado. – Vai nos ajudar a produzir materiais mais claros e mais fortes. Com menos perguntas sobre a mensagem, o processo será mais rápido e terá custo menor.

Com isso resolvido, Alan definiu a parte seguinte da Estratégia de Marketing.

– O processo comprovado é o flyer de uma página que ilustra a trajetória do relacionamento com os clientes – explicou. – Desde o momento em que eles começam a falar com vocês até se tornarem clientes satisfeitos e de longo prazo. Isso ajudará os clientes em potencial a entenderem que vocês cuidam deles de uma maneira meticulosamente definida e replicável. Ao ilustrar o processo comprovado numa única página, em vez de em um folheto grande com muito texto ou vinte slides de PowerPoint, vocês vão *mostrar* como funcionam em vez de *contar*. É uma forma de se diferenciarem rápida e claramente como uma empresa que tem uma maneira testada e comprovada de cuidar dos clientes e de dar tranquilidade aos que estão pensando em contratar vocês. Todos vão se sentir em boas mãos e saberão *exatamente* o que esperar.

Alan ilustrou o conceito distribuindo cópias de seu próprio processo comprovado (ver p. 193), juntamente com exemplos de outros clientes.

– A pergunta é se vocês acham que definir a experiência do cliente da Swan Services em uma página contribuiria para conquistar mais negócios – prosseguiu Alan.

– Sem dúvida – disse Sue de imediato. – Eu adorei isso. No momento, a equipe de vendas fica perdida quando um cliente potencial pergunta como trabalhamos. Se todos pudermos contar a mesma história, de maneira rápida e clara, vamos vender mais *e* facilitar um pouco a vida do Evan.

– Sou totalmente a favor – concordou Evan, sorrindo. – Isso vai nos ajudar nos bastidores das operações. Se soubermos que existe um processo consistente que nossos clientes esperam ver, poderemos criar e seguir processos internos que correspondam a essas expectativas.

A equipe concordou, e Alan acrescentou "processo comprovado" à Lista de Problemas. Explicou que criar e publicar esse documento provavelmente seria a Pedra de alguém em um próximo trimestre.

– Já está na minha lista como uma possível Pedra para este trimestre, Alan – afirmou Sue.

Alan concluiu a discussão sobre a Estratégia de Marketing definindo a garantia.

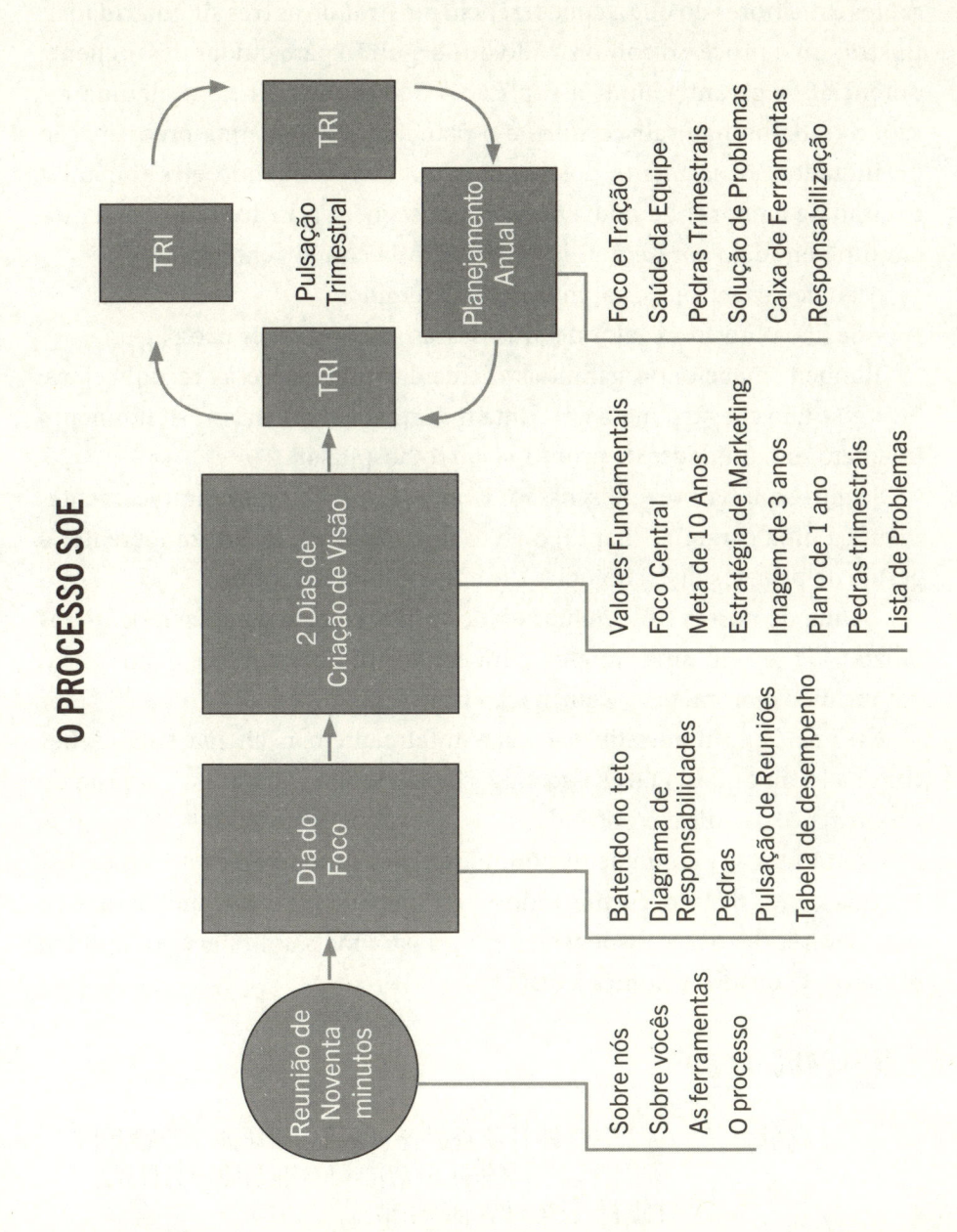

O PROCESSO SOE

Reunião de Noventa minutos
- Sobre nós
- Sobre vocês
- As ferramentas
- O processo

Dia do Foco
- Batendo no teto
- Diagrama de Responsabilidades
- Pedras
- Pulsação de Reuniões
- Tabela de desempenho

2 Dias de Criação de Visão
- Valores Fundamentais
- Foco Central
- Meta de 10 Anos
- Estratégia de Marketing
- Imagem de 3 anos
- Plano de 1 ano
- Pedras trimestrais
- Lista de Problemas

Planejamento Anual
- Foco e Tração
- Saúde da Equipe
- Pedras Trimestrais
- Solução de Problemas
- Caixa de Ferramentas
- Responsabilização

Pulsação Trimestral (TRI)

– A última parte da mensagem de marketing elimina um temor, comum na cabeça dos clientes em potencial, que os impede de fechar negócios com vocês. Sue, Vic, imaginem-se em uma situação de venda com alguém do mercado-alvo. Vocês acabaram de explicar por que são diferentes e melhores do que a concorrência mostrando as três singularidades. Ilustraram o processo comprovado que seguirão para cuidar desse cliente potencial. A garantia ajuda a explicar o que acontece se, por alguma razão, o trabalho não sair conforme o planejado. Existe uma preocupação ou inquietação na mente dos clientes potenciais quando eles tomam a decisão de compra? Se houver, vocês conseguem transformar esse temor em um benefício apresentando uma garantia convincente?

Alan deu sua própria garantia como exemplo:

– Se não obtiverem valor de uma dessas sessões, vocês não pagam.

Também mencionou garantias oferecidas por empresas reconhecidas: "grátis se não chegar à mesa em trinta minutos" em pizzarias; "atendimento imediato" em unidades de pronto-socorro hospitalar.

Seguiu-se uma breve discussão. Evan e Carol se opuseram veementemente a uma garantia, citando o risco financeiro e a incerteza inerentes à gestão de projetos de tecnologia. Vic e Sue adoraram a ideia.

– Uma de nossas três singularidades é "Fazemos o que dizemos" – enfatizou Vic. – Sem uma garantia para explicar o que acontece quando não cumprimos o prometido, a afirmação fica vazia.

No final, Eileen admitiu não estar totalmente convencida e não saber como a Swan poderia fazer isso. Sugeriu acrescentar "garantia?" à Lista de Problemas e decidir em outro dia.

Com todas as perguntas respondidas, Alan encerrou o exercício da Estratégia de Marketing, certificando-se de que Sue e Vic tinham clareza de seus deveres de casa, e dispensou o grupo para mais um intervalo de cinco minutos. O quadro resumiu a discussão.

MERCADO-ALVO

DEMOGRÁFICO: DIRETORES DE TI OU CFOS DE GRANDES EMPRESAS DEPENDENTES DE TECNOLOGIA (SAÚDE, SERVIÇOS FINANCEIROS, EDUCAÇÃO) COM RECEITA > US$ 100 MILHÕES

GEOGRÁFICO: COM SEDE ACIMA DO MEIO-OESTE

PSICOGRÁFICO: DISPOSTOS A BUSCAR SOLUÇÕES DE PROBLEMAS TECNOLÓGICOS FORA DA EMPRESA, DESEJANDO RELAÇÕES DE LONGO PRAZO COM UM PARCEIRO ESTRATÉGICO, NÃO COM UM FORNECEDOR DE BAIXO CUSTO

TRÊS SINGULARIDADES:

1. SOMOS GENTE DE VERDADE E NOS IMPORTAMOS COM O CLIENTE
2. SOMOS ESPECIALISTAS NO USO DE TECNOLOGIA PARA RESOLVER PROBLEMAS DE EMPRESAS
3. FAZEMOS O QUE DIZEMOS

PROCESSO COMPROVADO: SIM

GARANTIA:

TORNANDO TUDO REAL

– Chegou a hora de trazer a visão para a realidade – disse Alan quando a equipe retornou. – Nós definimos *quem vocês são* com os Valores Fundamentais, *o que vocês são* com o Foco Central e *para onde estão indo* com a Meta de 10 Anos, e começamos a definir *como vocês vão chegar lá* com a Estratégia de Marketing. Agora precisamos tornar essa visão de longo prazo real com a Imagem de 3 Anos. Com a visão em mente, definiremos uma imagem clara da organização daqui a três anos e garantiremos que todos estejam 100% alinhados. Enquanto não conseguirem imaginar claramente, não poderão alcançar essa visão. Esta é uma abordagem simplificada diferente dos planos estratégicos detalhados de três a cinco anos. Só queremos definir, no geral, como a organização será daqui a três anos. Isso ajudará a estabelecer as bases para alcançar a Meta de 10 Anos, resolver os grandes problemas e fazer um planejamento anual muito melhor. Vocês vão sair daqui preparados e comprometidos com as mudanças necessárias para realizar a visão. Vamos começar definindo a data futura.

Alan sugeriu que a data fosse vinculada ao calendário anual e a equipe concordou. Ele escreveu no quadro "Data Futura: 31/12/20XX" – na verdade, dali a dois anos e nove meses. Em seguida, solicitou que a equipe estabelecesse um valor de receita para aquele ano.

– Quanto nós vamos faturar este ano, Carol? – perguntou Vic.

– Não pergunte para mim – respondeu Carol. – Nosso objetivo era de 8 milhões de dólares, mas estamos bem fora dos trilhos. Talvez você devesse perguntar à líder de vendas.

Sue se alterou com o comentário de Carol.

– Nós só temos os dados financeiros até março – interveio Eileen, amenizando a tensão. – Então é só um palpite. Eu diria algo entre 7 milhões e 7,25 milhões de dólares.

A equipe continuou refletindo sobre as previsões de receita.

– Alguém me daria uma estimativa inicial? – perguntou Alan após alguns instantes. – Onde vocês acham que a Swan precisa estar em termos de receita anual em pouco menos de três anos para alcançar a Meta de 10 Anos de 40 milhões?

– Quinze milhões – afirmou Vic.

– Isso é mais do que o *dobro* da receita atual! – exclamou Carol.

– Eu acho que podemos chegar lá – retrucou Vic calmamente. – Afinal, não é para isso que estamos passando por este processo? Para funcionar melhor, crescer e aumentar o lucro? Nós crescemos 50% nos anos anteriores e não estávamos nem perto do alinhamento de agora.

Carol balançou a cabeça. Eileen sorriu, racionalmente concordando com Carol, mas adorando a confiança e o entusiasmo de Vic.

– Eileen? – questionou Alan.

– Dez milhões – sugeriu ela. – Pode ser um pouco conservador, mas acho que precisaremos ter cuidado com o tipo de receita para continuarmos dentro do Foco Central e lançarmos as bases para o futuro. Teremos que dedicar energia a infraestrutura, liderança e lucratividade nos próximos dois anos. Não pode ser um esforço só para aumentar a receita.

Art concordou com Eileen. Carol e Evan ficaram em 9 milhões, e Sue disse 12 milhões.

– Lembrem que neste sistema nós estamos *prevendo o futuro* – acrescentou Alan. – Não estamos expressando desejos. Vamos estabelecer metas e alcançá-las. Não se trata de traçar metas ambiciosas nem números irreais. Seja qual for o valor estabelecido como meta de receita em três anos, nós *vamos alcançá-lo*. Então, nesse contexto, devemos ficar com um número entre 9 milhões e 15 milhões de dólares.

O consultor conduziu o debate para a equipe definir um número e no final anotou "11 milhões". Em seguida, pediu a todos que pensassem na meta de margem de lucro.

– Eu calculei 10% – disse Eileen para abrir a discussão. – É um objetivo ambicioso, especialmente porque teremos que investir pesado para chegar aos 40 milhões. Mas acredito que podemos e que *precisamos* chegar lá.

Art concordou, e Alan olhou para Carol, à esquerda.

– Quinze por cento – disse Carol sem hesitar. – Isso está na Meta de 10 Anos e quanto mais cedo chegarmos lá, melhor.

– Eu estimei 10% – afirmou Evan.

– Eu também – falou Sue. – É uma melhoria significativa em relação a hoje.

A equipe acabou fechando em 10%. Alan anotou o objetivo e apontou para a palavra "mensurável" no quadro.

Ele esclareceu que a parte mensurável da Imagem de 3 Anos e de outras seções do OV/T representava o objetivo em termos de escopo ou tamanho, além da receita. Ilustrou o conceito explicando que um fabricante de produtos contaria o número de unidades, um consultor de investimentos somaria os ativos sob sua gestão, e uma administradora de imóveis poderia usar o número de unidades ou metros quadrados comercializados.

Os líderes decidiram que deveriam medir os "projetos importantes" concluídos em um ano. Alan ajudou a definir "projetos importantes" como os que representam 100 mil dólares ou mais em receita, e todos concordaram que, com uma meta de 11 milhões, precisariam concluir cinquenta desses projetos.

– Isso é loucura! – exclamou Evan. – Se tivermos sorte, vamos conseguir vinte este ano!

– Loucura é uma palavra muito forte – retrucou Eileen, com um sorriso confiante. – Mas nós prevemos uma mudança *significativa*. Estamos aqui porque sabemos que *nunca* vamos realizar nossa visão agindo como sempre fizemos. Hoje é o dia em que todos nós devemos nos comprometer a promover essa mudança, a criar uma empresa totalmente diferente em três anos. Vocês precisam acreditar que estaremos *prospectando* novos clientes, *vendendo* de modo diferente, *executando* melhor as operações e *administrando* um negócio melhor, senão nunca chegaremos lá. Se todos se comprometerem a alcançar essa visão, inclusive você, Evan, eu *sei* que conseguiremos.

Alan acenou com a cabeça, indicando que concordava com a descrição de Eileen sobre a jornada à frente. Em seguida, apontou para os detalhes anotados no quadro.

> **IMAGEM DE 3 ANOS**
> DATA FUTURA: 31/12//20XX
> RECEITA: US$ 11 MILHÕES
> LUCRO: 10% (US$ 1,1 MILHÃO)
> MENSURÁVEL: 50 PROJETOS DE US$ 100 MIL OU MAIS

– Com essas metas em mente – continuou Alan –, é hora de desenhar uma imagem clara de como a Swan Services será daqui a três anos. Quantos funcionários vocês terão? Haverá alguma mudança na equipe de liderança? Vocês abrirão um novo campo de atuação ou novas linhas de negócio? Contarão com novas ferramentas tecnológicas, mais escritórios ou outra marca? Usem cinco minutos para escrever suas considerações.

Quando todos terminaram, Sue se ofereceu para começar.

– Obrigado, Sue – disse Alan. – Por favor, comece com o número de pessoas certas nos lugares certos. Quantos colaboradores você vê na organização com uma receita de 11 milhões de dólares?

– Bem – começou Sue hesitante, analisando as anotações –, eu calculei 65 pessoas.

Alan escreveu "65" e fez um gesto para a jovem líder de vendas continuar.

– Escritório de vendas em Chicago – prosseguiu ela. – A Swan funcionando nesse sistema, alguém de marketing em tempo integral. Processos Fundamentais implementados.

– Eu costumo escrever isso – interrompeu Alan – como "todos os Processos Fundamentais documentados, simplificados e seguidos por todos", abreviado como SPT, de "seguidos por todos". Tudo bem para você, Sue?

Sue concordou e leu o restante da lista. Vic foi o próximo, mencionando sete pontos, que incluíam novos escritórios. Alan percorreu a mesa registrando os itens de Eileen, Art, Carol e Evan, até chegarem a 17 no quadro.

– Em termos ideais – explicou –, vamos reduzir essa lista para 5 a 15 aspectos que descrevam esta organização daqui a pouco menos de três anos. Lembrem-se: todos estarão comprometidos a fazer isso acontecer. São pontos essenciais e vocês vão compartilhá-los com a organização. Se houver algo nesta lista de que não tenham certeza ou com que não estejam comprometidos, precisa ser retirado.

Esclarecimento feito, Alan foi ajustando a lista. Houve alguns debates ao longo do processo. Vic e Carol não tinham certeza se os lugares de TI e RH precisavam ser preenchidos em três anos. No final, a equipe concluiu que os dois cargos seriam cruciais para o plano de atingir 40 milhões, e o item foi mantido. Mais rapidamente do que a maioria esperava, as questões foram resolvidas. Alan apontou para o quadro e deu por terminada a discussão da Imagem de 3 Anos.

IMAGEM DE 3 ANOS

DATA FUTURA: 31/12/20XX
RECEITA: US$ 11 MILHÕES
MARGEM DE LUCRO: 10% (US$ 1,1 MILHÃO)
MENSURÁVEL: 50 PROJETOS DE US$ 100 MIL OU MAIS

- 60 PCLC
- CULTURA VIBRANTE
- FORTE EQUIPE DE VENDAS DE OITO PESSOAS
- NOVO ESCRITÓRIO DE VENDAS EM UM OU MAIS MERCADOS GRANDES
- TODOS OS PROCESSOS FUNDAMENTAIS DOCUMENTADOS, SIMPLIFICADOS E SPT

- NOVA SEDE DA EMPRESA
- LUGAR DE TI INTERNO
- LUGAR DE RH
- PROCESSO DE RECRUTAMENTO DE DESENVOLVEDOR/AN/GP
- 40% DE RECEITA RECORRENTE

– O que vou pedir agora pode parecer um pouco bobo, mas existe um *método* por trás da minha loucura. Por favor, recostem-se nas cadeiras, relaxem e fechem os olhos – recomendou. – Avancem rapidamente dois anos e nove meses. Vocês acabaram de terminar um ano incrível, atingindo 11 milhões de receita com 10% de lucro líquido. Concluíram cinquenta projetos de 100 mil dólares cada. Estão com sessenta pessoas certas nos lugares certos...

Alan leu o restante da lista em voz alta e fez uma pergunta importante:

– Vocês enxergam isso? Eu preciso de um "sim" verbal de todos. Se houver algo na lista que não conseguem ver, falem agora. Não digam sim só para concordar. Então, enxergam isso? Porque vocês são a equipe que precisa tornar isso realidade.

– Cla-ra-men-te! – exclamou Vic de maneira exagerada. – Já quase sinto o gosto!

Alan sorriu e se virou para Eileen.

– Bem, eu ainda não consigo *sentir o gosto* – disse ela em tom de brincadeira. – Mas é o que eu quero e acho que será possível se trabalharmos juntos. Pela primeira vez, acredito que nós *podemos* trabalhar juntos para alcançar uma visão em comum. Então, sim, eu consigo ver.

– Estou empolgado – emendou Art. – É muito legal ver esta equipe se unindo. Acredito que vamos conseguir e estou animado por participar.

– Eu consigo ver – disse Carol em voz baixa. – Não estou emocionada nem com lágrimas nos olhos, mas consigo ver.

Evan e Sue também concordaram, expressando entusiasmo e otimismo. Alan concluiu o exercício pedindo a Eileen que transcrevesse os detalhes do quadro no OV/T da Swan. Em seguida, passou ao item seguinte da agenda: o Plano de 1 Ano.

– Com a Imagem de 3 Anos definida, agora podemos fazer melhor o planejamento para um ano – prosseguiu. – Entendo que só restam nove meses, mas a data futura deve estar vinculada ao calendário ou ano fiscal. É a forma mais clara e simples de pensar no ano e nos trimestres como equipe e empresa. Vamos começar concordando com a meta de receita para o ano. Já falamos sobre isso. Alguém está disposto a prever a receita até 31 de dezembro?

– Eileen falou entre 7 milhões e 7,25 milhões – disse Evan. – Eu tendo a ficar com um desses números.

– Eu concordo – afirmou Eileen. – Mas deixaria isso a cargo da Sue. Nós podemos chegar a 7,25 milhões?

Se essa pergunta tivesse sido feita um mês antes, a resposta de Sue teria sido "não". Mas ela estava pegando ritmo como líder de vendas; Vic vinha contribuindo mais e sendo muito produtivo; e, com exceção de Natalie, a equipe parecia estar se fortalecendo.

– Acredito que podemos – respondeu ela. – Não vai ser fácil, mas, se o Vic não achar que estou muito confiante ou louca, eu me comprometo a fazer isso acontecer.

– Você acha que eu iria questionar você por um número *alto*? – perguntou Vic, incrédulo.

Sue riu, e o restante da equipe também. Alan escreveu a previsão de receita no quadro e conduziu a equipe pelos demais números para o ano:

PLANO DE 1 ANO
DATA FUTURA: 31/12/20XX
RECEITA: US$ 7,25 MILHÕES
MARGEM DE LUCRO: 5%
MENSURÁVEL: 20 PROJETOS DE US$ 100 MIL OU MAIS

– Ao elaborar o Plano de 1 Ano – continuou Alan –, precisamos ser ainda mais específicos do que fomos com a Imagem de 3 Anos. Para realizar a visão de longo prazo, devemos resolver os problemas-chave e começar a fazer desde já um progresso tangível. Isso é possível estabelecendo metas: de três a sete prioridades que a empresa deve concretizar este ano, de preferência mais perto de três. Por favor, proponham uma lista. Analisando a Imagem de 3 Anos, a Lista de Problemas e o Diagrama de Responsabilidades, o que vocês precisam realizar como empresa até 31 de dezembro?

Eileen ficou pensativa. Pouco depois escreveu "contratar líder de operações". Também se sentiu tentada a escrever "Carol – PCLC?" Apesar do progresso da geniosa diretora de controladoria nos últimos meses, algo lhe dizia que Carol precisaria ser substituída em algum momento próximo. Mas concluiu que adicionar a questão às metas potenciais seria jogar gasolina num fogo já se apagando. Preferiu falar depois sobre suas preocupações com Vic e elaborar sem alarde um plano de contingência.

Após cinco minutos, Alan se dirigiu à equipe.

– Vamos priorizar as metas de um ano de uma maneira um pouco diferente – explicou. – Em vez de usar Manter, Eliminar e Combinar para cada ponto, gostaria que todos avaliassem suas listas completas. Há algo que vocês têm mais ou menos certeza de que todos escreveram ou com que vão concordar? Vamos começar com os melhores palpites. Qual é a meta número um?

– Implementar este sistema na empresa – respondeu Vic. – A Sue e eu estamos querendo *muito* adotar pelo menos o Diagrama de Responsabilidades e o Analisador de Pessoas. Se também pudermos incluir o OV/T e começar a utilizar algumas dessas outras ferramentas...

– Também está na minha lista – disse Evan.

Art, Sue e Eileen indicaram terem escrito algo semelhante.

– Carol? – perguntou Alan.

– Eu não escrevi isso – disse Carol –, mas, se todos acham que é uma prioridade, imagino que seja.

– Alan, como você *chama* este sistema? – perguntou Vic enquanto o consultor se virava para escrever a meta. – Eu estou chamando de Sistema Operacional Empreendedor, abreviado como SOE. Isso funciona?

– Se funciona para vocês... – respondeu Alan. – Esse é o jeito como *vocês* operam o negócio.

– SOE tem meu voto – disse Vic. Os demais concordaram, e Alan registrou "Implementar SOE" como a primeira meta. Em seguida, solicitou outra grande prioridade.

– Equipe de vendas: pessoas certas nos lugares certos – respondeu Sue. – Se vamos atingir a meta de receita deste ano e preencher o funil com oportunidades para o próximo, não podemos ter problemas com pessoas. Estou pensando principalmente na Natalie, mas todos os lugares são vitais. Precisamos de mais e melhores clientes potenciais do Art; talvez mais um vendedor; e a mágica do Vic como construtor de relacionamentos, negociador e mentor para a jovem equipe de vendas.

– Totalmente de acordo – disse Eileen, entusiasmada.

Alan percorreu a mesa para obter feedback, recebendo apoio de todos para incluir aquele ponto como uma das metas de um ano. Escreveu no quadro "Equipe de vendas: PCLC".

– Já que estamos falando de vendas e receita, também escrevi "adotar Estratégia de Marketing" – revelou Sue. – Eu gostaria que nos concentrássemos no mercado-alvo definido hoje e de começar logo a usar pelo menos as três singularidades e o processo comprovado como peças-chave da mensagem.

Assim que os outros concordaram, Alan anotou a terceira meta.

– Alguma outra meta? – perguntou. Houve um momento de silêncio antes de Evan falar.

– Eu escrevi "contratar líder de operações" – observou. – Parece um pouco estranho dizer isso, mas precisa acontecer. É nossa maior barreira para o crescimento, e não vejo a hora de me concentrar nos desenvolvedores.

Eileen e os demais sentiram um grande alívio.

– Preencher o lugar de líder de operações é uma prioridade para o ano? – perguntou Alan.

– Também estava na minha lista – admitiu Sue.

– Se o Evan acha que é prioridade, eu também acho – disse Vic.

– Eu também – concordou Eileen, surpresa por estar ficando um pouco emocionada. – Obrigada, Evan, por demonstrar o que significa colocar o bem maior do negócio antes dos interesses pessoais. Estou comovida e inspirada pelo que você acabou de fazer e pelo que você significa para esta empresa.

Com a aprovação de Art e Carol, Alan adicionou a quarta prioridade à lista.

– Eu gostaria que documentássemos os Processos Fundamentais – sugeriu Carol em seguida.

Evan, Sue e Eileen confirmaram ter anotado o mesmo item, e a equipe aceitou acrescentar uma quinta prioridade. Várias outras sugestões foram feitas, mas a decisão final foi que alcançar essas cinco prioridades já tornaria o período de nove meses muito produtivo. Alan encerrou o exercício revisando o trabalho e obtendo o compromisso de cada líder com o Plano de 1 Ano.

PLANO DE 1 ANO

DATA FUTURA: 31/12/20XX
RECEITA: US$ 7,25 MILHÕES
MARGEM DE LUCRO: 5%
MENSURÁVEL: 20 PROJETOS @ US$ 100 MIL OU MAIS

- IMPLEMENTAR SOE
- EQUIPE DE VENDAS PCLC
- IMPLEMENTAR ESTRATÉGIA DE MARKETING
- CONTRATAR LÍDER DE OPERAÇÕES (PCLC)
- PROCESSOS FUNDAMENTAIS DOCUMENTADOS, SIMPLIFICADOS E SPT

– Com o Plano de 1 Ano concluído – recomeçou Alan –, podemos passar à próxima seção do OV/T: as Pedras Trimestrais. Analisando o Plano de 1 Ano e a Lista de Problemas, escrevam o que vocês veem como prioridades da empresa para os próximos noventa dias. Que obstáculos querem eliminar? A que ideias e oportunidades precisam se dedicar? Pensem bem para fazermos a lista.

Quando todos terminaram, Alan pediu para a equipe ler suas Pedras Trimestrais. Anotou cada Pedra potencial no quadro. Para surpresa geral, a lista foi bem mais curta do que a do Dia do Foco. Dessa vez havia apenas 18 Pedras potenciais.

Mais uma vez, Alan os guiou no processo de Manter, Eliminar e Combinar. Depois da primeira rodada, havia dez Pedras potenciais:

- TER FOCO NO MERCADO-ALVO
- PUBLICAR PROCESSO COMPROVADO
- AVALIAR NATALIE: PCLC?
- PROSPECTAR MAIS/MELHORES CLIENTES POTENCIAIS
- FECHAR TRÊS NEGÓCIOS "A"
- INTRODUZIR SISTEMA OPERACIONAL
- DOCUMENTAR PROCESSOS FUNDAMENTAIS
- PREENCHER LUGAR DE LÍDER DE OPERAÇÕES
- DEFINIR LUGARES DE RH/TI
- ADQUIRIR SOFTWARE DE GERENCIAMENTO DE PROJETOS

– É hora de afinar o foco – recomendou Alan. – Vamos dar mais uma passada. Se identificarmos algo que não seja uma prioridade crucial para o trimestre, precisamos Eliminar. Lembrem que o assunto não vai sumir: será uma Pedra de alguém específico ou transferido para a Lista de Problemas de outro trimestre.

Com essas palavras de orientação e incentivo, a lista passou a ter seis Pedras da empresa. Antes de ajudar a equipe a torná-las SMART, Alan lembrou que as Pedras obedecem ao prazo das Sessões Trimestrais. Em seguida, ajudou a estabelecer a Pulsação de Reuniões trimestrais.

– Como vocês podem ver pelo meu processo comprovado – explicou –, nós vamos nos encontrar quatro vezes por ano: três vezes para Sessões Trimestrais e uma para a Sessão de Planejamento Anual de dois dias. Vou orientar vocês na condução dessas reuniões enquanto precisarem de mim, até poderem fazer isso por conta própria. Então a pergunta de hoje é: quando esta equipe quer concluir o Plano Anual de 1 ano para o próximo ano?

Após uma breve discussão, a decisão foi realizar a Sessão de Planejamento Anual em dezembro, para que o plano da Swan para o ano seguinte pudesse ser implementado antes de 1º de janeiro. A partir daí, os líderes chegaram à conclusão natural de que as Sessões Trimestrais deveriam ocorrer em março, junho e setembro de cada ano.

– Isso significa que devemos agendar a próxima sessão para algum momento entre meados e final de junho – concluiu Alan. – Estão todos de acordo?

A equipe concordou, consultou agendas e definiu que a primeira trimestral seria em 24 de junho. Alan anotou a data no quadro e prosseguiu:

– Precisamos decidir onde devemos estar no final deste próximo trimestre para andar nos trilhos e alcançar os objetivos financeiros do ano. Então, Carol, Eileen, onde precisamos estar em 30 de junho para vocês sentirem que estamos nos trilhos para atingir uma receita de 7,25 milhões com um lucro líquido de 5%?

Depois de alguns cálculos rápidos, as duas líderes chegaram ao número de 3,5 milhões, com 5% de lucro líquido. Isso posicionaria a empresa para atingir a previsão do ano. Alan anotou esses números e pediu algumas contribuições sobre o mensurável fundamental. A equipe definiu que seriam oito projetos acima de 100 mil cada.

Seguindo com um item de cada vez, Alan fez a equipe assinalar as Pedras SMART e atribuir nomes às seis Pedras da empresa. Para isso, direcionou a atenção da equipe para a lista de ferramentas fundamentais e explicou o processo em detalhes.

– A maioria dos meus clientes introduz as ferramentas fundamentais em uma reunião com toda a empresa. Essa reunião costuma começar com a apresentação da visão. Sigam o OV/T uma seção de cada vez, começando pela declaração dos Valores Fundamentais. Isso revela ao pessoal quem vocês são, para onde estão indo e como planejam chegar lá. Em seguida, mostrem o Diagrama de Responsabilidades, que define a estrutura certa para a organização e o papel de cada um na realização da visão.

– E as outras ferramentas? – perguntou Eileen.

– As Reuniões de Nível 10, as Pedras e a Tabela de Desempenho normalmente são adotadas em um nível de cada vez na organização – respondeu Alan. – Vocês vêm aprendendo a usar essas ferramentas nos últimos sessenta dias. Quando todos estiverem preparados, poderão começar a realizar Reuniões de Nível 10 departamentais, com seus subordinados diretos. É possível que esses encontros sejam um pouco mais curtos do que as Reuniões de Nível 10 da liderança, e a pauta pode ser um pouco diferente, mas é importante manter a psicologia e a disciplina de uma autêntica Reunião de Nível 10.

– Então podemos começar quando nos sentirmos preparados? – perguntou Sue.

– Sim – respondeu Alan. – O que não queremos é ter cegos guiando quem não enxerga; isso faz mais mal do que bem. Vocês precisam se sentir confiantes para liderar essas reuniões.

– E quanto às Pedras e à Tabela de Desempenho para os departamentos? – perguntou Sue. – Nós as definimos por conta própria e apresentamos na primeira reunião?

– O que outros clientes meus descobriram que funciona melhor – começou Alan – é trabalhar *com* os subordinados para definir as Pedras departamentais e criar uma Tabela de Desempenho própria. Isso geralmente funciona da mesma forma que aconteceu no Dia do Foco. Você pede para os membros da equipe irem a uma Reunião de Nível 10 com uma Lista de Problemas que eles acham que o departamento precisa resolver nos noventa dias seguintes. Escreve todas as questões no quadro e a seguir conduz o exercício de Manter, Eliminar e Combinar, até todos concordarem com as prioridades do departamento para o trimestre. O grupo assinala as Pedras SMART, coloca-as numa Folha de Pedras departamental e revisa as Pedras do departamento e individuais semanalmente, como vocês têm feito.

– E a Tabela de Desempenho? – lembrou Sue.

– Funciona do mesmo jeito – respondeu Alan. – Quando você achar que a equipe está pronta, peça a cada membro que compareça a uma reunião com uma lista de números que fornecerão uma visão detalhada do departamento. Anote as sugestões de todos no quadro e faça uma primeira versão da Tabela de Desempenho do departamento.

– Entendi – disse Sue. – Nesse caso, eu estou pronta para fazer isso amanhã mesmo. Tudo bem?

– Isso depende da equipe – ponderou Alan. – O importante é que todos estejamos alinhados com *como* e *quando* vamos implantar essas ferramentas.

O consultor respondeu a algumas outras perguntas e analisou as opções. No final, os líderes decidiram apresentar o OV/T e o Diagrama de Responsabilidades em uma reunião com toda a empresa. Combinaram começar as Reuniões de Nível 10 departamentais em seguida, mas preferiram adiar as Pedras e a Tabela de Desempenho departamentais.

Com as Pedras da Empresa especificadas, Alan pediu para Sue, Eileen e Evan anotá-las.

PEDRAS TRIMESTRAIS:

DATA FUTURA: 24/6/20XX
RECEITA: US$ 3,5 MILHÕES
MARGEM DE LUCRO: 5%
MENSURÁVEL: 8 PROJETOS DE US$ 100 MIL OU MAIS

1. FOCO VENDAS E MARKETING NO MERCADO-ALVO	SUE
2. REP. VENDAS PCLC (NATALIE OU CONTRATAR ALGUÉM?)	SUE
3. FECHAR TRÊS NEGÓCIOS "A"	SUE
4. IMPLEMENTAR FERRAMENTAIS FUNDAMENTAIS SOE	EILEEN
5. PREENCHER LUGAR LÍDER DE OPERAÇÕES	EILEEN
6. IMPLANTAR SOFTWARE GERENCIAMENTO DE PROJETOS	EVAN

– Quando definirem as Pedras da empresa, vocês podem adicionar Pedras individuais – explicou Alan. – Lembrem que a regra é ter de três a sete Pedras, de preferência mais perto de três. Então, o que é mais importante realizar individualmente neste trimestre? Passem pela lista de Pedras potenciais que eliminaram e pela Lista de Problemas, e escrevam suas Pedras SMART para o trimestre.

Sue acabou ficando com cinco Pedras e escolheu "publicar o processo comprovado" e "fazer acordos especiais com vinte clientes estratégicos". Vic se comprometeu a ajudar nas Pedras de Sue e a concluir duas de suas próprias Pedras: "elaborar uma lista de 'relacionamentos-chave' e um plano para fortalecê-los" e "preparar um plano de eventos do setor para o próximo ano".

Eileen concordou em finalizar uma de suas Pedras do Dia do Foco: "concluir as renovações de linhas de crédito".

Ainda contrariada com a omissão de Evan para completar sua Pedra do Dia do Foco da empresa, Carol resistiu tanto a ficar com a Pedra "software de gerenciamento de projetos" que Evan acabou assumindo-a. No entanto, quando solicitada a definir suas Pedras individuais, ela listou alguns objetivos do departamento: "produzir demonstrativos de resultado mensais em até duas semanas, reduzir falhas de faturamento a zero e elaborar um orçamento de despesas de capital para o próximo ano fiscal".

– Eu vou ficar só com uma Pedra – disse Evan. Era evidente que tinha aprendido a lição do trimestre anterior.

– E quanto às Pedras que você não conseguiu concluir no último trimestre? – perguntou Carol. – Você não quer terminar alguma?

Evan se irritou, mas conseguiu manter a compostura. Estava prestes a se defender quando Eileen interveio.

– Acho que a Carol levantou um bom ponto, Evan – disse calmamente. – Eu adoraria ver você finalizar e implementar o sistema de rastreamento de erros e documentar o processo de gerenciamento de projetos. Se precisar de ajuda, posso colaborar.

– Tudo bem – respondeu Evan, tranquilizado pela lista de apenas duas Pedras extras e pelo oferecimento de ajuda. – Suponho que a gente possa transferir o enunciado dessas Pedras para a nova Folha de Pedras.

– Normalmente é assim que funciona melhor – observou Alan.

O consultor ia apagando as Pedras potenciais do quadro à medida que os líderes as selecionavam como Pedras individuais. Quando todos concluíram e Sue concordou em completar a Folha de Pedras (ver p. 211), restavam cinco itens. Alan leu um por um, perguntando à equipe se cada Pedra potencial precisava ser adicionada à Lista de Problemas. Pegou um marcador verde e transferiu "Documentar e Simplificar Processos Fundamentais" e "Definir lugares de RH/TI" para a lista bem grande de problemas.

– Isso nos leva à oitava e última pergunta sobre o OV/T – anunciou Alan. – Quais são os seus problemas? Mas primeiro quero voltar a algo que discutimos quando falávamos sobre compartimentar. Sei que foi um longo dia, mas vocês se lembram de quando eu disse que os problemas se enquadram em duas categorias?

– Sim – respondeu Sue, virando as páginas para verificar as anotações. – Você chamou de "problemas de longo prazo" e "problemas de curto prazo", certo?

– Exatamente – confirmou Alan. – Os problemas de longo prazo pertencem ao seu OV/T. É aquilo que você não precisa nem deseja abordar pelo menos até a próxima Sessão Trimestral. Nós os deixamos no OV/T porque não queremos nos preocupar com isso até nos reunirmos de novo em 24 de junho. Os problemas de curto prazo vão para a pauta da Reunião de Nível 10. São obstáculos ou oportunidades menores e mais urgentes que vocês consideram que devem ser resolvidos antes do final de junho. Faz sentido?

A maioria assentiu.

– Com isso em mente, vamos organizar a Lista de Problemas – continuou Alan. – Vou ler os cerca de trinta itens. Quando eu mencionar um problema, quero que a equipe diga uma das três opções. "Eliminar" significa que o problema será resolvido de vez quando concluirmos um objetivo do Plano de 1 Ano, uma Pedra da empresa ou uma Pedra individual. "OV/T" significa que é um problema de longo prazo com que vocês não querem se distrair até a próxima Sessão Trimestral. "Nível 10" significa que é um problema de curto prazo que precisa estar na agenda semanal. Ficou claro?

Alan começou a ler. Sempre que alguém gritava "Eliminar!" e ninguém protestava, Alan riscava a questão. À medida que o número de problemas resolvidos aumentava, os líderes ficavam mais animados com o progresso do dia. Quando a lista acabou de ser revisada, só restavam dez problemas. Alan tinha escrito "Nível 10" ao lado de três e "OV/T" ao lado de sete.

– Sue, por favor, transfira os problemas de Nível 10 para a agenda da reunião da próxima semana – continuou Alan. – Eileen, os problemas do OV/T devem ser adicionados a seu OV/T, junto com todo o trabalho que concluímos hoje. Vou dar instruções mais detalhadas em breve, quando discutirmos os passos seguintes. Antes, alguém tem alguma outra pergunta sobre a Lista de Problemas?

Alan respondeu a algumas perguntas táticas e concluiu a discussão resumindo os quatro compartimentos: Metas, Pedras, Tarefas e Problemas.

Agora vocês vão sair daqui com todas as peças móveis do negócio no compartimento certo – explicou. – O que vocês precisam fazer antes do fim do ano está no primeiro compartimento: as metas do Plano de 1 Ano. As prioridades para os próximos noventa dias estão no segundo compartimento: as Pedras. Vocês vão continuar usando o terceiro compartimento, as Tarefas, conforme concluírem as atividades de sete dias ao longo do trimestre. Todo o restante é problema, seja de longo prazo ou de curto prazo. Está tudo no devido lugar.

FOLHA DE PEDRAS TRIMESTRAIS DA SWAN SERVICES

Data futura: 24 de junho de 20XX   Receita: US$ 3,5 milhões   Lucro: 5%   Mensuráveis: 8 projetos de US$ 100 mil ou mais

PEDRAS DA EMPRESA	QUEM
1) Foco em vendas e marketing nos mercados-alvo	Sue
2) Representante de vendas PCLC (Natalie ou contratar novo?)	Sue
3) Fechar três negócios "A"	Sue
4) Implementar ferramentas fundamentais SOE	Eileen
5) Preencher lugar de líder de operações	Eileen
6) Implementar software gerenciamento de projetos	Evan
7)	

SUE	EVAN	CAROL
1) Foco vendas e marketing nos mercados-alvo	1) Implementar software gerenciamento de projetos	1) Esboço orçamento gastos de capital 20XX
2) Representante de vendas PCLC (Natalie ou contratar alguém?)	2) Implementar sistema de rastreamento de erros	2) Eliminar erros de cronograma
3) Fechar três negócios "A"	3) Documentar processo de gerenciamento de projetos	3) Produzir demonstrativos mensais de receita dentro de duas semanas
4) Fazer acordos especiais com vinte clientes	4)	4)
5) Publicar processo comprovado	5)	5)
6)	6)	6)
7)	7)	7)

EILEEN	VIC	
1) Implementar ferramentas fundamentais SOE	1) Criar uma lista de "relacionamentos-chave" e planejar como fortalecê-los	1)
2) Preencher lugar de líder de operações	2) Criar plano para eventos do setor para o próximo ano	2)
3) Renovar linhas de crédito	3)	3)
4)	4)	4)
5)	5)	5)
6)	6)	6)
7)	7)	7)

Ao terminar, vários estavam fazendo que sim com a cabeça em concordância. Agora que tinham concluído o OV/T, removido um número significativo de problemas da lista e encontrado um lugar adequado para todas as prioridades do negócio, o sistema de Alan ficava mais claro e completo. Ainda havia muito trabalho a fazer, mas quase todos na equipe se sentiam confiantes em relação ao que estava por vir.

Menos de uma semana depois, Eileen apresentaria o OV/T completo da Swan à equipe de liderança. (Ver OV/T nas pp. 214-215.)

Alan olhou o relógio e continuou:

– Estamos na reta final. Aqui estão os próximos passos importantes que os ajudarão a aproveitar todo o trabalho árduo feito até agora e a manter a energia à medida que avançamos no processo. Primeiro, implementem as ferramentas fundamentais descritas na Pedra da Eileen. Eileen, pegue o trabalho que concluímos hoje e preencha todas as seções do OV/T. Carol, leve cópias da Folha de Pedras preenchida para a próxima Reunião de Nível 10. Mantenham o foco na conclusão de suas Pedras. Tracem um plano, comecem cedo e mantenham-se nos trilhos durante o trimestre.

Após aguardar comentários, que não ocorreram, continuou:

– Eileen, eu gostaria de observar uma de suas Reuniões de Nível 10 neste trimestre. A essa altura, as reuniões já deveriam estar praticamente perfeitas, mas isso me permitirá ajudar vocês a resolver os detalhes finais. Por último, mas não menos importante, estou ansioso para ver todos aqui em 24 de junho para a primeira Sessão Trimestral. Vou entrar em contato com vocês duas vezes até lá, mas estou aqui para ajudar se for preciso.

Alan perguntou se havia alguma dúvida antes de concluir a sessão. Pediu aos líderes que anotassem suas respostas às três perguntas que eles já conheciam bem: feedback, expectativas e avaliação.

– Onde eu estava com a cabeça? – disse Evan de imediato. – Pela primeira vez desde que começamos este processo posso dizer que estou realmente animado. Se você me perguntasse isso seis horas atrás, eu teria respondido de modo diferente. Mas agora me sinto aliviado, otimista em relação ao futuro da empresa e confiante no meu papel. Minhas expectativas foram bem superadas. Dez.

– Me sinto um pouco sobrecarregada – começou Sue. – Estou com uma grande carga de trabalho neste trimestre e vim aqui me dizendo para ser mais conservadora. Mas estou feliz com a clareza que esse processo me trouxe e com o alinhamento para a equipe. Expectativas atendidas. Dez.

– Uau! – exclamou Vic, repetindo sua resposta da sessão anterior. – Hoje avançamos mais do que eu achava possível. Você nos ajudou em algumas situações complicadas e eu até cheguei na hora certa! Se isso não merece um dez, nada mais merece.

– Expectativas? – perguntou Alan, sorrindo.

– Ah, claro – respondeu Vic. – Atendidas e até superadas.

– Obrigado, Vic – disse Alan. – Eileen?

– Bem, eu raramente concordo palavra por palavra com o Vic – começou Eileen –, mas também escrevi "Uau". Esses dois meses foram notáveis, e estou admirada com quanto avançamos. Eu me sinto realmente orgulhosa de todos nesta equipe, especialmente da Carol, do Evan e do Art. Os três passaram por momentos difíceis durante o processo, e sou muito grata por todos vocês ainda estarem aqui, fazendo o melhor para nos ajudar a avançar. Ah, e Vic, é algo pequeno, mas obrigada por ser tão pontual nas últimas semanas. Significa muito para todos nós. Minhas expectativas foram amplamente superadas. Dez.

– Ótima reunião – disse Art quando Eileen terminou. – Vou sentir falta de fazer parte delas, mas gosto de para onde a equipe está indo e acho que eu e minha empresa ainda poderemos contribuir quando fizer sentido. Minhas expectativas foram atendidas, e também dou dez.

– Carol? – questionou Alan delicadamente. – Feedback?

– Do lado positivo, o Vic chegou *na hora* – ela brincou, abrindo um meio sorriso. – Essas reuniões ainda são muito longas para mim, mas hoje sinto que realmente trabalhamos muito. Acho que minhas expectativas foram atendidas porque concluímos a visão. Então, oito?

– Obrigado a todos por se abrirem e serem sinceros em todas as sessões – agradeceu Alan –, mesmo quando isso significou passar por momentos desconfortáveis ou enfrentar conflitos dolorosos. Todos devem se orgulhar do trabalho que realizaram como equipe. O progresso até agora é notável, e sou grato por terem me permitido participar. Mantenham-se focados, adotem as ferramentas fundamentais e façam deste um ótimo trimestre. Mal posso esperar para saber as novidades em junho.

ORGANIZADOR DE VISÃO/TRAÇÃO

Swan Services — TRI 03 20XX

VISÃO

VALORES FUNDAMENTAIS	1. Ser humildemente confiante 2. Crescer ou morrer 3. Ajudar em primeiro lugar 4. Fazer o que é certo 5. Fazer o que diz	**IMAGEM DE 3 ANOS** **Data futura:** 31 de dezembro de 20XX **Receita:** US$ 11 milhões **Margem de lucro:** 10% **Mensurável:** 50 projetos de US$ 100 mil ou mais Como vai ser? • 60 PCLC • Cultura vibrante • Forte equipe de vendas de oito pessoas • Novo escritório de vendas em um ou mais mercados grandes • Nova sede da empresa • Lugar PCLC interno em TI • Lugar PCLC em RH • Processo de recrutamento de desenvolvedor/AN/GP • 40% de receitas recorrentes
FOCO CENTRAL	**Paixão:** Construir uma grande empresa com grandes pessoas **Nicho:** Solucionar problemas reais com a tecnologia certa	
META DE 10 ANOS	US$ 40 milhões de receita com 15% de lucro líquido	
ESTRATÉGIA DE MARKETING	**Mercado-Alvo: "A Lista"** Diretores de TI ou CFOs de grandes empresas dependentes de tecnologia (saúde, serviços financeiros, educação) com mais de US$ 100 milhões em receita que atendam às seguintes características: • Sede acima do Meio-Oeste • Dispostas a buscar organizações de fora para solucionar problemas tecnológicos • Queiram uma relação de longo prazo com um parceiro estratégico, não com um fornecedor de baixo custo **Três singularidades:** 1. Somos gente de verdade e nos importamos com o cliente 2. Somos especialistas no uso de tecnologia para resolver problemas de empresas 3. Fazemos o que dizemos **Processo comprovado:** **Garantia:**	

ORGANIZADOR DE VISÃO/TRAÇÃO

Swan Services — TRI 02 20XX

TRAÇÃO

PLANO DE 1 ANO	PEDRAS		LISTA DE PROBLEMAS	
Data futura: 31 de dezembro de 20XX	**Data futura:** 24 de junho de 20XX		1.	Utilização de medidas
Receita: US$ 7,25 milhões	**Receita:** US$ 35 milhões		2.	Subcontratação temporária — Foco Central?
Lucro: 5%	**Lucro:** 5%			
Mensuráveis: 20 projetos de US$ 100 mil ou mais	**Mensuráveis:** 8 projetos de US$ 100 mil ou mais		3.	Raj PCLC
			4.	Bill PCLC
Metas para o Ano:	**Pedras para o Trimestre:**	**Quem**	5.	Terry PCLC
1. Implantar SOE	1. Foco em vendas e marketing no mercado-alvo	Sue	6.	Jennifer PCLC
2. Equipe de vendas PCLC			7.	Garantia
3. Implementar estratégia de vendas	2. Representante de vendas PCLC (Natalie ou contratar alguém?)	Sue	8.	
4. Contratar líder de operações PCLC			9.	
			10.	
5. Processos Fundamentais documentados, simplificados e SPT	3. Fechar três negócios "A"	Sue	11.	
			12.	
6.	4. Implementar ferramentas fundamentais de SOE	Eileen		
7.	5. Preencher lugar de líder de operações	Eileen		
	6. Implementar software de gerenciamento de negócios	Evan		
	7.			

CAPÍTULO 6

GRANDES MOVIMENTAÇÕES

Os sócios fundadores da Swan Services saíram do escritório de Alan animados com a nova visão clara e o plano para a organização, e otimistas quanto à capacidade da equipe de fazer acontecer. Vic estava eufórico – para ele, clareza e confiança eram suficientes. Mas para Eileen essas duas emoções positivas vinham acompanhadas por uma crescente consciência de que os próximos meses seriam os mais tumultuados de sua carreira. Conversou sobre essa preocupação com seu sócio no dia seguinte à última Sessão de Criação de Visão.

– Você não parece muito animada – comentou Vic enquanto tomavam café na sala de Eileen. – Você não sente que finalmente estamos construindo a empresa que sempre quisemos ter?

– Sim – respondeu Eileen, pensativa –, mas ainda há muito trabalho a ser feito!

– Entendo – concordou Vic. – Suas duas Pedras da empresa são bem pesadas, não é?

– Ah, moleza – brincou Eileen. – Eu só preciso implementar uma nova forma de operar a empresa e encontrar um novo líder de operações. Quer trocar de lugar? Essa história de ser visionário está parecendo bem interessante.

– Não, obrigado – disse Vic. – Mas eu gostaria de colaborar. Posso ajudá-la a se preparar para a implementação?

– Claro, sem dúvida vou aceitar – respondeu Eileen. – Mas há outro assunto sobre o qual eu queria falar com você.

– Diga lá – incentivou Vic.

– Acho que nós vamos substituir *dois* membros da equipe de liderança antes do fim do ano – explicou ela em voz baixa. – A Carol não vai dar conta.

– Sério? – perguntou Vic. – Eu senti que ela estava bem melhor ontem, você não acha?

– Ela está se esforçando – concordou Eileen. – Mas, mesmo assim, não acredito que vá durar. No fundo, acho que ela não se encaixa em nossa cultura. Tenho quase certeza de que vai sair por conta própria ou voltar aos velhos hábitos e nos forçar a tomar uma decisão. Precisamos de um plano de contingência, por precaução.

Os dois logo concordaram em entrevistar discretamente profissionais e empresas fornecedoras de serviços de gestão financeira. Assim, a Swan Services poderia contratar de imediato alguém capaz de ocupar o cargo de Carol em regime terceirizado de meio período caso ela saísse de repente.

Logo após Vic ter saído da sala de Eileen, Sue apareceu na porta.

– Você tem um minuto? – perguntou.

– Claro – respondeu Eileen. – Qual é sua preocupação?

– O lugar de líder de operações – explicou Sue. – Se você ainda não tiver um candidato em mente, acho que vale a pena avaliar uma pessoa da minha antiga empresa.

– Da Sensi-Tech? – perguntou Eileen. – Quem seria?

– Tom Bridgewater – disse Sue. – Ele chefia o que eles chamam de departamento de entregas desde antes de eu entrar lá. A equipe dele não é tão grande quanto a nossa, mas os gerentes de projetos, analistas de negócios e desenvolvedores da Sensi-Tech se reportam a ele há três ou quatro anos.

– E os gerentes de contas? – questionou Eileen.

– Não – respondeu Sue. – Eles se reportam ao diretor de vendas. Mas todo mundo na empresa, inclusive as equipes de vendas e gerenciamento de contas, o respeitam muito. As pessoas que se reportam a ele o adoram.

– Hum – murmurou Eileen. – Você acha que ele compartilha nossos Valores Fundamentais?

– Acredito que sim – respondeu Sue, sorrindo. – O nome do Tom surgiu na minha cabeça ontem à noite, a caminho de casa. Então peguei o Diagrama de Responsabilidades e a declaração dos Valores Fundamentais e fiz uma análise. Pela minha experiência, ele está muito *acima* da linha de corte.

– Parece uma boa ideia, Sue – disse Eileen, bem impressionada. – Só fico um pouco receosa porque não gosto de tirar talentos dos concorrentes.

– Entendo – concordou Sue –, mas dizem que o Tom está analisando opções. A Sensi-Tech estagnou em 3,5 milhões de dólares. Dependem de tecnologia antiga e estão focados num segmento de mercado sem muito potencial. O Tom é o tipo de líder que não gosta de ficar parado, por isso acredito que ele vai sair de qualquer jeito. Que tal eu tomar um café com ele para saber se é verdade? Se ele estiver contente, eu nem toco no assunto. Se perceber que pensa em sair, peço a ele que me mande o currículo.

– Tudo bem – concordou Eileen, ainda hesitante. – Enquanto isso, vou pensar um pouco mais sobre como definir a posição. Obrigada por me avisar.

– De nada – disse Sue e saiu.

Na Reunião de Nível 10 da semana seguinte, a equipe de liderança utilizou o método IDS para chegar a um plano de implementação mais específico das ferramentas fundamentais. Eileen saiu da reunião com uma tarefa: agendar uma reunião com toda a empresa em meados de maio. A equipe decidiu introduzir o OV/T e o Diagrama de Responsabilidades nessa reunião e informar os resultados do Analisador de Pessoas a cada colaborador logo em seguida. Sue e Carol planejavam começar a fazer Reuniões de Nível 10 nos seus respectivos departamentos antes da Sessão Trimestral no escritório de Alan, marcada para 24 de junho, mas decidiram adiar as Pedras e a Tabela de Desempenho de seus departamentos até depois da sessão seguinte.

Durante várias semanas, a equipe da Swan estabeleceu uma rotina consistente e focada. As Reuniões de Nível 10 transcorriam sem problemas, as Pedras de todos pareciam estar nos trilhos e os números da Tabela de Desempenho da empresa iam na direção certa. Eileen já tinha identificado diversos candidatos qualificados para o cargo de líder de operações, incluindo Tom Bridgewater. Por um momento, a integradora da Swan se permitiu pensar que a equipe tinha tomado um novo rumo, inclusive Carol.

Essa impressão se desfez às 17h30 de uma sexta-feira surpreendentemente quente no início de maio. Todos os funcionários sensatos da equipe da Swan já tinham saído para aproveitar o clima da primavera. Eileen estava arrumando seus pertences quando ouviu gritos vindos da sala de reuniões. Caminhando em direção à sala, identificou as vozes de Carol e Evan.

– Você nem estará encarregado da gestão de projetos daqui a três meses, Evan! – gritava Carol. – Se não está satisfeito com o software de gestão de projetos que recomendei, melhor deixar o novo VP de operações decidir!

– Isso é ridículo, Carol – reagiu Evan, tentando manter a calma. – A equipe concordou que a aquisição do software neste trimestre é uma prioridade. Fiquei responsável por essa Pedra, e até alguém novo ser contratado sou o titular do cargo de operações. Minha equipe testou o aplicativo que você recomendou e constatou que *não funciona para nós*! Não importa se o preço é bom!

– Entendi. Então talvez você devesse ter dedicado mais tempo a isso quando adquirir o software era *minha Pedra*! – queixou-se Carol enquanto Eileen se aproximava da sala.

– Ah, pelo amor de Deus, Carol – suspirou Evan. – Pela centésima vez, *sinto muito*!

– Oi, pessoal – disse Eileen entrando na sala. – Parece que o clima está um pouco tenso por aqui. Posso ajudar?

– Nós só estávamos conversando sobre minha Pedra – disse Evan, pouco à vontade.

– Não parecia exatamente uma conversa, Evan – retrucou Eileen. – Qual é o problema?

Os dois líderes começaram a falar ao mesmo tempo. Eileen tratou de acalmar os ânimos e os ajudou a chegar a um acordo sobre um plano para avançar com a Pedra do software de gestão de projetos. Carol deixou apressada a sala de reuniões, e Evan saiu logo depois, se desculpando com a chefe por tê-la envolvido no que ele chamou de uma "discussão boba".

Já passava das 18h30 quando Eileen foi para casa. Tinha planos de jantar no quintal com a família, mas já era tarde para isso. Por mais que tentasse esquecer, continuava pensando na discussão recente, cada vez mais irritada.

No fim de semana, Eileen e Vic conversaram brevemente sobre o incidente e combinaram de se encontrar logo cedo na segunda-feira para analisar o assunto mais a fundo.

– Eu teria demitido a Carol na hora – disse Vic um pouco alto demais ao entrar na sala de Eileen com dois cafés grandes.

– Fala baixo! – pediu Eileen. – Eu não gostei do comportamento de *nenhum* dos dois. Conflitos são inevitáveis, mas aquilo tinha um tom pessoal e meio desagradável.

– Sim, isso não é legal – disse Vic. – Tenho certeza de que o Evan poderia ter se comportado melhor, mas não consigo deixar de pensar que a Carol trouxe o isqueiro e a gasolina. Ela tem sido muito... muito *Carol* ultimamente.

– É mesmo? – perguntou Eileen. – Houve outros incidentes como esse, de que eu não fiquei sabendo?

– Sim – respondeu Vic. – Ela tem se comportado bem perto de *você*, mas voltou a ser a Carol de sempre quando alguém "menos graduado" quer ou precisa de algo.

– Por exemplo? – perguntou Eileen.

– Na quinta-feira passada ela e a Sue discutiram sobre o relatório de comissões – contou Vic. – Também mandou um e-mail rabugento para o pessoal do Evan sobre cronogramas "atrasados e imprecisos".

– Por que isso não está sendo discutido nas Reuniões de Nível 10? – perguntou Eileen.

– Boa pergunta – disse Vic. – Eu sei que a Sue está prestes a pôr a Carol na Lista de Problemas... ou na frente de um ônibus. Mas, para ser justo, a situação parece ter chegado a um ponto crítico recentemente. Até algumas semanas atrás, eu achava que a Carol estava se controlando bem depois da reunião com você.

Após essa breve conversa e com o apoio de Vic, Eileen decidiu tomar algumas medidas. Primeiro conversou em particular com Sue e depois com Evan, para obter mais detalhes sobre os incidentes mencionados pelo sócio. Anotou tudo e leu os e-mails de Carol para documentar minuciosamente como o comportamento da diretora de controladoria destoava dos Valores Fundamentais da Swan. Depois agendou uma nova reunião.

No dia seguinte, às quatro da tarde, Eileen começou o encontro revisando o confronto com Evan e os outros acontecimentos específicos que havia descoberto por meio de Vic. Usou o Analisador de Pessoas para ilustrar a incapacidade de Carol de abraçar consistentemente os Valores

Fundamentais da Swan. De início Carol se revoltou, mas depois ficou triste e retraída. No final, ela assinou o documento preparado por Eileen e saiu da sala sem dizer uma palavra. Eileen voltou para sua mesa, confiante de que a saga de Carol seria resolvida no mês seguinte.

Na outra semana, Alan visitou a Swan Services para presenciar a Reunião de Nível 10 da equipe de liderança. O encontro terminou quinze minutos antes do previsto para Alan fazer sua crítica positiva e construtiva. Ele deu dicas sobre manter o foco durante a seção de relatórios da reunião e para aprimorar o IDS, mas no geral ficou bem impressionado com o desempenho da equipe.

Depois Eileen pediu que Alan se reunisse com ela e Vic em sua sala. Eles comunicaram o plano de contingência para Carol e explicaram o que tinha acontecido no último mês. Eileen perguntou a Alan se chamar Vic para reuniões particulares para discutir questões delicadas, como a de Carol, era "permitido".

– Não apenas é permitido como muito recomendável – comentou ele. Vocês só vão se tornar uma grande equipe e uma grande empresa quando estiverem consistentemente alinhados. Isso é tão importante que meu sistema tem uma ferramenta chamada Reunião de Alinhamento. Sugiro que vocês dois comecem a fazer isso com regularidade. Esses momentos serão especialmente úteis porque contribuem para resolver quaisquer problemas que tiverem como proprietários, ou como visionário e integradora, sem levá-los para as reuniões da equipe de liderança. Se vocês dois não estiverem alinhados e formando uma frente unida, será quase impossível fazer com que todos remem na mesma direção.

A dupla concordou em agendar Reuniões de Alinhamento para a primeira segunda-feira de cada mês, às 15h30, começando na semana seguinte. Cada um viria com uma lista de problemas, colocaria tudo na mesa, estabeleceria as prioridades e os IDS. Alan explicou que eles poderiam ajustar a frequência dessas reuniões se precisassem de mais ou menos tempo juntos. Colocou-se à disposição se fosse necessário e deixou o escritório alguns minutos depois.

Após três semanas, Alan recebeu uma ligação de Eileen.

– A Carol pediu demissão hoje – informou.

– É mesmo? – disse ele. – Isso pegou você de surpresa?

– De jeito nenhum – respondeu Eileen. – Ainda assim, foi uma discussão penosa e difícil. Mesmo quando a Carol criticou a mim e o jeito como os processos funcionam na Swan Services eu me senti calma e certa de que aquilo era melhor tanto para ela como para a empresa.

– O que você quer dizer com "criticou"? – perguntou Alan.

– Ela desabafou comigo – contou Eileen. – Disse que nós nunca valorizamos o trabalho dela, que nunca vamos realizar nossa visão se não conseguirmos manter pessoas dedicadas como ela, que desperdiçamos tempo demais com visão e valores e dedicamos pouco tempo ao trabalho. Você sabe como é.

– Entendo – concordou Alan. – Já ouvi histórias semelhantes de outros clientes em várias ocasiões. Parece que você lidou com tudo de maneira tranquila.

– Sim – respondeu Eileen. – Ela se demitiu porque não se encaixava na cultura. Isso ficou claro antes mesmo de ela passar meia hora me dizendo como nossa cultura é "errada". Tenho certeza de que estamos muito melhor sem a Carol.

– Concordo – afirmou Alan. – Mas imagino que isso cria outro problema de pessoas.

– Sim – disse ela. – Mas, como o Vic e eu lhe contamos algumas semanas atrás, nós temos um plano. Eu assumirei o financeiro na ausência da Carol, e estamos contratando um diretor de controladoria temporário que vai se reportar a mim. Imagino que a substituição da Carol vai ser uma das Pedras do terceiro trimestre.

Alan parabenizou Eileen pela forma de lidar com o difícil problema de pessoas e desligou, ansioso para saber mais sobre a jornada da Swan Services na próxima sessão da equipe.

O MUNDO DE NOVENTA DIAS

Em 24 de junho a equipe de liderança da Swan entrou na sala de Alan para a primeira Sessão Trimestral. Alan cumprimentou cada líder calorosamente, começando por Sue. Vic chegou logo depois, curado da falta de pontualidade. Eileen entrou alguns minutos antes das nove.

— Bom dia, Alan — disse entusiasmada. — Gostaria de apresentar Tom Bridgewater, nosso novo vice-presidente de operações.

— Olá, Tom — disse Alan, apertando a mão do novo líder. — Já ouvi falar muito de você.

— Bom dia, Alan — respondeu Tom. — Também já ouvi muito sobre você e seu Sistema Operacional Empresarial, como pode imaginar.

— Mesmo assim você veio hoje! — exclamou Alan, provocando risos dos líderes que se acomodavam em torno da mesa de reuniões. — O Evan não vai participar?

— Não — respondeu Eileen. — Nós dois tivemos uma boa conversa ontem e concordamos que o Tom se integrou totalmente à equipe de liderança nas últimas semanas.

— Ótimo — respondeu Alan. — Parabéns a todos, especialmente ao Evan, por fazer a transição de modo tão tranquilo e eficiente. Como vocês sabem, nem sempre funciona assim.

Alan começou a Sessão Trimestral lembrando que os líderes tinham embarcado numa jornada para fortalecer os Seis Componentes Fundamentais do negócio. Desenhou o seguinte diagrama no quadro.

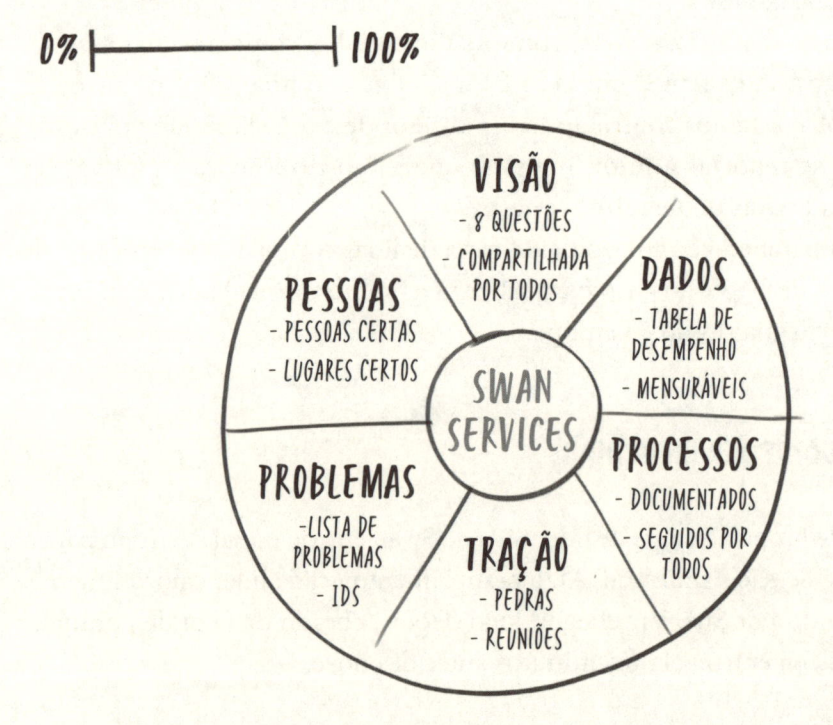

0% |————————| 100%

SWAN SERVICES

- **VISÃO**
  - 8 QUESTÕES
  - COMPARTILHADA POR TODOS
- **DADOS**
  - TABELA DE DESEMPENHO
  - MENSURÁVEIS
- **PROCESSOS**
  - DOCUMENTADOS
  - SEGUIDOS POR TODOS
- **TRAÇÃO**
  - PEDRAS
  - REUNIÕES
- **PROBLEMAS**
  - LISTA DE PROBLEMAS
  - IDS
- **PESSOAS**
  - PESSOAS CERTAS
  - LUGARES CERTOS

– Quando vocês ficarem 80% fortes ou melhores em cada um desses componentes – começou –, estarão administrando uma organização excelente. Como devem se lembrar, a jornada em que embarcamos para atingir esse objetivo funciona assim.

Apontou para um diagrama do Processo Comprovado no quadro.

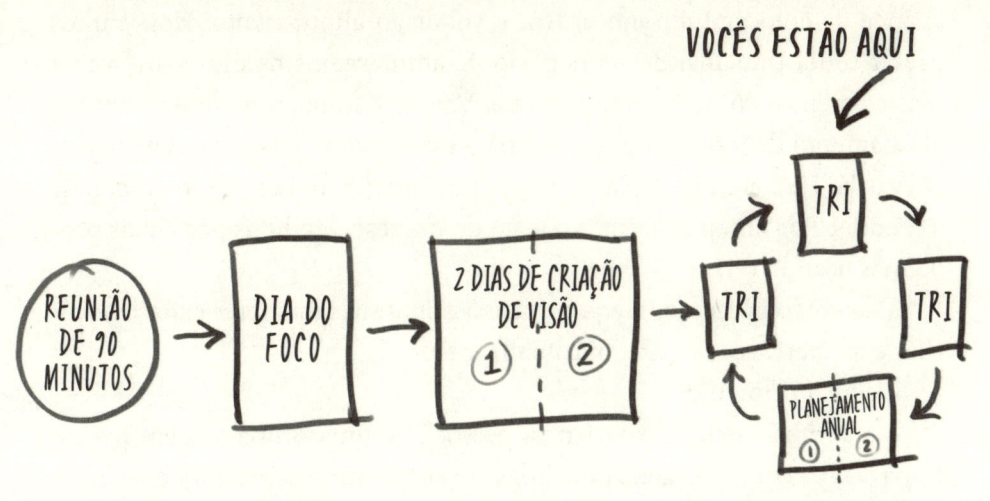

VOCÊS ESTÃO AQUI

REUNIÃO DE 90 MINUTOS → DIA DO FOCO → 2 DIAS DE CRIAÇÃO DE VISÃO ① ② → TRI → TRI → TRI → PLANEJAMENTO ANUAL ① ②

– Vocês estão aqui – disse Alan, apontando para o diagrama. – Neste estágio de nossa jornada juntos, o relacionamento é todo sobre execução.

Conduziu a equipe pelos objetivos e pela agenda:

OBJETIVOS
VISÃO CLARA
PLANO CLARO (ALINHADOS)
RESOLVER TODOS OS PROBLEMAS-CHAVE

AGENDA
CHECK-IN
REVISÃO 2º TRIMESTRE
OV/T
DEFINIR PEDRAS 3º TRIMESTRE
IDS
PRÓXIMOS PASSOS
CONCLUSÃO

– As Sessões Trimestrais ajudam vocês a criar aquele mundo de noventa dias sobre o qual temos falado – explicou Alan. – Vocês se dedicaram muito nos últimos noventa dias. Se forem normais, estão começando a se exaurir e a patinar. As situações se tornaram menos claras e mais complexas; vocês podem estar se sentindo frustrados uns com os outros. Esta é nossa chance de colocar tudo em ordem e voltar ao alinhamento. Hoje vamos passar o dia trabalhando *no* negócio. Examinaremos os últimos noventa dias e veremos como cada um se saiu. Vamos retomar a visão e garantir o alinhamento de todos em relação a para onde estão indo e como planejam chegar lá. Deixaremos o plano do próximo trimestre bem claro ao definir as Pedras. Por fim, passaremos o resto do dia resolvendo os principais problemas usando o IDS.

Alan então pediu que a equipe falasse sobre suas melhores experiências, suas expectativas e fizesse uma atualização.

Sue foi a primeira:

– A minha melhor experiência pessoal foi uma ótima viagem para o Napa Valley com o Roger. A melhor experiência profissional foi concluir a Pedra dos "três negócios 'A'".

Vic aplaudiu com entusiasmo, e a equipe o acompanhou. Sue sorriu.

– Colocar as pessoas certas nos lugares certos está funcionando – continuou. – Tem sido difícil e um pouco penoso, mas fizemos um grande progresso. Estamos ficando muito bons nas Reuniões de Nível 10. Nossos esforços de vendas e marketing estão mais focados, mas podemos continuar melhorando. O que não está funcionando? Ainda acho que não tenho tempo suficiente, e sei que outros membros da equipe sentem o mesmo. A transição de vendas para operações não está funcionando tão bem quanto poderia. Minhas expectativas para hoje são nos reencontrarmos e definirmos prioridades para o próximo trimestre.

– Obrigado, Sue – disse Alan. – Eileen?

– A melhor experiência pessoal? Até agora, assisti a todos os jogos de beisebol do Henry e do Charlie – contou. – Pode parecer trivial, mas é uma grande conquista para mim e deixa os meninos e meu marido, Dan, contentes.

– Isso é ótimo, Eileen – disse Alan, sorrindo.

– Arriscando insuflar o ego dele – continuou ela –, o melhor na área profissional foi contratar o Tom. Tivemos sorte de encontrar alguém para ocupar o lugar de líder de operações tão rapidamente, e ele já está a todo vapor. Tom se encaixa na cultura e compreendeu profundamente nossa situação em apenas quatro semanas. Fez um trabalho brilhante na coleta de informações de toda a organização. Ficou muito perto do Evan para conquistar a confiança dele e tudo funcionar plenamente.

Ela se permitiu um sorriso.

– Os dois são inseparáveis – prosseguiu. – Quando passo pelo escritório do Tom de manhã, eles estão revisando documentação de projetos ou escrevendo no quadro. O cenário é o mesmo quando saio à noite.

Uma semana antes, Eileen tinha ligado para Alan para discutir a participação de Tom e Evan na Sessão Trimestral. De início, ela achava que ambos deveriam comparecer para passar formalmente o bastão, mas a rápida adaptação de Tom a fez decidir que ele poderia ir sozinho. Teve, então, uma conversa em particular com Evan para informá-lo da decisão.

Embora Evan tenha parecido confortável com Tom e com sua saída da equipe de liderança, a conversa foi extremamente emocional. Contudo, as palavras e ações de Evan confirmaram que ele estava bem no novo papel de líder da equipe de desenvolvimento.

– O que está funcionando? – continuou ela. – A reunião de implementação correu bem. Temos alguns céticos, e houve uns olhares desdenhosos. Mas repetimos nossas mensagens sempre que podemos, e percebo que vamos conquistar os mais relutantes. Estou gostando muito do que está acontecendo em vendas: uma equipe mais alinhada e focada do que nunca.

Eileen fez uma breve pausa e continuou:

– O que não está funcionando é que agora estou ocupando dois cargos desde a saída da Carol. Contratamos um diretor de controladoria, mas ele ainda não entrou no ritmo. Então fiquei *sobrecarregada*. Minha expectativa é que tenhamos um plano claro para os próximos noventa dias capaz de resolver esse problema e continuar impulsionando o negócio.

Alan agradeceu e se dirigiu a Vic, pedindo que fizesse sua apresentação. O sócio falou sobre uma ótima viagem com a família, depois destacou Sue e a equipe de vendas como pontos positivos profissionais.

– O que está funcionando é esta equipe – continuou Vic. – Em uma dessas sessões, Alan, você disse que um dia nós iríamos adorar olhar nos olhos uns dos outros ao redor desta mesa, que nos sentiríamos confiantes indo à luta com cada membro da equipe de liderança. Pela primeira vez eu sinto isso aqui hoje. O que não está funcionando é que precisamos de pelo menos mais um líder, para minha sócia nunca mais precisar perder os jogos de beisebol dos filhos. Minhas expectativas coincidem com os seus objetivos: esclarecer mais a visão, ter um plano sólido para o trimestre e resolver problemas-chave.

– Obrigado, Vic – agradeceu Alan. – Tom?

– Obrigado, Alan – disse Tom. – Meus melhores momentos pessoais e profissionais são os mesmos: estar na Swan. Sou muito grato pela oportunidade de contribuir para esta empresa crescer. O que está funcionando, pelo que pude ver em um mês, é a visão clara. Também gosto muito das Reuniões de Nível 10, e isso é importante, já que na maior parte da minha carreira eu *odiei* reuniões! Na verdade, era raro haver reuniões regulares, nós só nos reuníamos em crises. O que eu adoro nas reuniões da Swan é que passamos o tempo resolvendo problemas antes de se transformarem em crises e evitando desastres iminentes. O outro aspecto que anotei como funcionando é o modo como a Swan se comunicou comigo durante o processo de contratação. Antes de me oferecerem o trabalho, eu já tinha uma compreensão clara de para onde a empresa está indo, como planeja chegar lá e exatamente qual seria meu papel em fazer isso acontecer. E os Valores Fundamentais... Bem, quando Eileen me ofereceu o emprego, foi quase como se não quisesse que eu aceitasse. Ela deixou claro que, se eu não me encaixasse perfeitamente nessa cultura, não teria sucesso. Deu para ver que ela estava falando sério!

– Isso é ótimo, Tom – comentou Alan, sorrindo. – Algo não está funcionando?

– Ainda é cedo – respondeu Tom –, mas acho que não estamos no tempo certo. Também anotei itens como "reuniões da equipe de operações", "faturamento" e "estimativas". Minhas expectativas são aprender um pouco mais sobre esse processo e enxergar um plano claro para os próximos noventa dias e o restante do ano.

Alan agradeceu a todos e falou sobre os próprios destaques. Em seguida, relembrou à equipe suas expectativas para cada sessão.

– Como sempre – explicou –, espero que todos se abram, sejam sinceros e receptivos ao que os demais têm a dizer. Nem sempre é necessário concordar, mas é preciso considerar outros pontos de vista. Se houver algo que queiram dizer, digam. Enquanto não colocarmos todos os problemas na mesa, não poderemos resolvê-los.

Concluído o check-in, Alan pediu a Eileen que distribuísse cópias da Folha de Pedras (ver p. 230) para cada líder e revisou-a junto com a equipe. Começando por Sue, Alan leu cada Pedra na íntegra.

– Vocês concluíram 63% das Pedras neste trimestre – resumiu Alan. – Lembrem-se que estamos em busca de uma taxa de 80%. Espero que o aprendizado deste trimestre os tenha tornado especialistas em definição de Pedras. Então, o que aprenderam?

– Menos é mais – respondeu Sue. – Consegui concluir três Pedras da empresa, e isso já foi *muito*. Foi bobagem ter me comprometido com outras duas.

– O que mais vocês aprenderam? – perguntou Alan. – Vic?

– Preciso começar pelo início do trimestre – respondeu Vic. – Principalmente em Pedras sobre as quais devo fazer pesquisas e formular um plano. Além disso, tenho que lembrar que sou responsável por ajudar nas vendas e gerenciar minhas próprias contas.

– Ótimo trabalho – comentou Alan. – Eileen, qual foi o segredo para concluir 100% das Pedras? Você não deve ter se divertido muito neste trimestre!

– Eu comecei cedo, mantive o foco e recebi muita ajuda da equipe – explicou Eileen. – Não foi fácil.

– Em seguida vamos revisar as métricas financeiras e outros mensuráveis fundamentais – continuou Alan após a discussão sobre as Pedras. – Faltando seis dias para o final do trimestre, vocês estão no caminho certo para atingir as metas do segundo trimestre?

– Com a Carol fora, não estamos muito atualizados sobre o faturamento – admitiu Eileen. – Mas diria que ficaremos um pouco aquém da meta de receita e alcançaremos os outros dois números.

– Vocês conseguem colocar a meta de receita de volta nos trilhos antes do fim do ano? – perguntou Alan.

FOLHA DE PEDRAS TRIMESTRAIS DA SWAN SERVICES

Data futura: 24 de junho de 20XX   Receita: US$ 3,5 milhões   Lucro: 5%   Mensuráveis: 8 projetos de US$ 100 mil ou mais

PEDRAS DA EMPRESA	QUEM	
1) Foco em vendas e marketing nos mercados-alvo	Sue	Feito
2) Representante de vendas PCLC (Natalie ou contratar novo?)	Sue	Feito
3) Fechar três negócios "A"	Sue	Feito
4) Implementar ferramentas fundamentais SOE	Eileen	Feito
5) Preencher lugar de líder de operações	Eileen	Feito
6) Implementar software gerenciamento de projetos	Evan	
7)		

SUE		EVAN (TOM)		CAROL (EILEEN)	
1) Foco vendas e marketing nos mercados-alvo	Feito	1) Implementar software gerenciamento de projetos	Feito	1) Esboço de orçamento e gastos de capital 20XX	Feito
2) Representante de vendas PCLC (Natalie ou contratar alguém?)	Feito	2) Implementar sistema de rastreamento de erros	Não	2) Eliminar erros de cronograma	Não
3) Fechar três negócios "A"	Feito	3) Documentar processo de gerenciamento de negócios	Não	3) Produzir demonstrativos de receita dentro de duas semanas	Feito
4) Concluir acordos especiais com vinte clientes estratégicos	Não	4)		4)	
5) Publicar processo comprovado	Não	5)		5)	
6)		6)		6)	

EILEEN		VIC			
1) Implementar ferramentas fundamentais SOE	Feito	1) Criar uma lista de "relacionamentos-chave" e planejar como fortalecê-los	Feito	1)	
2) Preencher lugar de líder de operações	Feito	2) Criar plano para eventos do setor para o próximo ano	Não	2)	
3) Renovar linhas de crédito	Feito	3)		3)	
4)		4)		4)	
5)		5)		5)	
6)		6)		6)	
7)		7)		7)	

– Com certeza – garantiu Sue. – Eu não estava muito confiante até fecharmos o terceiro negócio "A" neste trimestre como parte da minha Pedra. Isso ajudou muito, e a prospecção de vendas também parece promissora.

Então, neste momento, acho que estamos no ritmo certo para alcançar os números anuais.

– Maravilha – disse Alan. – Levando tudo em consideração, como cada um de vocês avaliaria os últimos noventa dias? Como a equipe se saiu na gestão da organização? Deem uma nota para o trimestre.

– Foram noventa dias *incríveis* – disse Vic prontamente. – Lidamos com dois problemas difíceis de pessoas. Estamos indo bem nas vendas. Pusemos nossos números de volta nos trilhos. O Tom foi uma ótima aquisição e o Evan fez um trabalho excelente ajudando na transição. Apesar de termos concluído só 63% das Pedras, estamos melhorando muito na previsão e na priorização. Então, um A mais.

– Obrigado, Vic – disse Alan.

Os outros não se mostraram tão entusiasmados. Sue deu um B e Eileen um B menos, mas todos concordaram que houve um progresso mensurável.

Após uma breve pausa, Alan pediu a Eileen que distribuísse as cópias completas do OV/T.

– O próximo item da pauta é revisar cada seção do OV/T – continuou Alan. – Precisamos garantir que estamos 100% alinhados quanto a para onde vocês estão indo e como planejam chegar lá.

VALORES FUNDAMENTAIS	1. Ser humildemente confiante 2. Crescer ou morrer 3. Ajudar em primeiro lugar 4. Fazer o que é certo 5. Fazer o que diz

Alan leu cada um dos Valores Fundamentais e pediu que a equipe respondesse "sim" ou "não" a duas perguntas: "Esses são os Valores Fundamentais da Swan Services?" e "Vocês os estão usando para contratar, demitir, avaliar, recompensar e reconhecer as pessoas?".

Os líderes logo responderam "sim" à primeira pergunta, e vários também disseram "sim" para a segunda. Vic hesitou.

– Acho que estamos usando para contratar pessoas, como o Tom confirmou no check-in – disse com cuidado. – Mas acho que *não* estamos compartilhando de modo consistente esses valores com a equipe atual. Deveríamos reiterar os valores com frequência, mas eu só expus a declaração uma vez, na reunião de lançamento. Usei partes aqui e ali, na Reunião de Nível 10 de vendas, e uma ou duas vezes com um funcionário. Mas posso melhorar, e imagino que o restante do grupo também possa.

– Você está certo – afirmou Eileen de imediato. Sue e Tom também assentiram.

– Isso parece um problema – observou Alan, acrescentando-o à lista, com a aprovação do grupo.

– Uma última pergunta na revisão dos Valores Fundamentais – continuou Alan. – Existem outros problemas de pessoas na Lista de Problemas? A esta altura do processo, é preciso citar nomes.

Um tanto surpresos, cada líder teve que pensar nas pessoas. Sue e Eileen instintivamente consultaram seus Diagramas de Responsabilidades.

– Debbie – disse Sue após um momento de reflexão. – A gerente de contas.

– Você acha que ela não compartilha os Valores Fundamentais? – perguntou Tom, um pouco na defensiva.

– Não sei bem – respondeu Sue. – Pode ser em relação a Valores Fundamentais, pode ser EQC. Só acho que algo não está muito certo. Os representantes de vendas se preocupam um pouco quando ela é designada para as contas deles.

– Isso parece um pouco duro – replicou Tom. – Você tem certeza de que o problema não está nos representantes?

Sue começou a responder, mas se conteve.

– Não, não tenho certeza – disse afinal. – Pode muito bem ser meu pessoal. Se vocês acharem que algum deles é um problema que ainda não está na lista, vamos colocar.

– Eu gostaria muito que você tivesse falado sobre isso comigo antes – disse Tom para Sue, contrariado com o modo como ela havia chamado a atenção para um de seus subordinados. Ele sempre lidava com problemas de pessoas a portas fechadas, e nunca na presença dos proprietários da empresa.

– Sinto muito, Tom – disse Sue sinceramente. – Eu não falei sobre a Debbie antes porque nunca me ocorreu que ela pudesse ser uma pessoa errada ou estar no lugar errado até agora. Ela pode estar acima da linha de corte; só acho que vale uma olhada mais de perto. Não é assim que funciona, Alan?

Alan concordou e ajudou Tom a entender.

– A cada trimestre vai haver pelo menos um problema de pessoas – explicou. – Nesse tipo de ambiente, eles surgem de repente, e a maneira certa de resolvê-los é registrar na lista e aplicar o IDS depois.

Tom pediu desculpas por sua reação defensiva, e a equipe continuou o exercício. Eles identificaram cinco problemas relacionados a pessoas, que foram adicionadas à lista. Assim, concluíram a discussão sobre os Valores Fundamentais. Em seguida Alan começou a revisão do Foco Central da Swan, e os líderes concordaram que a definição era precisa.

FOCO CENTRAL	**Paixão:** Construir uma grande empresa com grandes pessoas
	Nicho: Solucionar problemas reais com a tecnologia certa

– Estando todos de acordo sobre o Foco Central – explicou Alan –, o próximo passo é garantir que todas as pessoas, processos e sistemas da Swan estejam alinhados para impulsioná-lo com total consistência. Vocês estão usando o Foco Central como um filtro? Está ajudando vocês a se manter focados? Estão utilizando-o para diferenciar as melhores oportunidades em sua área de atuação?

Alguns membros da equipe assentiram, mas Tom se mexeu na cadeira e olhou ao redor da sala, apreensivo. Alan e Eileen perceberam de imediato.

– Abertamente e com sinceridade, Tom – incentivou Eileen, adiantando-se a Alan na abordagem.

– Bem – respondeu Tom com cautela –, eu já percebi que há uma questão sobre se a subcontratação temporária se enquadra no Foco Central na Lista de Problemas, então não sei se isso precisa ser discutido. Mas tenho algumas dúvidas sobre se ainda vamos prestar serviços de subcontratação temporária e de outros tipos que não se encaixam. Nós vamos trabalhar *só* com projetos que nos levem a resolver problemas reais com a tecnologia certa ou estamos licitando tudo que conseguirmos?

– A que negócios você se refere, Tom? – perguntou Sue. Agora foi a vez dela de se colocar na defensiva.

– Só alguns deles, Sue – esclareceu Tom. – Me vem à cabeça a proposta do Century Bank em que o Evan trabalhou com o Troy. E a Natalie queria propor uma tecnologia desatualizada para a Argosy Industries porque disseram a ela que seria o necessário para fechar o negócio. Lembra que nós falamos sobre isso, você e eu?

– Sim – concordou ela –, mas nós já resolvemos. Acho que estamos sendo muito bons em permanecer no Foco Central.

– Muito bons? – perguntou Eileen.

– Bem, sim – continuou Sue. – Quero dizer, todos nós estamos nos esforçando muito para identificar todas as oportunidades. Temos metas muito agressivas, e a equipe está sob uma tremenda pressão. Na verdade, gosto do fato de estarmos nos dedicando ao máximo e fazendo de tudo para conseguir mais negócios.

– Eu também – disse Vic. – Nosso problema *não* é uma equipe de vendas agressiva demais!

– Eu não disse isso – afirmou Tom, recuando. – Alan perguntou se nós estávamos usando o Foco Central como filtro. A Eileen pediu para ser sincero, então eu respondi à pergunta com base nas observações das últimas semanas. Não quis causar nenhum desconforto, mas acredito que seja uma questão a ser considerada.

Alan escreveu "Vendas fora do Foco Central" na Lista de Problemas, e a discussão sobre o Foco Central chegou ao fim. Em seguida fez uma rápida revisão da Meta de 10 anos, com a equipe confirmando prontamente seu compromisso de alcançar esse energizante objetivo de longo prazo.

META DE 10 ANOS	40 milhões de receita, com 15% de lucro líquido

– Sinceramente, é por isso que estou aqui – explicou Tom ao fim da discussão. – Na Sensi-Tech tínhamos estagnado, e sempre sonhei em fazer parte de uma equipe que construísse algo especial. Então, quando soube da visão da Swan, fiquei realmente empolgado. Quando olho para o OV/T, é isso que vejo em primeiro lugar. Continuo empolgado toda vez que faço isso.

Eileen abriu um largo sorriso. Em um comentário, Tom a lembrou da sorte da Swan em tê-lo encontrado e como o OV/T podia ser útil para esclarecer a visão da empresa para os atuais e os potenciais colaboradores. Alan deixou os comentários de Tom serem assimilados e passou para a Estratégia de Marketing.

ESTRATÉGIA DE MARKETING	**Mercado-Alvo/ "A Lista"** Diretores de TI ou CFOs de grandes empresas dependentes de tecnologia (saúde, serviços financeiros, educação, estatais) com mais de US$ 100 milhões ou mais em receita que atendam às seguintes características: • Sede acima do Meio-Oeste • Dispostas a buscar soluções de problemas tecnológicos fora da empresa • Queiram uma relação com um parceiro estratégico, não com um fornecedor de baixo custo **Três singularidades:** 1. Somos gente de verdade e nos importamos com o cliente 2. Somos especialistas no uso de tecnologia para resolver problemas de empresas 3. Fazemos o que dizemos **Processo Comprovado:** **Garantia:**

Alan começou lendo o mercado-alvo – uma descrição dos clientes potenciais ideais da Swan – exatamente como registrado no OV/T. A equipe concordou que os perfis demográficos, geográficos e psicográficos estavam "certos".

– Vocês estabeleceram "A Lista"? – perguntou Alan. – Passaram o mundo inteiro de clientes em potencial por um filtro e concentraram todos os esforços de vendas e marketing nessas empresas?

– Sim – respondeu Sue. – Isso foi minha Pedra. Ainda estamos trabalhando para qualificar empresas dessa lista. Aquelas com as quais estamos entrando em contato se encaixam no perfil demográfico e geográfico, mas precisamos fazer algumas perguntas antes de determinar se correspondem ao nosso perfil psicográfico.

– Quando elas não correspondem, vocês as tiram da lista? – perguntou Tom.

– Sim – disse Sue. – Na verdade, nós tivemos uma discussão acirrada sobre isso numa Reunião de Nível 10 do departamento de vendas. Francamente, a maioria de nós fica tão empolgada quando alguém atende o telefone ou retorna nossa ligação que é difícil tirar esses nomes da lista. Mas no fim a equipe concordou que cinco conversas agradáveis com *prospects* que nunca se tornarão clientes são um uso do tempo menos eficaz do que se conectar com um cliente potencial que vai comprar no futuro. Esse foco realmente começou a dar resultados positivos.

– Vocês incorporaram essas perguntas ao processo de vendas? – perguntou Alan.

– Começamos a fazer isso – continuou Sue. – Mas o processo de vendas não vai ser totalmente concluído e implementado neste trimestre.

Com a equipe comprometida com o mercado-alvo, Alan direcionou a atenção para as três singularidades.

Ele as leu e perguntou:

– Essas três singularidades, quando combinadas, explicam claramente por que vocês são diferentes e melhores do que a concorrência?

– Sim – respondeu Vic de imediato. – Comecei a usá-las na apresentação de vendas para responder à pergunta "Por que a Swan?".

– Como está funcionando? – quis saber Alan.

– Muito bem – disse Vic, sorrindo. – Para fazer um teste, no último trimestre a Sue e eu perguntamos a nossos três melhores clientes de que eles mais gostavam no trabalho conosco. Eles concordaram com esses três aspectos. Foi uma ótima validação e deixou os representantes de vendas da Sue mais confiantes em usá-las também.

– Foi um exercício excelente – aprovou Alan. – Na verdade, prescrevo essa abordagem quando meus clientes têm dificuldades com suas três singularidades.

– Mesmo depois de falar com os melhores clientes – continuou Vic –, usar os mesmos três pontos sempre não tem sido fácil para mim. Eu me sinto muito mais à vontade improvisando nas conversas. Mas constatei que descrever nossos diferenciais de maneira clara e concisa torna as apresentações de vendas muito mais curtas e melhores.

– Mais curtas? – perguntou Tom.

– É – confirmou Vic. – Eu costumava me alongar por dez minutos, tocando em pontos-chave aqui e ali, falando sobre nossa cultura, expertise, confiabilidade, agilidade, qualquer coisa que achasse que iria atrair o potencial cliente.

– Na verdade, estava mais perto de trinta minutos – brincou Sue. Vic riu, e a equipe também.

– Brincadeiras à parte – disse Sue –, as três singularidades ainda não são o fio condutor de todos os esforços de vendas e marketing, como você recomendou na última sessão. A equipe de vendas as usa regularmente, e nós estamos incluindo as singularidades nos novos materiais de marketing, mas nosso material mais antigo e o site ainda precisam ser alterados. Então continua sendo um problema.

Alan acrescentou "Usar as três singularidades como fio condutor?" à Lista de Problemas. Com isso, direcionou a atenção da equipe para a terceira parte da Estratégia de Marketing: o processo comprovado.

– Sue, publicar o processo comprovado foi uma das Pedras que você não concluiu no último trimestre, certo? – perguntou Alan.

– Certo – admitiu Sue. – Fiz alguns progressos e pretendo tornar isso uma Pedra do terceiro trimestre.

– E a garantia? – perguntou Alan sobre a quarta parte da Estratégia de Marketing.

– Isso está na Lista de Problemas. Não é a prioridade mais urgente no momento – respondeu Sue.

Depois de verificar que a equipe estava alinhada com a Estratégia de Marketing, Alan foi em frente:

– A esta altura sabemos quem somos com os Valores Fundamentais, o que somos com o Foco Central, para onde vamos com a Meta de 10 anos e como chegar lá com a Estratégia de Marketing. Agora avançamos para definir uma imagem clara do que a Swan será dentro de três anos.

> **IMAGEM DE 3 ANOS**
>
> **Data futura:** 31 de dezembro de 20XX
> **Receita:** US$ 11 milhões
> **Margem de lucro:** 10%
> **Mensurável:** 50 projetos de US$ 100 mil ou mais
>
> **Como vai ser?**
>
> - 60 PCLC
> - Cultura vibrante
> - Forte equipe de vendas de oito pessoas
> - Novo escritório de vendas em um ou mais mercados grandes
> - Nova sede da empresa
> - Lugar PCLC interno em TI
> - Lugar PCLC em RH
> - Processo de recrutamento de desenvolvedor/AN/GP
> - 40% de receitas recorrentes

Alan começou revisando os números com a equipe, dando a todos a chance de expressar se as metas de receita, lucro e mensuráveis-chave eram realistas. A equipe renovou seu compromisso com esses números.

– Agora, enquanto eu leio cada uma das metas específicas, prestem atenção em qualquer ponto sobre o qual vocês tenham dúvidas ou que considerem um problema – disse Alan. – Vamos falar mais sobre isso depois que eu tiver lido a lista completa. Aqui está como vocês disseram que a empresa estará dentro de três anos. É 31 de dezembro. Vocês acabaram de atingir uma receita de 11 milhões com 10% de lucro líquido. Fecharam cinquenta projetos no valor mínimo de 100 mil dólares. Estão com sessenta pessoas certas nos lugares certos; uma cultura vibrante; uma equipe de vendas sólida, composta por oito pessoas; e pelo menos um novo escritório de vendas em um ou mais mercados grandes. Vocês estão em uma nova sede. Os lugares de TI e RH estão preenchidos, o processo de recrutamento está funcionando e 40% da receita é recorrente. Todos vocês ainda consideram que essa é a Imagem de 3 Anos? Cada um continua comprometido em criar essa organização nos próximos dois anos e meio?

– Sim! – Vic respondeu entusiasmado, seguido por ressonantes respostas afirmativas dos outros líderes.

– Ótimo – observou Alan –, pois vocês são a equipe responsável por tornar isso realidade.

Com todos comprometidos em realizar a mesma visão, Alan se voltou para a página de tração do OV/T da Swan, e a equipe fez o mesmo.

– Agora podemos trazer a visão para o mundo real e focar no que realmente importa – explicou. – Nosso plano para o resto do ano.

Alan conduziu a equipe pelas metas de receita, de lucro e mensuráveis-chave elaboradas pela equipe na sessão anterior. Em todos os casos, os líderes concordaram que o número continuava preciso, viável e nos trilhos. Em seguida passou para as metas de um ano, lendo cada uma exatamente como estava escrita e fazendo três perguntas: "Ainda é uma meta?", "Está clara e cristalina?" e "Está nos trilhos?".

Em quase todos os casos, um ou mais líderes fizeram alguma pergunta sobre a meta antes de concordar que estava clara e cristalina. A equipe concluiu que a meta de "Processos fundamentais documentados, simplificados e SPT" estava fora dos trilhos.

PLANO DE 1 ANO

Data futura: 31 de dezembro de 20XX
Receita: US$ 7,25 milhões
Lucro: 5%
Mensuráveis: 20 projetos de US$ 100 mil ou mais

Metas para o Ano:

1.	Implantar SOE
2.	Equipe de vendas PCLC
3.	Implementar estratégia de vendas
4.	Contratar líder de operações PCLC
5.	Processos fundamentais documentados, simplificados e SPT
6.	

– Vocês conseguem pôr a meta nos trilhos com um esforço concentrado até o fim do ano? – perguntou Alan.

– Acho que sim – respondeu Eileen, que tinha levantado a questão. – Eu esperava ter feito mais até agora, mas com a entrada do Tom e a saída da Carol não aconteceu.

– Certo, vamos registrar isso como um problema para todos se lembrarem de que talvez precisemos agir neste trimestre para colocar essa meta nos trilhos – disse Alan, escrevendo "Meta de Processos Fundamentais fora dos trilhos" na Lista de Problemas.

– Agora que vocês estão 100% alinhados com o Plano de 1 Ano, isso deve ser prioritário e orientar todas as definições de Pedras, tomada de decisões e resolução de problemas hoje. Já revisamos as Pedras, então devemos nos concentrar na Lista de Problemas.

Alan apontou para o quadro.

Anotei esses problemas pendentes da sessão anterior. Vamos fazer uma revisão rápida para ver o que foi solucionado. Vou ler um problema de cada vez. Se vocês resolveram algum nos últimos noventa dias ou se algum desapareceu, basta me dizer "Tira" que eu apago. "Fica" significa que continua sendo um problema, e eu deixo na lista.

LISTA DE PROBLEMAS	
1.	Precisão no faturamento
2.	Tabelas de Desempenho e mensuráveis para todos
3.	Sue – tempo suficiente?
4.	Garantia?
5.	Definir lugar RH
6.	Definir lugar TI
7.	Tecnologia de nova geração
8.	
9.	
10.	
11.	
12.	

Alan passou rapidamente pela lista, limpando vários problemas.

– Com nossa revisão do OV/T concluída – explicou Alan –, chegou a hora de elaborar a Lista de Problemas de hoje. Por favor, dediquem cinco minutos a escrever todos os obstáculos, frustrações, ideias, perguntas e oportunidades não aproveitadas. Esvaziem a cabeça passando tudo para o papel.

Enquanto a equipe pensava e anotava, Alan, a partir do check-in e da revisão do OV/T, adicionou no quadro alguns novos problemas que ainda não constavam da lista.

Sue se ofereceu para começar e Alan foi dando a palavra aos demais até completar a Lista de Problemas. A lista acabou com 32 problemas para a Sessão Trimestral.

UTILIZAÇÃO DE MEDIDAS	DESPESAS DE VIAGENS
AUMENTO DA EQUIPE NO FOCO CENTRAL?	VENDER FORA DO FOCO CENTRAL
NATALIE PCLC	SUE – TEMPO SUFICIENTE?
NÚMEROS DE OPERAÇÕES NA TABELA DE DESEMPENHO	PROCESSO DE VENDAS
PRECISÃO NO FATURAMENTO	USAR TRÊS SINGULARIDADES COMO FIO CONDUTOR
SAÍDA DE CAROL – EILEEN EM 2 LUGARES	PUBLICAR PROCESSO COMPROVADO
RAJ – PCLC	GARANTIA?
BILL – PCLC	ART/EMPRESA – PCLC
KELLY – PCLC	PROCESSO DE GERENCIAMENTO DE PROJETOS
JENNIFER – PCLC	TRANSFERÊNCIA VENDAS PARA OPERAÇÕES
DEBBIE (GC) – PCLC	PROCESSO DE ESTIMATIVA
VISÃO COMPARTILHADA POR TODOS	DEFINIR LUGAR RH
COMUNICAÇÃO DE VALORES FUNDAMENTAIS	DEFINIR LUGAR TI
META DE PROCESSOS FUNDAMENTAIS FORA DOS TRILHOS	SATISFAÇÃO DO CLIENTE
TABELA DE DESEMPENHO E MENSURÁVEIS PARA TODOS	ATUALIZAÇÃO DE HARDWARE
FESTA DE FIM DO ANO	TECNOLOGIA DE NOVA GERAÇÃO

– Vamos fazer uma breve pausa – disse Alan quando a lista ficou completa. – Quando voltarmos, vamos para uma das etapas mais difíceis deste processo: deixar esses problemas de lado por um tempo. Temos questões mais importantes agora. Mas não se esqueçam que nosso objetivo final é resolver todos os problemas-chave antes de vocês saírem daqui hoje.

PEDRAS TRIMESTRAIS

– Com sua visão clara e a Lista de Problemas completa, chegou o momento de estabelecer as Pedras do Terceiro Trimestre – começou Alan depois do intervalo. Analisem o Plano de 1 Ano e a Lista de Problemas e elaborem uma lista com três a sete prioridades essenciais que a *empresa* precisa realizar nos próximos noventa dias. Pedras da empresa primeiro, Pedras individuais em segundo lugar.

Quando cada líder terminou sua lista, Alan contornou a mesa de reuniões da esquerda para a direita e registrou treze possíveis Pedras da empresa:

DOCUMENTAR PROCESSO DE VENDAS
PUBLICAR PROCESSO COMPROVADO
GARANTIA?
EQUIPE DE VENDAS: PCLC
CONTRATAR CFO
UTILIZAÇÃO DE MEDIDAS
MEDIR A SATISFAÇÃO DO CLIENTE
DOCUMENTAR PROCESSO DE GERENCIAMENTO DE PROJETOS
DEPARTAMENTO DE OPERAÇÕES: PCLC
TRANSFERÊNCIA VENDAS PARA OPERAÇÕES
PROCESSO DE ESTIMATIVA
TABELA DE DESEMPENHO E MENSURÁVEIS PARA TODOS
PLANO DE EVENTOS PARA O PRÓXIMO ANO

Após três rodadas de Manter, Eliminar e Combinar para priorizar as Pedras potenciais, a equipe fechou a seguinte lista:

> DOCUMENTAR PROCESSO DE VENDAS
> PUBLICAR PROCESSO COMPROVADO
> CONTRATAR CFO
> UTILIZAÇÃO DE MEDIDAS/SATISFAÇÃO DO CLIENTE
> DOCUMENTAR PROCESSO DE GERENCIAMENTO DE PROJETOS

Passando para uma parte do quadro que havia preparado para a Folha de Pedras do Terceiro Trimestre da Swan, Alan ajudou a equipe a determinar a data futura para essas metas ao agendar a Sessão Trimestral seguinte. Encarregou Eileen de prever as metas do terceiro trimestre para receita, lucro e mensuráveis. Em seguida ajudou a equipe a escrever as Pedras SMART, resultando no seguinte resumo:

PEDRAS DO TERCEIRO TRIMESTRE:

DATA FUTURA: 28/9/20XX
RECEITA: US$ 5,25 MILHÕES
LUCRO: 5%
MENSURÁVEL: 13 PROJETOS DE US$ 100 MIL OU MAIS

1. DOCUMENTAR E IMPLEMENTAR PROCESSO DE VENDAS — SUE
2. DEFINIR E PUBLICAR PROCESSO COMPROVADO DA SWAN — SUE
3. CONTRATAR CFO (PCLC) — EILEEN
4. COMPLETAR TABELA DE DESEMPENHO DEPARTAMENTO DE OPERAÇÕES (C/UTILIZAÇÃO E SATISFAÇÃO DO CLIENTE) — TOM
5. REFINAR E IMPLEMENTAR PROCESSO DE GERENCIAMENTO DE PROJETOS — TOM

O processo de priorização e anotação das Pedras envolveu várias discussões interessantes. Sue pressionou bastante para inserir a garantia na

Folha de Pedras da empresa, mas Eileen acreditava que uma decisão sobre garantias deveria ser tomada quando a Swan encontrasse seu novo CFO. Tom argumentou que "ter um controle sobre o departamento de operações" era uma prioridade crucial da empresa para o trimestre. Ele queria manter tudo na lista, mas Alan e a equipe o fizeram escolher algumas prioridades-chave.

A discussão mais interessante ocorreu durante a anotação da Pedra de Eileen para a contratação do CFO. Ela sugeriu "Contratar CFO (PCLC)", como havia escrito a Pedra do líder de operações no trimestre anterior.

– Você realmente acha que pode contratar o CFO ideal em três meses? – desafiou Vic. – E se não conseguirmos encontrar a pessoa certa?

– Ótima pergunta, Vic – observou Alan. – Contratações para a equipe de liderança muitas vezes levam mais de um trimestre. É uma questão de sorte: às vezes é possível encontrar um ótimo encaixe, como o Tom, na rede de contatos; outras vezes, mesmo procurando muito não se descobre a pessoa certa e o processo pode demorar até um ano. Tenham isso em mente ao escrever essa Pedra.

Seguiu-se um breve debate. Por um lado, Eileen e a Swan *precisavam* de um novo CFO nos noventa dias seguintes. A sócia pretendia concluir essa Pedra, mas sabia que poderia ser difícil encontrar a pessoa certa. Talvez devesse seguir o caminho seguro e escrever a Pedra de tal forma que pudesse ser considerada "feita" mesmo se após uma busca minuciosa o lugar não fosse preenchido.

– A verdade é que precisamos de um novo CFO até 28 de setembro – afirmou Eileen. – Não vai ser fácil, mas pretendo fazer tudo que estiver a meu alcance para isso acontecer. Prometo que não vou contratar a pessoa errada só para cumprir a Pedra, e assumo a responsabilidade se não conseguir. Mas escrever uma Pedra complexa apenas para me sentir melhor se eu errar não é a solução.

Alan anotou a Pedra exatamente como Eileen sugeriu. A equipe fez uma pausa e se preparou para o almoço.

Com as Pedras da empresa definidas e Eileen as registrando na Folha de Pedras, Alan em seguida direcionou a equipe para as Pedras individuais.

– Examinando os itens restantes – começou, apontando para a lista de Pedras potenciais e para a Lista de Problemas no quadro –, vamos tirar cinco minutos para pensar sobre o que é mais importante fazer no trimestre.

Essas três a sete prioridades, de preferência mais perto de três, serão suas Pedras individuais. Não se esqueçam de redigi-las como SMART.

Quando todos terminaram, Alan convidou o mais corajoso a ler sua lista completa. Pediu aos líderes que ouvissem atentamente e dessem feedback em dois aspectos: se eram as "Pedras certas" e se estavam elaboradas como SMART. Tom se ofereceu.

– Obrigado, Tom – disse Alan. – Estamos com suas duas Pedras da empresa no quadro; agora leia suas Pedras individuais.

– Eu escrevi "Corrigir transferência de vendas para operações" – falou. – E "Documentar processo de estimativa". É só o que tenho tempo de fazer no momento.

– Certo, Tom – assentiu Alan. – Eileen, Vic, Sue, além das duas Pedras da empresa do Tom, essas duas Pedras individuais são um bom uso do tempo dele durante o trimestre?

– São – respondeu Sue prontamente –, se você conseguir fazer tudo isso. Eu me concentraria em concluir bem as Pedras da empresa e deixaria as outras duas para o quarto trimestre.

– Concordo – comentou Vic. – Todos aprendemos da maneira difícil, Tom: menos é mais. Liderar o departamento de operações no dia a dia pode ser complicado e não deixar tempo para concluir as Pedras.

Tom refletiu sobre o feedback. Pensou em seu primeiro mês na Swan, com dias de dez horas de trabalho e idas ao escritório nos fins de semana. E nem teve uma Pedra. Olhou para Eileen, mas ela retribuiu o olhar como se confiasse que ele tomaria a decisão certa.

– Tudo bem – disse afinal. – Vou seguir o conselho de vocês e riscar o "processo de estimativa". Mas gostaria de manter a outra.

– Nesse caso, tente escrever isso de maneira um pouco mais clara – opinou Eileen. – Não é realmente SMART; não sei bem o que você pretende fazer para corrigir a transferência.

– Entendo – respondeu Tom. – A transferência acontece quando o vendedor conclui sua etapa e a equipe de operações, geralmente um gerente de contas e um gerente de projetos, assume a responsabilidade diária pelo relacionamento. É aí que as questões acabam caindo no esquecimento.

– Hum – murmurou Sue, pensando alto. – Digamos que eu esteja documentando o processo de vendas neste trimestre e você esteja documentando o processo de gerenciamento de projetos. E se você adicionasse "Documentar o processo de gerenciamento de contas" como sua Pedra individual? Assim nós podemos trabalhar juntos em todos eles para garantir que nenhum detalhe seja negligenciado durante a transição. Isso não resolveria o que está funcionando mal?

– Sim – respondeu Tom, começando a entender o valor de descrever bem as Pedras. – Acho que sim.

Tom riscou suas Pedras individuais originais e anotou a nova.

– Alguma Pedra individual, Sue? – perguntou Alan.

– Fechar três negócios "A" – respondeu ela – E, Vic, que fique registrado que estou contando com você para pelo menos um deles.

– Isso gera em mim uma dúvida, Alan – questionou Tom. – Está certo ter como uma Pedra algo que faça parte do trabalho de outro? Sem ofender, Sue, mas achei que estávamos contando com você e sua equipe para fechar três ou mais negócios "'A" por trimestre. Se vocês não conseguirem, nunca vamos atingir nossas metas de receita nem nossas métricas de clientes "A", certo?

– Boa pergunta, Tom – disse Alan. – A maneira mais simples de responder é perguntar a si mesmos se é uma das três a sete questões mais importantes que a empresa ou a pessoa precisa fazer no trimestre. Se for o caso, é uma Pedra, independentemente de quem seja o dono dela.

– Entendi – disse Sue, um pouco surpresa com o questionamento de Tom a sua Pedra. Ela tinha esquecido que Tom tendia a ser muito direto. – Sem dúvida é uma prioridade, então gostaria de deixar como uma Pedra. Talvez um dia fechar tantos negócios seja tão rotineiro que eu nem sinta assim, mas por enquanto acho que ajuda a me manter focada. Será que fica bem para você, Tom?

O sarcasmo de Sue não passou despercebido por Tom nem pelo restante da equipe. Era evidente que estava surgindo uma certa tensão entre os dois talentosos líderes.

– Para mim, tudo bem – disse Tom inocentemente. – Só estou tentando entender como o sistema funciona.

Eileen complementou:

– Faz sentido adicionar um negócio "A" mensurável à nossa Tabela de Desempenho? Ajudaria a manter o foco nesse número toda semana?

– Ótima ideia – respondeu Sue. – Eu poderia reportar o número de negócios "A" a cada semana.

– Vou acrescentar "Medida de negócio 'A' na Tabela de Desempenho" à Lista de Problemas – adiantou Alan. – Vamos discutir o assunto mais tarde. Mais alguma Pedra individual?

– Também escrevi "Resolver questão da Natalie PCLC" como uma Pedra individual. Ela voltou a ficar acima da linha de corte, mas por pouco – disse Sue. Até o final do próximo trimestre quero avaliar se ela é um bom encaixe ou se devo pôr alguém no lugar.

Alan balançou a cabeça em concordância, recebeu um feedback positivo da equipe sobre as Pedras de Sue e passou para Eileen.

– Reuniões com mais três clientes "A", e só – disse Eileen de maneira direta. – Ocupar dois postos na equipe de liderança já me sobrecarrega.

– Vic? – perguntou Alan após a equipe concordar com a Pedra de Eileen.

– Desenvolver um plano de eventos do setor para o próximo ano – leu Vic em sua lista. – É uma Pedra do último trimestre, que foi adiada.

– Algo mais? – perguntou Alan.

– Eu pretendo ajudar a Sue no processo de vendas – explicou. – Isso é uma Pedra individual para mim?

– Minha recomendação é não duplicar as Pedras – respondeu Alan. – Lembre-se que só uma pessoa pode liderar uma Pedra, e nesse caso é a Sue. Se ela precisar de ajuda, você terá que reservar um tempo para isso. Ela não vai deixar você esquecer se precisar de ajuda. Mas não escreva a mesma Pedra de novo, pois gera complexidade e confusão.

Alan pediu o feedback para a Pedra de Vic.

– Eu estou com uma Pedra que gostaria que você assumisse no próximo trimestre – sugeriu Eileen.

– Você está me *integrando*? – perguntou Vic, sorrindo.

– Estou – respondeu Eileen sem hesitar. – Supondo que esteja disposto a ser integrado. Gostaria que você criasse um plano para compartilharmos nossa visão com todos. Acredito que isso vai resolver dois itens na Lista de Problemas: "Visão compartilhada por todos" e "Comunicação dos Valores Fundamentais". Faz sentido?

– Adorei – respondeu Vic. – Vou anotar "Desenvolver e implementar plano para compartilhar a visão com todos".

– Perfeito – considerou Eileen.

Com o exercício de definição das Pedras concluído, Eileen pediu a cada líder que mandasse por e-mail suas Pedras individuais até sexta-feira, pois queria concluir a Folha de Pedras do Terceiro Trimestre antes da próxima Reunião de Nível 10.

Antes de prosseguir, Alan tinha mais uma tarefa: limpar as Pedras potenciais e os problemas do quadro.

Percorreu as Pedras potenciais, apagando tudo que havia sido assumido ou combinado como Pedra da empresa ou individual do trimestre. Isso deixou como problemas somente "processo de estimativa" e "Tabela de Desempenho e mensuráveis para todos". No fim, Alan reduziu a Lista de Problemas, eliminando tudo que havia sido resolvido ou que seria resolvido quando as Pedras do terceiro trimestre fossem concluídas. Restaram os seguintes problemas:

SUBCONTRATAÇÃO NO FOCO CENTRAL?	VENDER FORA DO FOCO CENTRAL
PRECISÃO NO FATURAMENTO	NEGÓCIOS "A" MENSURÁVEIS
RAJ – PCLC	SUE – TEMPO SUFICIENTE?
BILL – PCLC	GARANTIA?
KELLY – PCLC	ART/EMPRESA – PCLC
JENNIFER – PCLC	USAR TRÊS SINGULARIDADES COMO FIO CONDUTOR
DEBBIE (GC) – PCLC	
META DE PROCESSOS FUNDAMENTAIS FORA DOS TRILHOS	PROCESSO DE ESTIMATIVA
	DEFINIR LUGAR RH
TABELA DE DESEMPENHO E MENSURÁVEIS PARA TODOS	DEFINIR LUGAR TI
	ATUALIZAÇÃO DE HARDWARE
FESTA DE FIM DO ANO	TECNOLOGIA DE NOVA GERAÇÃO
DESPESAS DE VIAGENS	

– Agora temos cerca de quatro horas para resolver todos os seus maiores problemas. É o momento que eu estava esperando – disse Alan. – Ver vocês resolvendo problemas no seu habitat natural.

Os líderes riram e fizeram uma rápida pausa, ansiosos pela primeira sessão trimestral de resolução de problemas. Eileen não via a hora de saber como Alan facilitaria o IDS. Tinha certeza de que essa experiência melhoraria seu desempenho nas Reuniões de Nível 10. Também acreditava que seria bom para Sue e Tom liderar as reuniões de Nível 10 de seus departamentos.

A cabeça de Tom fervilhava. Em apenas um dia com Alan e a equipe da Swan, ele já tinha passado mais tempo trabalhando no negócio do que no último ano na Sensi-Tech. Começou a entender por que sempre se sentiu estagnado no emprego anterior e por que aquela equipe parecia estar sempre em alta velocidade. Além disso, ficou impressionado com a sensação de conforto e a possibilidade de se abrir na reunião. Não havia vacas sagradas nem silêncios constrangedores – era apenas um grupo de pessoas competentes que gostavam umas das outras e trabalhavam juntas para superar desafios e construir algo maior.

RESOLUÇÃO

A sessão foi retomada às 13h30. Com um apontador vermelho, Alan direcionou a atenção da equipe para a Lista de Problemas e leu cada item.

– Como sempre – explicou –, o primeiro passo do IDS é priorizar. Vamos escolher os três problemas mais importantes desta lista.

– Meta de Processos Fundamentais fora dos trilhos – disse Eileen.

Alan escreveu "Nº 1" ao lado do problema e esperou. Alguns segundos se passaram.

– Alguém tem uma prioridade número dois? – perguntou. Alguém pode dar um palpite rápido? Isso nunca deve demorar mais de trinta segundos.

– Vendas fora do Foco Central? – sugeriu Vic.

– Mensurável de negócios 'A' – acrescentou Sue.

Alan escreveu "Nº 2" ao lado do problema de Vic e "Nº 3" ao lado do de Sue.

– Problema número um, Meta de Processos Fundamentais fora dos trilhos – prosseguiu Alan. – Eileen, você mencionou isso como uma prioridade máxima; qual é o problema?

– Nós já temos algumas Pedras relacionadas ao Processo Fundamental neste trimestre – explicou ela –, por isso eu me pergunto se ainda é um problema ou se devemos fazer algo diferente para pôr essa meta de um ano de volta nos trilhos.

– Entendido. Obrigado, Eileen – disse Alan. – Todos concordam que esse é o problema?

Os outros líderes assentiram.

– Ótimo – disse Alan. – Vocês devem lembrar que existe uma ferramenta para documentar Processos Fundamentais: o Documentador de Processos em Três Passos. Acredito que a melhor maneira de resolver esse problema é eu explicar a ferramenta para vocês saberem que trabalho precisa ser executado antes de poderem considerar essa meta "feita" até o fim do ano. Certo?

Alan começou a escrever no quadro enquanto falava.

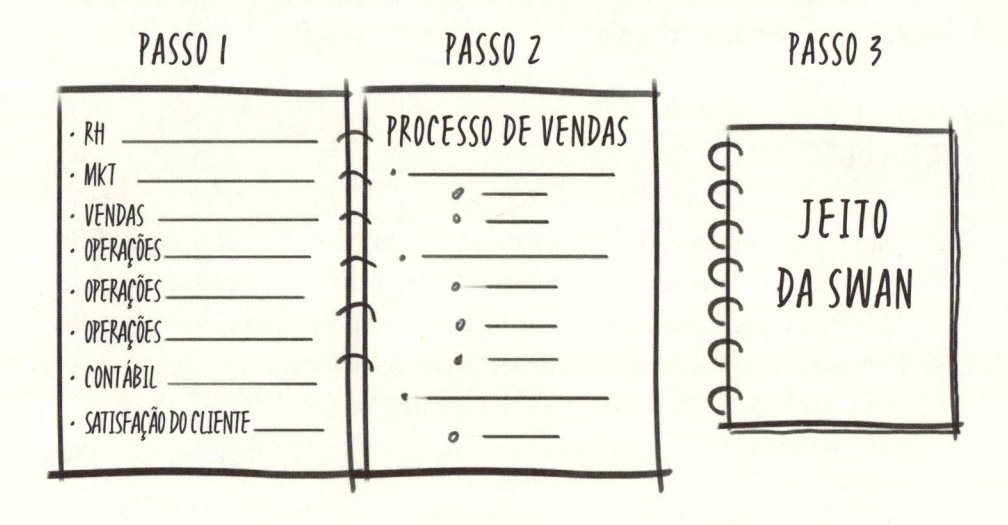

```
    PASSO 1                PASSO 2              PASSO 3

  • RH _____         PROCESSO DE VENDAS
  • MKT _____          • _____
  • VENDAS _____         ○ _____           JEITO
  • OPERAÇÕES _____      ○ _____           DA SWAN
  • OPERAÇÕES _____    • _____
  • OPERAÇÕES _____      ○ _____
  • CONTÁBIL _____       ○ _____
  • SATISFAÇÃO DO CLIENTE _____
                         • _____
```

– O primeiro passo no Documentador de Processos em Três Passos é simplesmente colocar todos vocês alinhados em relação a seus Processos Fundamentais e a como eles são chamados. O segundo passo é documentar cada processo em alto nível. Em uma a dez páginas, e quanto mais perto de uma página melhor, vocês identificam as *principais* etapas do processo. Essa abordagem documenta os 20% que resultam em 80% dos resultados. Definimos os principais passos com alguns detalhes em tópicos. Isso se torna mais um guia de treinamento de alto nível do que um manual detalhado de POP (procedimentos operacionais padrão). Garante que todos concordem sobre como o processo deve funcionar e a maneira como desejam que seja feito. Vocês também vão descobrir redundâncias e complexidades que podem ser eliminadas e simplificadas. Depois que seus Processos Fundamentais estiverem documentados, o terceiro passo é compilá-los e colocá-los num manual ou em um local compartilhado. Isso se torna um modelo de negócio exclusivo, o jeito de fazer negócios da Swan Services. Quando estiver concluído, vocês podem começar a treinar todos os funcionários em cada processo, desenvolver números para a Tabela de Desempenho e mensuráveis individuais relacionados e, em última instância, garantir que estejam sendo seguidos por todos.

– Fico realmente contente por termos priorizado isso – disse Eileen –, porque começamos com o segundo passo sem realmente ter realizado o primeiro.

– Exatamente – concordou Alan, sorrindo. – É preciso entender e concordar com o panorama geral antes de começar a documentar os processos e procedimentos. A boa notícia é que podemos fazer isso agora mesmo.

– Então vamos nessa – disse Eileen. Os demais concordaram.

– Os Processos Fundamentais são aqueles que fazem o negócio funcionar – lembrou Alan à equipe. – Toda empresa tem, por exemplo, um processo de RH, um processo de marketing, um processo de vendas e um ou mais processos operacionais sobre como criar seus produtos, entregar seus serviços e atender aos clientes. Toda empresa tem um processo de contabilidade, e muitas têm um processo de retenção de clientes para medir e manter a satisfação. São esses processos abrangentes e de alto nível que estamos buscando aqui. Dediquem alguns minutos a fazer uma lista dos Processos Fundamentais da Swan Services.

Quando a equipe concluiu a tarefa, Alan escreveu os potenciais Processos Fundamentais de cada líder no quadro, o que resultou na seguinte lista:

PROCESSO DE RH
PROCESSO DE MARKETING
PROCESSO DE VENDAS
PROCESSO DE ESTIMATIVAS
PROCESSO DE GERENCIAMENTO DE CONTAS
PROCESSO DE GERENCIAMENTO DE PROJETOS

PROCESSO DE ANÁLISE DO NEGÓCIO
PROCESSO DE DESENVOLVIMENTO
PROCESSO DE REALIZAÇÃO DE PROJETOS
PROCESSO DE REGISTRO DE PRAZOS
PROCESSO DE COBRANÇA
PROCESSO CONTÁBIL
PROCESSO DE REVISÃO DE PROJETOS
PROCESSO DE SATISFAÇÃO DO CLIENTE

Alan em seguida orientou algumas discussões. Percorreu a lista item por item, perguntando: "Isso é mesmo um dos Processos Fundamentais?"

Durante o exercício, os líderes começaram a entender que muitas sugestões eram na verdade passos importantes de um Processo Fundamental num nível mais alto. Como era de esperar, grande parte do debate girou em torno da transferência de vendas para operações e do número e especificidade dos processos operacionais. A equipe chegou a uma lista que cada líder concordou que definia o jeito de operar da Swan Services:

PROCESSO DE RH
PROCESSO DE MARKETING
PROCESSO DE VENDAS (INCLUINDO ESTIMATIVAS)
PROCESSO DE GERENCIAMENTO DE CONTAS (INCLUINDO SATISFAÇÃO DO CLIENTE)
PROCESSO DE REALIZAÇÃO DE PROJETOS (INCLUINDO AN, GP, DESENVOLVIMENTO E REVISÃO DE PROJETO)
PROCESSO CONTÁBIL (INCLUINDO REGISTRO DE PRAZOS E PROCESSOS CONTÁBEIS)

– Maravilha! – exclamou Alan. – Agora é importante que todos vocês comecem a se referir aos Processos Fundamentais usando essas palavras. Essa disciplina vai poupar centenas de horas por ano em comunicação equivocada. Usar a mesma linguagem como equipe de liderança é uma força. O trabalho que acabamos de fazer também afeta duas de suas Pedras neste trimestre. Tom, sua Pedra de processo de gerenciamento de projetos acabou de se expandir consideravelmente. Precisamos decidir o que fazer. Você vai documentar todo o processo de realização de projetos neste trimestre, adiar por um trimestre ou reescrever a Pedra?

Após um breve debate, Tom concordou em documentar todo o processo de realização de projetos e Sue resolveu incluir um ou dois passos na Pedra do processo de vendas para abordar as estimativas. Eileen revisou a Pedra da empresa e Alan deu continuidade à sessão para concluir o primeiro passo do Documentador de Processos de Três Passos.

– Depois de Sue e Tom concluírem suas Pedras, ainda ficarão faltando quatro Processos Fundamentais para documentar este ano. Vocês gostariam de adicioná-los à Lista de Problemas ou o objetivo de planejamento de um ano será o lembrete de que precisam para priorizá-los no próximo trimestre?

– Acredito que o objetivo será um lembrete suficiente, apesar do trabalho que teremos pela frente – disse Eileen.

– Então, todos acreditam que o problema foi resolvido? – perguntou Alan, preparando-se para apagar "Meta dos Processos Fundamentais fora dos trilhos" da Lista de Problemas.

– Sim – respondeu a equipe em uníssono, sorrindo.

– Então vamos passar para o segundo problema – continuou Alan. – Vic, qual é o problema?

– É o que o Tom levantou antes – respondeu Vic. – Ainda estamos vendendo terceirização, mesmo concordando que está fora do Foco Central, e aparentemente temos alguns representantes de vendas tentando vender outros tipos de projeto fora do nosso ponto forte, usando tecnologia desatualizada, esse tipo de coisa.

Tom assentiu para indicar que Vic tinha entendido perfeitamente.

– Então o que estamos tentando resolver? – perguntou Alan. – Vamos nos aprofundar e identificar o problema.

– Nós não definimos claramente para a equipe de vendas o que eles podem e não podem vender – respondeu Vic. – Então ainda estamos vendendo fora do Foco Central conforme definido no OV/T.

– Todos concordam que esse é o problema? – perguntou Alan, e todos responderam que sim.

– Então vamos debater – disse ele e pediu aos líderes que pegassem seus OV/T para terem o Foco Central visível durante o IDS.

FOCO CENTRAL	**Paixão:** Construir uma grande empresa com grandes pessoas **Nicho:** Solucionar problemas reais com a tecnologia certa

– Quando vocês falam sobre uma direção clara para a equipe de vendas, o que querem dizer? – continuou Alan.

– Como o Tom mencionou, parece que estamos vendendo ou licitando fora do Foco Central sob dois aspectos – disse Sue. – O primeiro é estarmos prestando serviços de subcontratação temporária, e o segundo é que às vezes licitamos projetos que exigem a tecnologia errada. Certo, Tom?

– Isso mesmo – concordou Tom.

– O segundo é fácil – prosseguiu Sue. – Simplesmente não devemos fazer isso, ponto final. Pretendo incorporar essa regra fundamental ao processo de vendas neste trimestre.

– Perfeito – disse Tom.

Eileen e Vic concordaram.

– A subcontratação temporária é um pouco mais difícil – continuou Sue. – Nossos relacionamentos atuais nos conhecem como uma fonte de talentos em tecnologia para suas equipes. Além disso, temos uma reputação no mercado, e há anos usamos isso nas propostas para clientes em potencial. A teoria sempre foi que clientes que usam subcontratação temporária podem ser convertidos em clientes "A" para outros projetos. Então eu gostaria de propor um passo intermediário.

– Sou toda ouvidos – disse Eileen.

– Proponho só usar a subcontratação temporária como um valor agregado ocasional para clientes "A" que nos contratam para trabalhos dentro do Foco Central. No esboço atual do processo de vendas há uma etapa de qualificação que nos ajuda a filtrar os clientes potenciais interessados principalmente em subcontratação temporária. Também desenvolvemos um plano para entrar em contato com todos os clientes atuais numa tentativa de apresentar outros serviços e convertê-los em clientes "A".

– Gostei da proposta – afirmou Tom –, e me desculpe se pareço um cara clássico de operações, mas gostaria de ser mais específico. Palavras como "principalmente" e "ocasional" me assustam, sobretudo quando usadas por alguém da área de vendas.

Tom sorriu ao dizer isso, mas Vic e Sue pareceram surpresos e um pouco ofendidos com o comentário.

– Isso foi um pouco duro, não? – comentou Eileen, na defensiva.

– Não me leve muito a sério – explicou Tom. – Sou um desenvolvedor de softwares tentando ser engraçado e errando o alvo.

A equipe riu, dissipando a tensão.

Alan então conduziu um debate para trazer mais clareza ao processo de vendas e a equipe chegou às seguintes conclusões:

- A equipe de vendas nunca enfatizaria um trabalho de subcontratação temporária e nunca o mencionaria como um dos serviços da Swan numa apresentação.
- As oportunidades de subcontratação temporária seriam limitadas aos clientes existentes.
- Propostas de subcontratação temporária que representassem mais de 30% dos gastos anuais de um cliente existente exigiriam a aprovação da equipe de liderança.

– Resolvemos esse problema? – perguntou Alan.

Vic, Eileen e Tom concordaram, mas Sue não estava convencida.

– Sim – disse afinal. – Acho que vamos ter de considerar essa mudança no planejamento de bônus do próximo ano, mas não precisamos abordar isso hoje.

Alan adicionou "Planejamento de Bônus em Vendas" à Lista de Problemas e apagou "Vendas fora do Foco Central". A seguir passou para o terceiro problema.

– Medição de negócios "A" – prosseguiu. – Qual é o problema, Sue?

– O que discutimos antes quando estávamos definindo as Pedras – lembrou Sue à equipe. – Gostaria de usar o IDS adicionando uma ou mais métricas de negócios "A" à Tabela de Desempenho da equipe de liderança e/ou do departamento de vendas.

Após uma rápida sessão de IDS, Eileen assumiu a tarefa de adicionar "negócios 'A'" à Tabela de Desempenho da equipe de liderança. Sue concordou em adicionar o mesmo número à Tabela de Desempenho departamental e estabelecer uma meta trimestral para a venda de negócios "A" para todos os membros da equipe de vendas. Alan apagou o problema da lista e dispensou a equipe para uma rápida pausa.

– Vamos priorizar os próximos três problemas principais – começou a dizer quando a equipe retornou.

– Kelly: pessoa certa, lugar certo – disse Tom.

Os outros líderes seguiram o exemplo de Tom e logo sugeriram prioridades, com Vic mencionando "festa de fim de ano" como o segundo problema e Sue destacando "despesas de viagens" como o terceiro.

Alan passou para outra seção do quadro e começou a desenhar um modelo para o Analisador de Pessoas.

– Você sabe que já são mais de 16h – alertou Vic. – Tem certeza de que devemos abordar um problema de pessoas com menos de uma hora para o IDS?

– Acredito que podemos resolver isso – respondeu Alan. – Por favor, façam um Analisador de Pessoas exatamente como o que desenhei no quadro. Preencham seus Valores Fundamentais e o EQC na parte superior e escrevam o nome da Kelly na coluna da esquerda.

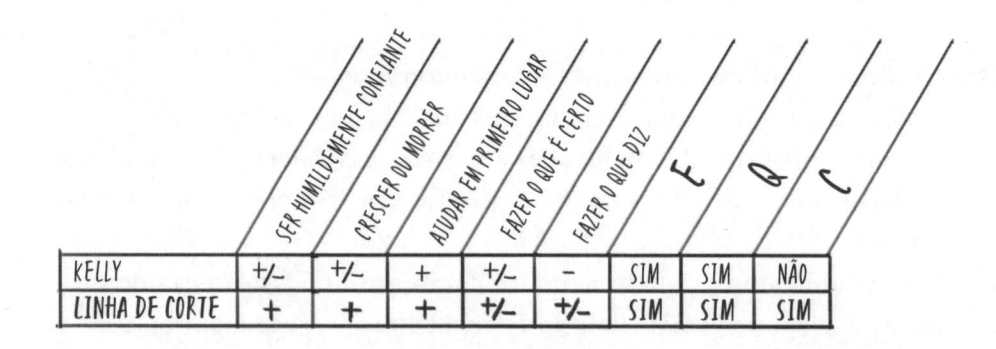

	SER HUMILDEMENTE CONFIANTE	CRESCER OU MORRER	AJUDAR EM PRIMEIRO LUGAR	FAZER O QUE É CERTO	FAZER O QUE DIZ	E	Q	C
KELLY	+/–	+/–	+	+/–	–	SIM	SIM	NÃO
LINHA DE CORTE	+	+	+	+/–	+/–	SIM	SIM	SIM

Alan pediu que os líderes avaliassem Kelly como um mais, um mais/menos ou um menos para cada Valor Central, e dar um sim ou não para "entende", "quer" e "tem a capacidade de fazer". Todos terminaram em menos de dois minutos. Alan percorreu rapidamente a sala, registrando a pontuação média em cada coluna. O exercício identificou um problema de pessoas: Kelly estava abaixo da linha de corte e, portanto, era uma pessoa errada no lugar errado.

Em poucas palavras a equipe ajudou Tom a entender o que aquilo significava. Além de não demonstrar compartilhar os Valores Fundamentais da Swan, Kelly não tinha EQC para o lugar. Tom se ofereceu para ter uma conversa com ela, usando o Analisador de Pessoas com o objetivo de apresentar as preocupações da equipe. Eileen explicou a regra dos três golpes da Swan e se ofereceu para ajudar Tom a se preparar para a reunião do primeiro golpe.

Alan pediu a Sue para adicionar a tarefa de Tom à pauta da Reunião de Nível 10 da semana seguinte. Em seguida ajudou a equipe a resolver o segundo e o terceiro problemas usando o IDS.

– Muito bem – disse Alan quando os três problemas foram resolvidos. Com quatorze minutos restantes antes de passarmos para os próximos passos, às 16h45, vamos priorizar mais uma vez.

Vic riu e balançou a cabeça. Achava que eles *poderiam* resolver mais alguns problemas usando o IDS. A equipe priorizou três problemas e usou o IDS para resolver o primeiro, "atualização de hardware", concordando em adquirir um servidor e dois laptops para a equipe de desenvolvimento de Evan.

Quando esse problema foi resolvido, Alan olhou para o relógio.

– Temos quinze minutos – disse à equipe. – Se vocês quiserem concluir às 17 horas, como planejado, precisamos passar para os próximos passos. Se preferirem continuar resolvendo problemas, por mim tudo bem, desde que vocês sintam que ainda estamos fazendo um bom trabalho.

Vic e Tom pareciam ter resolvido problemas suficientes para um dia, então a equipe decidiu parar. Alan pegou um marcador vermelho e voltou para a Lista de Problemas.

– Ainda temos doze problemas – afirmou depois de contar os itens restantes. – Todos conseguem conviver com isso? Vocês concordam em encerrar por hoje sem resolvê-los?

– Sim – respondeu Eileen. – Não há nada nessa lista que a gente precise resolver hoje.

Sue concordou.

– Muito bem – disse Alan. – O próximo passo é limpar a Lista de Problemas. Precisamos decidir onde cada um dos problemas restantes se encaixa. Enquanto eu leio a lista, gostaria que vocês escolhessem uma dessas duas opções: "OV/T" significa que é um problema de longo prazo que vocês não querem abordar até a próxima Sessão Trimestral, em setembro; "Nível 10" significa que é um problema de curto prazo que vocês querem ou precisam resolver neste trimestre.

PRECISÃO NO FATURAMENTO	OV/T	GARANTIA?	OV/T
BILL – PCLC	N10	ART/EMPRESA – PCLC	N10
JENNIFER – PCLC	N10	DEFINIR LUGAR RH	OV/T
DEBBIE – PCLC	N10	DEFINIR LUGAR TI	OV/T
TABELA DE DESEMPENHO E MENSURÁVEIS PARA TODOS	OV/T	TECNOLOGIA DE NOVA GERAÇÃO	OV/T
SUE – TEMPO SUFICIENTE	OV/T		

– Ótimo! – exclamou Vic. – Aposto que apagamos uns trinta problemas ao longo do dia de hoje.

– Vinte e um – precisou Eileen. – Eu fiquei acompanhando.

Mais uma vez o grupo riu, porque a ideia de ter resolvido tantos problemas-chave num único dia foi reconfortante para todos.

Alan passou para os próximos passos da equipe, atribuindo responsabilidades claras e prazos para o trabalho. Recapitulou as tarefas do dia e pediu a Eileen que atualizasse o OV/T e criasse a nova Folha de Pedras. Também introduziu uma nova ferramenta de comunicação para a equipe de liderança da Swan.

– Um próximo passo que eu incentivaria vocês a começarem neste trimestre – sugeriu Alan – é algo que chamo de mensagem sobre o "Estado da Empresa". É uma maneira simples e eficaz de se comunicar claramente com a organização a cada trimestre. Se vocês querem que sua visão seja compartilhada por todos, isso é essencial. Na verdade, precisam repetir sete vezes para serem ouvidos uma vez. Depois de cada Sessão Trimestral, reúnam as equipes e usem o OV/T e outras ferramentas para explicar onde estavam, onde estão e para onde estão indo. Analisem o passado e dediquem alguns minutos a celebrar os sucessos recentes. Informem como progrediram em suas Pedras. Compartilhem o OV/T e expliquem as Pedras do próximo trimestre. Se houve alguma alteração no Diagrama de Responsabilidades, comuniquem também.

Os líderes fizeram perguntas e apoiaram a ideia. Vic concordou em conduzir a primeira reunião sobre o Estado da Empresa da Swan como parte de sua Pedra "Visão compartilhada por todos" e integrá-la às reuniões da organização.

Como sempre, Alan concluiu a sessão pedindo feedback, expectativas e avaliações da equipe. As expectativas tinham sido atendidas e as avaliações foram todas dez, com uma exceção. Tom deu nove, pois achou que tinha desacelerado um pouco. Eileen encerrou a sessão fazendo um comentário revelador:

– Eu não gosto de criticar quem não está presente para se defender, mas o clima nesta sala foi diferente e melhor sem a Carol. Isso só mostra o dano que uma pessoa errada pode causar se deixarmos o problema crescer. Nunca mais vou cometer esse erro.

IMPULSO

Na manhã da terça-feira seguinte, às 9 horas, a equipe de liderança da Swan se encontrou para a primeira Reunião de Nível 10 depois da Revisão Trimestral. Eileen e Sue atualizaram a Folha de Pedras, o OV/T e o Diagrama de Responsabilidades (ver ferramentas SOE pp. 260-263) e distribuíram as novas versões de cada documento.

Durante a parte da revisão das Pedras, Eileen sentiu uma pontada de culpa ao definir a Pedra "Contratar CFO" como nos trilhos. Ela havia feito poucos progressos na primeira semana e precisava de cada uma das próximas doze semanas para dar conta daquela Pedra. Decidiu então ligar para Alan a fim de saber como seus outros clientes preenchiam cargos da equipe de liderança.

– Não existe uma maneira infalível de garantir o sucesso – admitiu ele. – O primeiro passo é definir bem a posição, assim como as habilidades, a experiência e os atributos da pessoa que pode se encaixar. A maioria dos meus clientes enviaria a descrição, incluindo os Valores Fundamentais e as cinco funções do cargo, para sua rede de relacionamentos. Inclua pessoas dentro e fora da organização. Nem sempre funciona, mas pode dar frutos.

– Claro – respondeu Eileen. – O Tom veio da rede da Sue. Mas acho difícil encontrar duas agulhas no mesmo palheiro.

– Pode ser – respondeu Alan. – Também existe a possibilidade de usar uma boa empresa de recrutamento, especialmente as que entendem a importância da compatibilidade cultural, além das habilidades e da experiência necessárias. Para uma posição importante como essa, é um investimento capaz de trazer grandes benefícios. Já vi também bons resultados com serviços de publicação de vagas on-line.

FOLHA DE PEDRAS TERCEIRO TRIMESTRE DA SWAN SERVICES

Data futura: 28 de setembro de 20XX   Receita: US$ 5,25 milhões   Lucro: 5%   Mensuráveis: 13 projetos de US$ 100 mil ou mais

PEDRAS DA EMPRESA	QUEM
1) Documentar e implementar processo de vendas	Sue
2) Definir e publicar processo comprovado da Swan	Sue
3) Contratar CFO PCLC	Eileen
4) Concluir Tabela de Desempenho do departamento de vendas (com satisfação do cliente)	Tom
5) Refinar e implementar processo de gerenciamento de projetos	Tom
6)	
7)	

SUE	TOM	
1) Documentar e implementar processo de vendas	1) Concluir Tabela de Desempenho do departamento de operações (com satisfação do cliente)	1)
2) Definir e publicar processo comprovado da Swan	2) Refinar e implementar processo de gerenciamento de projetos	2)
3) Resolver Natalie PCLC	3)	3)
4)	4)	4)
5)	5)	5)
6)	6)	6)
7)	7)	7)

EILEEN	VIC
1) Contratar CFO PCLC	1) Criar um plano de eventos do setor para o próximo ano
2) Renovar linhas de crédito	2) Desenvolver e implementar um plano para que a visão seja compartilhada por todos
3)	3)
4)	4)
5)	5)
6)	6)
7)	7)

ORGANIZADOR DE VISÃO/TRAÇÃO

Swan Services — TRI 03 20XX

VISÃO

VALORES FUNDAMENTAIS	1. Ser humildemente confiante 2. Crescer ou morrer 3. Ajudar em primeiro lugar 4. Fazer o que é certo 5. Fazer o que diz	**IMAGEM DE 1 ANO** **Data futura:** 31 de dezembro de 20XX **Receita:** US$ 11 milhões **Margem de lucro:** 10% **Mensurável:** 50 projetos de US$ 100 mil ou mais **Como vai ser?** • 60 PCLC • Cultura vibrante • Forte equipe de vendas de oito pessoas • Novo escritório de vendas em um ou mais mercados grandes • Nova sede da empresa • Lugar PCLC interno em TI • Lugar PCLC em RH • Processo de recrutamento de desenvolvedor/GN/GP • 40% de receitas recorrentes
FOCO CENTRAL	**Paixão:** Construir uma grande empresa com grandes pessoas **Nicho:** Solucionar problemas reais com a tecnologia certa	
META DE 10 ANOS	US$ 40 milhões de receita com 15% de lucro líquido	
ESTRATÉGIA DE MARKETING	**Mercado-Alvo: "A Lista"** Diretores de TI ou CFOs de grandes empresas dependentes de tecnologia (saúde, serviços financeiros, educação) com mais de US$ 100 milhões em receita que atendam às seguintes características: • Sede na região acima do Meio-Oeste • Dispostas a buscar organizações de fora para solucionar problemas tecnológicos • Queiram uma relação de longo prazo com um parceiro estratégico, não com um fornecedor de baixo custo **Três singularidades:** 1. Somos gente de verdade e nos importamos com o cliente 2. Somos especialistas no uso de tecnologia para solucionar problemas de empresas 3. Fazemos o que dizemos **Processo comprovado:** **Garantia:**	

ORGANIZADOR DE VISÃO/TRAÇÃO

Swan Services — TRI 02 20XX

TRAÇÃO

PLANO DE 1 ANO

Data futura: 31 de dezembro de 20XX
Receita: US$ 7,25 milhões
Lucro: 5%
Mensuráveis: 20 projetos de US$ 100 mil ou mais

Metas para o Ano:

1.	Implantar SOE
2.	Equipe de vendas PCLC
3.	Implementar Estratégia de Marketing
4.	Contratar líder de operações PCLC
5.	Processos Fundamentais documentados, simplificados e SPT
6.	
7.	

PEDRAS

Data futura: 28 de setembro de 20XX
Receita: US$ 5,25 milhões
Lucro: 5%
Mensuráveis: 13 projetos de $100 mil ou mais

Pedras para o Trimestre: Quem

1.	Documentar e implementar processo de vendas	Sue
2.	Definir e publicar processo comprovado da Swan Services	Sue
3.	Contratar CFO PCLC	Eileen
4.	Concluir Tabela de Desempenho do departamento de operações (com utilização e satisfação do cliente)	Tom
5.	Preencher lugar de líder de operações	Tom
6.		
7.		

LISTA DE PROBLEMAS

1.	Precisão de faturamento
2.	Tabela de Desempenho e mensuráveis para todos
3.	Sue – tempo suficiente?
4.	Garantia?
5.	Definir lugar RH
6.	Definir lugar TI
7.	Tecnologia de nova geração
8.	
9.	
10.	
11.	
12.	

Diagrama de Responsabilidades da Swan Services TRI 03 20XX

VISIONÁRIO
Vic
- Grandes ideias
- Grandes relacionamentos
- Solução de grandes problemas
- Cultura
- Tendências do setor

INTEGRADORA
Eileen
- LGR
- Resultados de P&L, plano de negócios
- Remoção de obstáculos e barreiras
- Projetos especiais
- Jurídico e Compliance

VENDAS
Sue
- LGR
- Estabelecer e atingir metas de receita
- Processo de vendas
- Vender (clientes potenciais "A")
- Definir expectativas razoáveis do cliente

MARKETING
Art
- Construção da marca Swan
- Plano de marketing
- Geração de clientes potenciais
- Pesquisa de marketing
- Ferramentas de marketing/site

VENDAS (3)
- Desenvolvimento de novos negócios
- Atingir meta de vendas
- Pipeline

OPERAÇÕES
Tom
- LGR
- Satisfação do cliente
- Entrega de projetos (no prazo, nas especificações e dentro do orçamento)
- Gerenciamento de recursos
- Processos de operações

GERENCIAMENTO DE CONTAS (4)
- Papel
- Papel
- Papel
- Papel
- Papel

GERENCIAMENTO DE PROJETOS (4)
- Papel
- Papel
- Papel
- Papel
- Papel

AN (4)
- Papel
- Papel
- Papel
- Papel

DESENVOLVIMENTO DE CLIENTES POTENCIAIS
Evan
- LGR
- Desenvolvimento de qualidade
- Utilização
- Processo de desenvolvimento

DESENVOLVIMENTO (13)
- Papel
- Papel
- Papel
- Papel
- Papel

FINANCEIRO
Eileen
- LGR
- Orçamento e relatórios
- RH
- TI
- Administração do escritório

CR/CP
Lisa T
- Contas a pagar
- Contas a receber
- Faturamento
- Suprimentos
- Equipamento

TI
Em aberto
- Papel
- Papel
- Papel
- Papel
- Papel

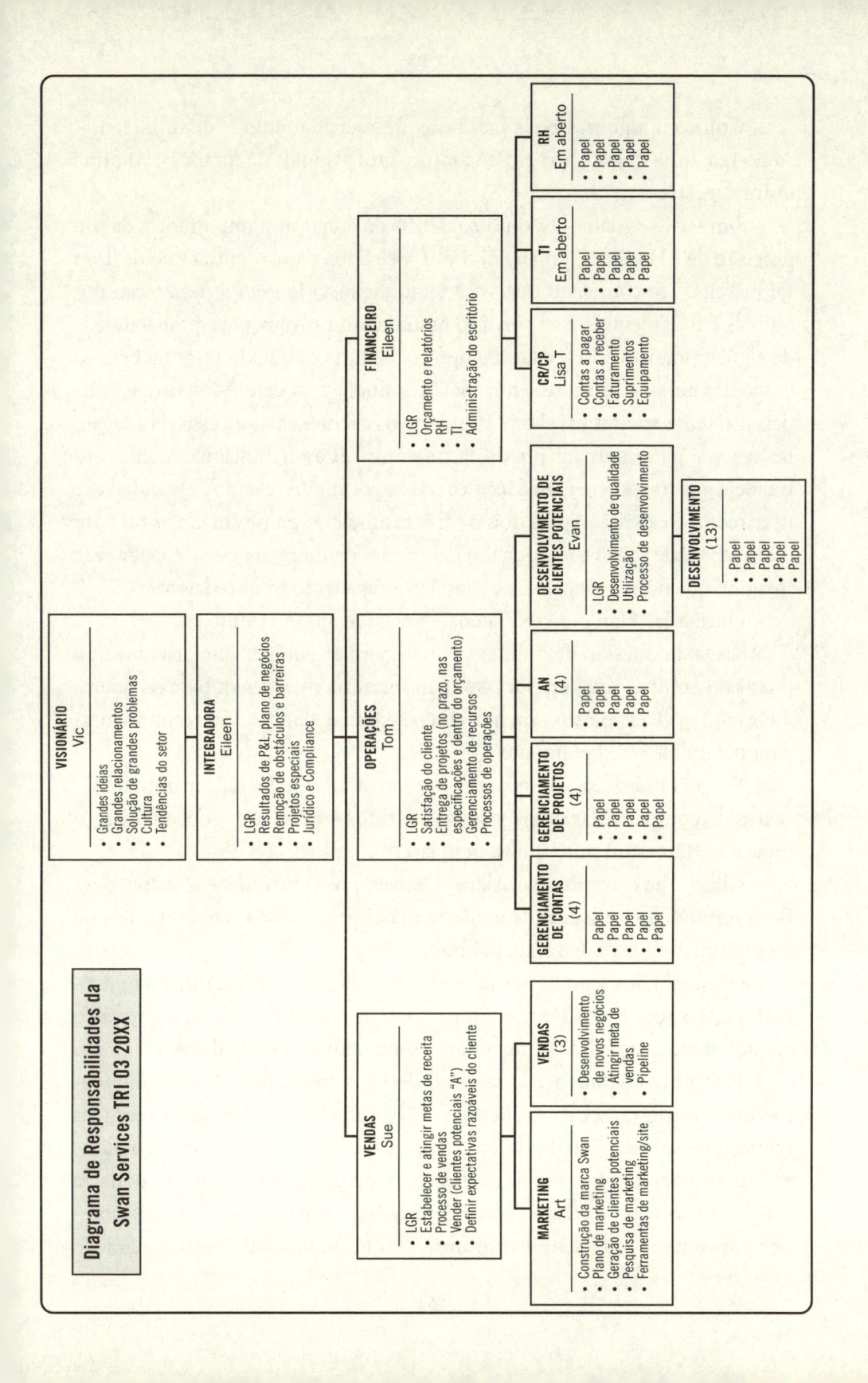

RH
Em aberto
- Papel
- Papel
- Papel
- Papel
- Papel

– Conheço algumas boas empresas de recrutamento – disse Eileen. – Acho que uma delas é boa em encontrar profissionais de finanças. Alguma outra sugestão?

– Sim – disse Alan. – Não posso deixar de enfatizar a importância de um processo de RH sólido. A maneira como você lidou com a contratação do Tom foi perfeita. Ele comentou que você tentou assustá-lo com a declaração dos Valores Fundamentais. Isso por si só reduz significativamente a probabilidade de alguém inadequado aceitar o emprego. Se um contratado pisar na bola ao longo dos anos, você vai se sentir mais à vontade para demiti-lo porque tinha deixado suas expectativas claras. Um de meus clientes chamou essa abordagem de "devagar para contratar, rápido para demitir", e de fato funciona. A única outra ideia que me ocorre é uma técnica usada por muitos clientes. Quando você tiver reduzido a seleção para dois ou três candidatos, pense em jantar ou fazer outra atividade social com cada um deles, para conhecer a pessoa na vida real. Imagino que o Vic gostaria disso e faria uma avaliação muito eficiente.

– Obrigada, Alan – disse Eileen. – Você me ajudou muito.

Alan fazia questão de manter contato com as equipes que orientava no intervalo entre as sessões, por isso mandou uma mensagem para os líderes da Swan Services mais ou menos cinco semanas depois. Vic respondeu ligando para ele imediatamente.

– Eu gostaria de saber se você pode me ajudar a encontrar outras maneiras de compartilhar nossa visão com todos – disse, um pouco envergonhado. – Não estou indo muito bem em minha Pedra.

– Claro, Vic – respondeu Alan. – Talvez possamos nos encontrar para fazer um IDS do problema de maneira mais aprofundada. Você teria tempo na próxima segunda-feira de manhã?

Nesse dia, enquanto tomavam um café, Alan disse a Vic que compartilhar a visão com todos levaria tempo. Depois o ajudou a identificar quatro situações em que os líderes deveriam compartilhar a visão da Swan.

– Primeiro, é vital vocês usarem a declaração sobre os Valores Fundamentais na contratação – explicou. – A segunda medida é realizar reuniões trimestrais sobre o Estado da Empresa. A terceira é incorporar o Analisador de Pessoas ao processo de avaliação de desempenho da Swan. A quarta é algo que você pode adotar de imediato. Selecione pelo menos um colaborador por semana para demonstrar um Valor Fundamental. Use a declaração dos Valores Fundamentais para reconhecer o desempenho dele. Se puder fazer isso na frente de outras pessoas, melhor ainda.

– Adorei – disse Vic, genuinamente animado. – Estou me culpando por ter perdido uma oportunidade assim na semana passada.

– Após a primeira vez, compartilhe o episódio na Reunião de Nível 10 como uma notícia para clientes e a equipe – continuou Alan. – Crie o hábito de fazer esses anúncios toda semana: quem você elogiou? Existem relatórios negativos, novos problemas de pessoas? Faça você mesmo e depois incentive os demais a seguir esse costume. Reconhecer todas as semanas o trabalho de alguém pode se tornar parte do DNA da Swan.

– Ótima ideia, Alan – concordou Vic. – Pensei nisso muitas vezes, mas nunca transformei num hábito. Consigo ver claramente como essas quatro medidas simples podem ajudar todos a compartilhar nossa visão e construir nossa cultura. O melhor de tudo é que esse tipo de atitude é exatamente o que eu deveria adotar como visionário.

Logo depois do feriado do Dia do Trabalho, Eileen ligou para contar a Alan que tinha contratado um novo CFO, Jeff Chadwick, que começaria na segunda-feira antes da próxima sessão da equipe.

– Ótima notícia, Eileen – parabenizou Alan. – Ele vai participar da reunião do dia 28?

– É por isso que estou ligando – respondeu ela. – O Tom se saiu bem, mas ele já estava conosco um mês antes daquela sessão. Você acha que o Jeff participar da primeira semana é pedir demais?

– De modo algum – respondeu Alan. – Qualquer decisão que você tomar está ótima, mas sou a favor de trazer um novo líder para a reunião com toda a equipe o mais cedo possível. Ele vai aprender mais sobre a empresa em oito horas observando e interagindo com a liderança do que em noventa dias dentro do escritório. Já tive clientes que convidaram líderes para uma Sessão Trimestral antes mesmo de terem começado a trabalhar de fato, e deu certo. Se você vai assustá-lo, é melhor que seja logo no início.

– Existe algum trabalho de preparação especial? – perguntou Eileen, rindo.

– Passe uma hora com ele analisando as ferramentas fundamentais – sugeriu Alan. – O OV/T, o Diagrama de Responsabilidades e a Tabela de Desempenho vão ser muito importantes. Revise também as últimas agendas da Reunião de Nível 10 e a Folha de Pedras.

– Vou fazer isso – respondeu Eileen. – Obrigada, Alan. Eu não queria avisar em cima da hora, mas tive que entrevistar dez candidatos até encontrar o encaixe perfeito.

– Dez candidatos! – exclamou Alan. – Deve ter consumido todo seu tempo neste trimestre.

– Eu o contratei por meio de uma empresa de recrutamento, a Blue Water Group – explicou Eileen. – A mesma que o Miguel usou para preencher a vaga de CFO da empresa dele. Ele me convenceu de que o tempo que eu ia levar nessa busca, e com menos eficiência, compensaria o valor pago para encontrar logo a pessoa certa. Até o Vic, tão cético em relação a empresas de recrutamento quanto a consultores, concordou.

PULSAÇÃO TRIMESTRAL

Três semanas depois, o mais novo membro da equipe de liderança da Swan entrou na sala de reuniões para o encontro com Alan.

– Você deve ser Jeff Chadwick – disse o consultor. – Seja bem-vindo. Eu sou Alan Roth.

– Obrigado, Alan – respondeu Jeff, sorrindo e apertando a mão de Alan.

– Desculpe por chegar tão cedo – acrescentou Jeff –, mas o Vic falou tanto sobre pontualidade que acabei imaginando que o trânsito estaria *muito* pior.

Alan riu e explicou a piada a Jeff. Enquanto Jeff se acomodava, os outros foram chegando, e a sessão começou pontualmente às 9 horas.

Apesar da presença do novo CFO, a equipe de liderança da Swan logo entrou no ritmo naquela segunda Sessão Trimestral. O check-in foi em grande parte positivo: Sue informou que a equipe de vendas estava alcançando suas metas e que ela demitira Natalie. Tom tinha feito grandes progressos na sistematização do departamento de operações e pelo menos identificado e começado a corrigir os poucos problemas de pessoas que ainda existiam. Vic concluíra suas duas Pedras do trimestre, e toda a equipe se sentia muito melhor com o modo de comunicar a visão.

Eileen estava "muito atrasada", mas considerou a contratação de Jeff um passo importante, que permitiria a ela delegar atribuições e se concentrar em seu papel.

Não via a hora de focar toda sua atenção em ser a integradora da Swan. Por sua vez, Jeff estava encantado por fazer parte da equipe e impressionado com a clareza e a simplicidade da visão, do plano e da estrutura da empresa.

– Estou aqui há menos de uma semana – explicou – e já sei mais sobre para onde a Swan Services quer ir e como planeja chegar lá do que sabia na última empresa em que trabalhei por mais de cinco anos. Aliás, lá uma decisão sobre o almoço consumia trinta minutos de discussão.

Durante a atualização, Alan percebeu uma certa tensão entre Vic e Eileen, algo que não tinha acontecido nas sessões anteriores. Não conseguiu identificar a causa, então decidiu ficar atento no decorrer do dia. Na sequência, ele e a equipe fizeram uma revisão das Pedras, obtendo resultados impressionantes. (Ver Folha de Pedras p. 268.)

Tendo atingido suas metas financeiras para o trimestre e concluído quase 90% das Pedras, a equipe de liderança classificou o trimestre com um "A menos". Todos os líderes estavam bastante satisfeitos com o progresso realizado, mas concordaram que havia espaço para melhorias. Alan estimulou a equipe a celebrar os sucessos do trimestre antes de prosseguir. Em seguida repassou com eles o OV/T, uma seção de cada vez. Apesar de alguns questionamentos de Jeff, não houve mudanças nos Valores Fundamentais e no Foco Central. Mas em meio à revisão da Meta de 10 Anos Tom levantou uma questão.

– Jeff, não vejo a hora de ouvir sua opinião sobre a Meta de 10 Anos – disse Tom. – No início fiquei animado com a dimensão, mas já não tenho tanta certeza. Será que é realmente o que queremos? Tenho a impressão de que uma empresa de consultoria em tecnologia de 40 milhões é uma raridade por algum motivo. Então fico me perguntando se é de fato possível.

Eileen sorriu, pois se fazia o mesmo questionamento.

– É uma pergunta pertinente – respondeu Jeff. – Não tenho uma resposta inteligente até entender nosso modelo de negócios e fazer algumas análises numéricas, mas vale a pena estudar a questão.

Para garantir que todos estivessem comprometidos com uma visão em comum, Alan conduziu um breve debate e a equipe acabou concordando em deixar a Meta de 10 Anos como estava, à espera do estudo de Jeff. Alan pegou o marcador e acrescentou "Estudo da Meta de 10 Anos" à Lista de Problemas.

– Parece uma Pedra para o quarto trimestre – insinuou Vic, dando uma cutucada no novo CFO.

FOLHA DE PEDRAS TRIMESTRAL DA SWAN SERVICES

Data futura: 28 de setembro de 20XX   Receita: US$ 5,25 milhões (Nos trilhos)   Lucro: 5% (Nos trilhos)
Mensuráveis: 13 projetos de US$ 100 mil ou mais (Nos trilhos)

PEDRAS DA EMPRESA	QUEM	
1) Documentar e implementar processo de vendas	Sue	Feito
2) Definir e publicar processo comprovado da Swan	Sue	Feito
3) Contratar CFO PCLC	Eileen	Feito
4) Concluir Tabela de Desempenho do departamento de vendas (com satisfação do cliente)	Tom	Não
5) Refinar e implementar processo de gerenciamento de projetos	Tom	Feito
6)		
7)		

SUE		TOM			
1) Documentar e implementar processo de vendas	Feito	1) Concluir Tabela de Desempenho do departamento de operações (com satisfação do cliente)	Não	1)	
2) Definir e publicar processo comprovado da Swan	Feito	2) Refinar e implementar processo de gerenciamento de projetos	Feito	2)	
3) Resolver Natalie PCLC	Feito	3)		3)	
4)		4)		4)	
5)		5)		5)	
6)		6)		6)	
7)		7)		7)	

EILEEN		VIC	
1) Contratar CFO PCLC	Feito	1) Criar um plano de eventos do setor para o próximo ano	Feito
2) Renovar linhas de crédito	Feito	2) Desenvolver e implementar um plano para que a visão seja compartilhada por todos	Feito
3)		3)	
4)		4)	
5)		5)	
6)		6)	
7)		7)	

Quando ele fez isso, Alan percebeu uma leve mudança de expressão no rosto de Eileen. Pensou se Vic estava ficando confortável demais, até presunçoso, em seu papel de visionário da Swan. Lembrou que o check-in de Vic incluíra mais provocações do que o normal e que várias delas tinham sido direcionadas a Eileen.

Não houve problemas com a Estratégia de Marketing. Jeff fez algumas perguntas sobre a Imagem de 3 Anos, mas se sentiu à vontade em apoiar o que a equipe desenvolvera até ali. A revisão do Plano de 1 Ano também foi rápida.

Depois de examinar as Pedras do último trimestre, Alan ajudou a equipe a concluir a revisão do OV/T limpando a Lista de Problemas. Após uma rápida pausa, perguntou se os líderes tinham problemas adicionais, desafios, ideias e oportunidades que desejassem adicionar à lista. Essa sessão de brainstorming e o check-in da manhã ajudaram Alan a elaborar a Lista de Problemas.

PRECISÃO NO FATURAMENTO	TRABALHAR FORA DO FOCO CENTRAL
TABELA DE DESEMPENHO E MENSURÁVEIS PARA TODOS	ESTUDO DA META DE 10 ANOS
SUE — TEMPO SUFICIENTE?	LUGAR AN EM ABERTO
GARANTIA?	BILL — PCLC
DEFINIR LUGAR RH	RAJ — PCLC
DEFINIR LUGAR TI	CONTRATAR EXECUTIVO VENDAS (PCLC)
TECNOLOGIA DE NOVA GERAÇÃO	LUGAR DE MARKETING RETORNO DE INVESTIMENTO (ROI)
ALVO DE AQUISIÇÃO?	REVISÃO ESTRUTURA DEPARTAMENTO FINANCEIRO
POLÍTICA DE LICENÇA REMUNERADA	DOAÇÃO PARA COMUNIDADE
TREINAMENTO TÉCNICO	REUNIÃO DE NÍVEL 10 DEPARTAMENTO FINANCEIRO
CAPACIDADE DE CONTRATAÇÃO IMEDIATA	TABELA DE DESEMPENHO DEPARTAMENTO FINANCEIRO
PLANO DE CONTINGÊNCIA PARA DESASTRES	SOFTWARE CONTÁBIL
PROCESSO RH	REVISÕES DE CONTAS-CHAVE
PROCESSO DE MARKETING	ORÇAMENTO DO PRÓXIMO ANO
PROCESSO DE GERENCIAMENTO DE CONTAS	REVISÕES FINANCEIRAS MENSAIS
PROCESSO CONTÁBIL	

Com a lista completa, Alan conduziu a equipe por um exercício de atribuição de Pedras. Começou compilando no quadro a lista de Pedras potenciais de cada líder. Em seguida, conduziu a equipe por um exercício de Manter, Eliminar e Combinar para reduzir a lista de 15 Pedras potenciais para quatro prioridades essenciais. O consultor notou a tensão aumentando entre Vic e Eileen durante a atribuição das Pedras.

– Dá um tempo, Eileen – exclamou Vic. – Agora que estamos com a equipe de liderança completa, você não precisa ser titular de todas as Pedras!

O sorriso no rosto de Vic mostrava que era apenas uma observação bem-humorada, mas Eileen não reagiu bem. Alan sentiu que não podia deixar o momento passar sem dar aos dois líderes a oportunidade de se abrirem e serem sinceros.

– Vic e Eileen, está acontecendo alguma coisa que precisamos colocar na mesa? – perguntou.

Desabituado à franqueza de Alan, Jeff não sabia como se comportar. Um constrangimento generalizado se abateu sobre a sala de reuniões.

– Não, não... nada, Alan – respondeu Vic. – Desculpe, Eileen, eu não queria irritá-la.

– Eu não estou irritada, Vic – respondeu ela friamente. – Só que isso não é engraçado.

– O que não é engraçado, Eileen? – perguntou Alan.

– As sugestões constantes de Vic de que meu trabalho como integradora ficou fácil com a Sue, o Tom e o Jeff nos devidos cargos – explicou ela. – Estou ficando cansada disso.

– Será que devemos sair? – perguntou Tom, pigarreando e se levantando.

– Acho que não é necessário, Tom – respondeu Alan. – Vic e Eileen, vocês gostariam que o Tom e os outros se retirassem por alguns minutos?

– De jeito nenhum – respondeu Eileen. – Tom, isso não é nada. O Vic e eu nos conhecemos há *muito* tempo. Como parte desta equipe, você terá que se acostumar com alguns conflitos ocasionais entre nós. Eu só achei importante o Vic saber como me sinto com esses comentários sarcásticos. No que me diz respeito, podemos seguir em frente.

Vic fez menção de protestar. Não achava que estivesse "fazendo comentários sarcásticos" para Eileen. Pensou por um momento antes de intensificar a discussão e Alan aproveitou a pausa para interceder.

– Vic, ouviu o que a Eileen disse? – perguntou. – Você entende que ela está se sentido incomodada com algumas de suas piadas?

O visionário da Swan respirou fundo, tentando entender a perspectiva de Eileen. Relembrou todas as frustrações que ela suportou no ano anterior e os desafios que ajudou a empresa a superar. Percebeu que ainda não tinha passado nem uma semana como integradora liderando uma equipe saudável, capaz e completa.

– Sim, eu entendo – respondeu ele delicadamente. – Desculpe, Eileen. Por favor, compreenda que não faço por mal.

– Está tudo bem, Vic – disse Eileen. – Eu sei que é seu jeito de ser. Mas às vezes você não entende como seus comentários podem magoar.

– Você tem razão – concordou Vic. – Obrigado por me dizer como você se sente.

Alan passou alguns momentos verificando se todos na equipe estavam satisfeitos com a solução do problema, e pouco depois o almoço chegou.

O exercício de definição de Pedras foi concluído após cada líder conferir a lista restante e problemas potenciais para adicionar Pedras individuais a serem concluídas durante o trimestre. Eileen condensou o trabalho feito na sala para criar uma Folha de Pedras do quarto trimestre. (Ver p. 272.)

Quando as Pedras da empresa e individuais foram definidas. Alan enxugou a Lista de Problemas, que ficou consideravelmente menor:

PRECISÃO NO FATURAMENTO
TABELA DE DESEMPENHO E MENSURÁVEIS PARA TODOS
SUE – TEMPO SUFICIENTE?
GARANTIA?
DEFINIR LUGAR RH
DEFINIR LUGAR TI
ALVO DE AQUISIÇÃO?
POLÍTICA DE LICENÇA REMUNERADA
TREINAMENTO TÉCNICO

PLANO DE CONTINGÊNCIA PARA DESASTRES
PROCESSO DE MARKETING
SISTEMA DE BÔNUS
PROCESSO DE GERENCIAMENTO DE CONTAS
TRABALHAR FORA DO FOCO CENTRAL
DOAÇÃO PARA COMUNIDADE
SOFTWARE CONTÁBIL
ORÇAMENTO DO PRÓXIMO ANO
REVISÕES DE CONTAS-CHAVE

FOLHA DE PEDRAS DA SWAN SERVICES QUARTO TRIMESTRE

Data futura: 20 de dezembro de 20XX Receita: US$ 7,25 milhões Lucro: 5% Mensuráveis: 20 projetos de US$ 100 mil ou mais

PEDRAS DA EMPRESA	QUEM	
1) Documentar processo RH	Eileen	
2) Documentar processo contábil (incluindo tempo e faturamento)	Jeff	
3) PCLC departamento de operações (em aberto, Bill, Raj)	Tom	
4) PCLC departamento de vendas (executivo de vendas, marketing, planejamento equipe 20XX)	Sue	
5)		
6)		
7)		

SUE	TOM	JEFF	
1) PCLC departamento de vendas (executivo de vendas, marketing, planejamento equipe 20XX)	1) PCLC departamento de operações (em aberto, Bill, Raj)	1) Documentar processo contábil (incluindo tempo e faturamento)	
2) Desenvolver plano de vendas e marketing 20XX)	2) Implementar processo de realização de projeto SPT	2) Criar orçamento 20XX e projeções de alto nível de três e dez anos	
3)	3) Desenvolver planejamento equipe 20XX	3) Preparar análise financeira de subcontratação e fazer recomendações relativas a clientes existentes	
4)	4)	4) Reestruturar departamento financeiro	
5)	5)	5) Desenvolver planejamento de equipe 20XX	
6)	6)	6)	
7)	7)	7)	

EILEEN	VIC	
1) Documentar processo RH	1) Conduzir reuniões trimestrais de Estado da Empresa e elogiar funcionários	
2) Identificar pelo menos três alvos potenciais de aquisição	2) Pesquisar três tecnologias de nova geração e recomendar novos estudos sobre a opção mais promissora	
3)	3)	
4)	4)	
5)	5)	
6)	6)	
7)	7)	

Tendo a tarde toda para resolver problemas, os líderes da Swan arregaçaram as mangas e esmiuçaram a lista. Alan orientou a equipe no exercício de priorização padrão, escrevendo rapidamente "Nº 1", "Nº 2" e "Nº 3" ao lado dos principais problemas: Tabela de Desempenho e mensuráveis para todos, sistema de bônus e revisões financeiras mensais. Enquanto faziam o IDS com o primeiro problema, Alan introduziu uma técnica que ajudaria os líderes da Swan a economizar incontáveis horas e resolver mais problemas nos próximos anos.

Enquanto a equipe ajudava Jeff a montar uma Tabela de Desempenho do departamento financeiro, Tom começou a fazer algumas perguntas relacionadas a uma Tabela de Desempenho para desenvolvedores.

– Alerta de desvio! – interrompeu Alan, sorrindo, para voltar ao IDS.

Tom e Vic pararam de falar, ergueram os olhos e retribuíram o sorriso ao perceberem o que havia acontecido. Sue e Eileen riram alto. Alan escreveu "Desenvolvimento de Tabela de Desempenho" no quadro.

– Desculpe, nos desviamos do assunto – disse Tom.

– Isso acontece – explicou Alan. – Já vi clientes desviarem para cinco assuntos diferentes até perceberem. Dizer "alerta de desvio" um ao outro é uma maneira rápida e amigável de avisar aos companheiros de equipe quando eles saem dos trilhos.

Com a equipe reorientada, os três problemas foram resolvidos rapidamente e os líderes revisaram mais 11 antes de Alan os instruir sobre os passos seguintes, pouco depois das 16h30. Começou ajudando a limpar a Lista de Problemas, compartimentando os problemas restantes, colocando-os no OV/T ou na agenda da Reunião de Nível 10. Pediu que Eileen, Sue e Jeff esclarecessem suas responsabilidades para atualizar as ferramentas fundamentais e apresentá-las na próxima Reunião de Nível 10 da equipe. Também lembrou a Vic de concluir sua Pedra realizando a reunião seguinte sobre o Estado da Empresa.

– Também quero preparar vocês para a próxima sessão – prosseguiu Alan. – Será uma Sessão de Planejamento Anual de dois dias muito intensa, diferente dos outros trabalhos que fizemos juntos até agora. Recomendo realizar essa sessão fora do meu escritório e do de vocês. Preparem-se para dois dias importantes e produtivos. A maioria das equipes inclui um pernoite e alguma atividade social. Saiam da rotina, reúnam-se num jantar em grupo e relaxem.

Enquanto falava, Alan resumia a agenda de cada dia do Planejamento Anual no quadro:

DIA 1
- REVISAR ÚLTIMO ANO/ÚLTIMO TRIMESTRE
- SAÚDE DA EQUIPE
- CHECK-UP ORGANIZACIONAL
- ANÁLISE SWOT – LISTA DE PROBLEMAS
- OV/T (PASSANDO POR IMAGEM DE 3 ANOS)

DIA 2
- PLANO DE 1 ANO
- PAPÉIS E RESPONSABILIDADES
- NÚMEROS
- PLANOS DOS DEPARTAMENTOS
- DEFINIR PEDRAS 1º TRI
- IDS

– O primeiro dia é todo sobre se manter em alto nível – explicou Alan. – Construindo a saúde da equipe, desafiando a si mesmos e chegando a um consenso de 100% com a visão a 10 mil metros de altitude e identificando problemas. O segundo dia é completamente diferente: trazemos a visão para o nível prático, elaboramos um plano claro para realizá-la no próximo ano e resolvemos todos os problemas-chave.

Alan respondeu a várias perguntas sobre a agenda, possíveis locais e preparações necessárias. Eileen ficou de conseguir um espaço adequado e de cuidar de outras questões logísticas. Em seguida Alan encerrou a Sessão Trimestral pedindo a cada líder que comentasse suas opiniões, expectativas, resultados e avaliações.

– Eu vou primeiro – disse Jeff. – Feedback? Uau. Estou exausto e sem dúvida um pouco embasbacado. Assim, não consigo pensar em uma maneira melhor de me familiarizar com a equipe de liderança e a empresa do que passar um dia assim trabalhando no negócio. O modo como essas ferramentas nos permitiram passar rapidamente da estratégia de alto nível para problemas detalhados foi impressionante. Agora entendo por que vocês gostam tanto desse sistema. Minhas expectativas foram atendidas? Com certeza. Eu queria aprender muito e contribuir um pouco. A primeira parte foi fácil; quanto à segunda, espero que vocês concordem com meu pensamento. Avaliação? Eu diria nove. Ainda não sei como seria um dez, mas foi um ótimo começo.

Sue e Tom deram um feedback igualmente positivo. Ambos estavam animados por terem praticamente concluído a Lista de Problemas e saído com Pedras realistas para o trimestre. Sue deu à reunião nota dez; Tom, nove.

– Gosto de começar pelo fim – disse Vic. – Minha avaliação é dez. Ótima reunião e um ótimo trimestre *entre* as reuniões. Minhas expectativas foram amplamente atendidas.

– Eileen? – perguntou Alan quando Vic terminou.

– Feedback? Francamente, estou empolgada em embarcar num trimestre como titular de um cargo, sem grandes problemas de pessoas para resolver – respondeu ela. – Jeff, Tom, se eu ainda não disse o suficiente, ouçam agora: obrigada por se juntarem a nossa equipe. Hoje foi ótimo. Também foi um pouco *estranho*, porque pela primeira vez senti que havia na sala uma equipe capaz de resolver todos os problemas dessa lista sem eu precisar me envolver. Sei que isso deveria me deixar animada, mas ainda não cheguei lá. Minhas expectativas foram totalmente atendidas. Eu daria um nove só porque participei da conversa de modo mais intermitente que o normal.

– Ótimo, Eileen. Obrigado – disse Alan.

– Esta sessão foi muito produtiva e focada, resultante de um ótimo trimestre. Estou ansioso pela Sessão de Planejamento Anual de dois dias com vocês em 20 e 21 de dezembro. Até lá, gostaria que todos lessem o livro *Os 5 desafios das equipes – Uma história sobre liderança*, de Patrick Lencioni. Ele apresenta uma perspectiva única e valiosa sobre a saúde de uma equipe. Acredito que será muito esclarecedora para vocês.

Enquanto se despedia, Alan pediu a Vic e Eileen que ficassem um pouco mais na sala. Perguntou mais uma vez sobre a tensão entre eles. Os dois sócios admitiram terem discutido sobre alguns problemas de quem fazia o quê ainda não resolvidos. As consequências dessas discussões ficaram evidentes na reunião daquele dia, e ambos se desculparam. Alan mais uma vez recomendou retomar as reuniões regulares de alinhamento, que eles tinham deixado de fazer, para manter uma frente unida no negócio. Os dois cotejaram as agendas e concordaram em se encontrar na primeira segunda-feira de cada mês a partir da semana seguinte.

– Não vejo a hora de nos vermos em dezembro – disse Alan aos dois saindo do escritório.

– Nós também, Alan – respondeu Vic. – Obrigado mais uma vez.

CAPÍTULO 7

A SESSÃO ANUAL

Chegado o grande dia da sessão anual, a equipe de liderança da Swan Services se mostrava focada e fortalecida. Jeff e Tom revelaram-se líderes altamente competentes e afinados com a cultura da empresa. Todos os materiais de vendas e marketing traziam uma mensagem mais focada e consistente. Como resultado, Sue e sua equipe de vendas continuavam ampliando sua atuação e atingindo as metas de receita.

Vic acertou o passo como visionário em tempo integral. Seus eventos trimestrais sobre o Estado da Empresa e as Reuniões de Nível 10 por departamento melhoraram muito a comunicação e todos passaram a remar na mesma direção. Dezenas de problemas antes emperrados nas mesas dos executivos começaram a ser resolvidos – usando o IDS – por departamentos ou equipes.

No entanto, como Alan constatou em duas conversas com Eileen, os líderes continuavam encontrando obstáculos. Surgiram atritos entre Tom e Sue. Os dois, cheios de convicções, se posicionavam com frequência em lados opostos de questões importantes, e seus conflitos sobre temas relacionados aos negócios às vezes resultavam em politicagem e em trocas de farpas que afetavam a produtividade.

Em termos de competência técnica, produtividade e capacidade como líder e gestor, Jeff se tornara um grande ativo para Eileen. Além disso, sua experiência anterior no crescimento de dois empreendimentos trouxe um valor estratégico para a Swan, bem como uma sensação geral de tranquilidade e confiança. Porém, Jeff ainda não tinha se integrado totalmente como Eileen esperava.

– Ele é meio lobo solitário – Eileen comentou com Alan. – Raramente traz problemas para as Reuniões de Nível 10 e quase nunca contribui com uma opinião ou uma visão sobre questões de outros. Parece mais satisfeito sendo deixado em paz para administrar seu setor, o que ele faz muito bem. Parece um pouco insatisfeito com a necessidade de se envolver e trabalhar em conjunto com os demais para melhorar seu desempenho e o da empresa.

– O Jeff sabe que você pensa assim? – perguntou Alan.

– Sim e não – respondeu Eileen. – Falei com ele rapidamente um mês e meio depois de ele começar aqui e pedi que se envolvesse um pouco mais nessas reuniões, que interagisse com os líderes e colaboradores. A situação não melhorou, mas não voltei ao assunto.

– Se abrir e ser sincero – Alan relembrou. – Tente colocar isso na Lista de Problemas da Reunião de Nível 10 ou expresse suas preocupações pessoalmente ao Jeff antes de nossa próxima sessão. Caso contrário, acredito que podemos usar o IDS para lidar com o problema na sessão anual.

Duas semanas depois, às 8h30 da quarta-feira 20 de dezembro, Alan se preparou para receber a equipe em uma sala de reuniões de um belo hotel no centro da cidade. Às 8h55 todos já tinham chegado e Alan se dirigiu à equipe.

– Sejam bem-vindos à Sessão de Planejamento Anual de dois dias da Swan Services – disse se dirigindo a um flipchart. – Vamos começar revisando nossos objetivos para o primeiro dia.

OBJETIVOS (DIA 1)
- MELHORAR SAÚDE DA EQUIPE
- ESCLARECER VISÃO DA EMPRESA
- LIMPAR LISTA DE PROBLEMAS

AGENDA (DIA 1)
- CHECK-IN
- REVISÃO ÚLTIMO ANO/ÚLTIMO TRIMESTRE
- SAÚDE DA EQUIPE
- CHECK-UP ORGANIZACIONAL
- ANÁLISE SWOT -> LISTA DE PROBLEMAS
- OV/T (PASSANDO PELA IMAGEM DE 3 ANOS)

– O primeiro dia é todo "pra cima" – continuou. – Nosso primeiro objetivo é melhorar a saúde da equipe. Isso significa que, independentemente de como vocês entraram aqui hoje, esse nível precisa estar mais alto quando saírem à noite. O segundo objetivo é que vocês tenham uma compreensão cristalina da visão da Swan Services. Quando a poeira baixar, no final deste primeiro dia, todos precisam estar 100% alinhados com a direção para onde a empresa está indo. O terceiro objetivo é elaborar uma Lista de Problemas cirúrgica. Hoje vamos identificá-los; não vamos resolvê-los. O segundo dia será totalmente diferente. Vamos nos aprofundar nos detalhes, planejar o próximo ano, definir metas para o primeiro trimestre e resolver todos os principais problemas. Mas hoje vamos manter tudo "pra cima".

Em seguida Alan passou pelos itens da agenda, explicando como cada tópico e cada exercício ajudariam os líderes a melhorar a saúde da equipe, analisar a organização de maneira crítica e se alinhar em torno de uma visão comum para a Swan Services. Avisou que a Lista de Problemas da Sessão de Planejamento Anual poderia se tornar muito extensa, mas expressou confiança de que a equipe seria capaz de resolver a maioria dos temas antes de concluir o segundo dia.

– Quando revisamos o OV/T em uma sessão anual – explicou –, nada é sagrado. Em outras palavras, vamos passar pelas seções do OV/T e questionar tudo. Precisamos garantir que cada seção esteja correta. Hoje vamos percorrer toda a parte da visão do documento, criando uma nova Imagem de 3 Anos para a organização. Descartaremos a antiga, porque vocês estão mais inteligentes, melhores e mais fortes como equipe do que eram há nove meses, quando a construímos pela primeira vez.

Alan preparou os líderes para um check-in diferente dos anteriores. Pediu que refletissem sobre o ano e fizessem uma lista de "grandes": três grandes conquistas de negócios, uma grande conquista pessoal e alguns grandes acontecimentos inesperados do ano. Também pediu que compartilhassem suas expectativas específicas em relação a *toda* a Sessão de Planejamento Anual de dois dias. Quando eles pararam de escrever, Alan pediu que alguém começasse relatando suas grandes conquistas.

– Eu vou ser o mais corajoso – ofereceu-se Vic. – Minha primeira grande conquista é o papel de visionário e a capacidade que isso me deu de fazer o que mais gosto e faço melhor: desenvolvimento de cultura, construção de relacionamentos, solução de problemas e, especialmente, criação de visão. A Sue é a segunda grande conquista. Ela permitiu que eu ocupasse esse papel *e* colocou os números de vendas de volta nos trilhos.

Depois de relatar sua terceira grande conquista nos negócios, a satisfação da Swan com o crescimento e a mudança, Vic mencionou sua grande conquista pessoal.

– Meu filho mais velho entrou para o time de futebol americano do oitavo ano – contou, radiante. – Na verdade, começou todos os jogos como *quarterback*. Não sei se existe algo melhor do que ver um filho lançar um passe para *touchdown* no ensino médio.

– Alguma grande conquista inesperada? – perguntou Alan. – Algo que você não planejou, mas que simplesmente caiu no seu colo?

– O Evan deixando o cargo e abrindo espaço para o Tom – observou Vic. – Isso não foi excelente só para a Swan, mas também para o Evan. Eu nunca o vi tão feliz. Acho que ele até jogou fora a cama que tinha no escritório.

A equipe deu uma risada, enquanto Alan perguntava a Sue sobre suas realizações. As três grandes conquistas dela na empresa foram: ter ganhado a confiança de Vic e Eileen para liderar o setor de vendas, a forma como a equipe respondeu e o recente fechamento de um grande contrato. Sua maior conquista pessoal foi a mãe ter se recuperado de um câncer de mama. Não conseguia lembrar de nenhuma grande conquista inesperada.

– Minha grande conquista pessoal é estar na Swan Services – começou Tom. – É muito bom fazer parte de uma equipe de liderança talentosa e determinada, que deseja melhorar a cada dia. Sue, Eileen, Vic, não sei como agradecer.

Os três líderes sorriram.

– Também incluo o Evan como uma grande conquista nos negócios – acrescentou. – Eu estava um pouco apreensivo se ele seria um ativo ou um fardo, mas sua atitude e sua capacidade têm sido ótimas. Como o Vic disse, acho que ele está mesmo feliz no novo papel.

Tom mencionou também a implementação do novo software de gerenciamento de projetos e um projeto especialmente bem-sucedido para um cliente importante como suas outras grandes conquistas nos negócios. Assim como Sue, não conseguiu se lembrar de algo inesperado.

– Como estou há apenas quatro meses na empresa e *sou* um contador – começou Jeff na sua vez de responder –, decidi que só devo ser responsável por *uma* grande conquista nos negócios, ou um terço dos requisitos de todos vocês.

Fez uma pausa, e os outros líderes se mexeram nas cadeiras, ressabiados, sem entender bem o comentário. Alan estava prestes a dizer algo quando Jeff continuou.

– É só uma piada – disse com um sorriso irônico. – Senso de humor de CFO.

A piada demorou um pouco a ser entendida, mas depois toda a equipe riu, aliviada.

"Que cara estranho", pensou Vic, "mas pelo menos ele está começando a relaxar."

Jeff foi relatando suas grandes conquistas, nos negócios e pessoais: dominar o software de contabilidade da Swan, concluir os orçamentos, documentar o processo contábil da empresa e seu aniversário de 15 anos de casamento.

– Minha grande conquista inesperada são as Reuniões de Nível 10 – continuou. – Já trabalhei com equipes de liderança muito competentes, e todas eram *péssimas* em reuniões. Quando vocês me disseram que suas reuniões semanais eram a chave para a clareza e a produtividade, achei que estavam loucos. Mas agora estou convencido. É incrível tudo que conseguimos fazer a cada semana.

Eileen lançou um olhar perplexo para Alan. Como tinha explicado duas semanas antes, havia poucas evidências de que Jeff queria estar nas reuniões. Agora ele as destacava. Tanto Eileen quanto Alan fizeram uma anotação mental para desvendar o enigma antes do final dos dois dias.

Quando Jeff terminou, Alan pediu a Eileen que continuasse. Ela primeiro falou sobre o processo SOE, depois sobre a transformação de Sue, uma jovem talentosa prestes a se demitir que se tornou um membro vital da equipe de liderança da Swan Services.

– Isso me leva à terceira grande conquista: o poder de ter pessoas certas nos lugares certos – ressaltou. – No começo desta jornada o Alan falou sobre olhar nos olhos de uma ótima equipe de liderança ao redor da mesa, sentir orgulho de estar com essas pessoas e ter confiança de que juntos seríamos capazes fazer o que planejássemos. O Vic mencionou isso em nossa última sessão. Foi uma jornada difícil, mas me orgulho de dizer que chegamos lá. Quanto a minha grande conquista pessoal – comentou, hesitante –, foi minha família.

A presidente da Swan fez uma pausa momentânea, com os olhos marejados.

– Francamente, quando começamos esse processo eu estava tão frustrada com os negócios que levava os problemas para casa. Trabalhava de 12 a 14 horas por dia e não ficava realmente presente quando estava com a família. Pensava o tempo todo na empresa, resolvia questões no escritório. Meu marido estava descontente e meus filhos... – Após outra pausa, prosseguiu: – Eles não gostavam muito de mim – confessou. – Por isso minha grande conquista pessoal é que estou restabelecendo os laços com minha família.

A sala ficou em silêncio, comovida.

– Obrigado por falar sobre isso, Eileen – disse Alan depois de uma longa pausa. – É um ótimo lembrete de que todos aqui somos seres humanos e precisamos reservar um tempo para refletir, compartilhar e crescer. Parece que foi um ano bem desafiador. Quando você faz parte de uma equipe de liderança empreendedora normal, está avançando o tempo todo e nunca tira um momento para respirar fundo e celebrar os sucessos. Então, agora e em todas as sessões anuais daqui para a frente, parem cinco minutos e comemorem juntos.

Pouco depois, Alan contornou a mesa a partir da esquerda mais uma vez, pedindo que cada líder falasse de suas expectativas para a sessão de dois dias. Anotou tudo e passou para o item seguinte da pauta.

– Isso conclui nosso check-in – afirmou. – Se não houver outros comentários, vamos revisar o ano e ver como vocês se saíram.

Alan pediu a Eileen que distribuísse cópias do OV/T para cada líder e chamou a atenção da equipe para o Plano de 1 Ano.

PLANO DE 1 ANO	
Data futura: 31 de dezembro de 20XX	
Receita: US$ 7,25 milhões	
Lucro: 5%	
Mensuráveis: 20 projetos de US$ 100 mil ou mais	
Metas para o Ano:	
1.	Implantar SOE
2.	Equipe de vendas PCLC
3.	Implementar Estratégia de Marketing
4.	Contratar líder de operações PCLC
5.	Processos Fundamentais documentados, simplificados e seguidos por todos
6.	
7.	

– Quando criamos o Plano de 1 Ano, na terceira sessão – começou Alan –, vocês previram uma receita de 7,25 milhões. Faltando 11 dias para terminar o ano, vocês vão alcançar essa meta?

– Sim – Jeff e Eileen responderam ao mesmo tempo. Eileen riu meio sem jeito antes de continuar: – Desculpe, Jeff, é força do hábito.

– Pelo menos nós concordamos – comentou Jeff, sorrindo. – Eu analisei nossos números até ontem e diria que vamos terminar o ano com cerca de 7,6 milhões.

– Parabéns, Sue – disse Vic, batendo palmas. – Isso é realmente excelente.

– Não teríamos alcançado a meta se o Tom e o Evan não tivessem descoberto como faturar todo aquele trabalho no terceiro e quarto trimestres – disse Sue sinceramente. – E você, Vic, você fechou dois contratos enormes no início do quarto trimestre; isso foi fundamental.

– Estimamos um lucro líquido de 5% – lembrou Alan. – Vamos chegar lá?

– Sim – respondeu Jeff prontamente. – Mais uma vez, são números preliminares, mas deve ficar mais perto de 6%, por volta de 450 mil dólares, quando tudo estiver finalizado.

– Fantástico – disse Tom, sorrindo de orelha a orelha. Eileen sorriu aliviada.

– E quanto aos vinte projetos acima de 100 mil dólares? Vão atingir essa meta? – perguntou Alan.

– Embora o ano ainda não tenha acabado, devo dizer que não – admitiu Tom. – Acredito que chegaremos a dezenove, o que é bom, mas não o previsto.

– Então vocês alcançaram dois números e perderam por pouco em um – continuou Alan. – Agora vamos às metas.

Alan revisou as cinco metas da Swan para o ano, uma de cada vez.

– Implementar o SOE – disse ele. – Mais uma vez, a 11 dias do fim do ano, isso será concluído ou não?

– Feito – disseram vários líderes ao mesmo tempo. Alan marcou a primeira meta como concluída em sua cópia do OV/T.

– Meta número dois: equipe de vendas, pessoas certas nos lugares certos? – prosseguiu Alan.

– Feito – respondeu Sue. – Assim como a meta três, "implementar Estratégia de Marketing".

Alan assinalou as metas como feitas e continuou:

– Que tal a meta número quatro: contratar líder de operações, pessoa certa no lugar certo?

– Feito, espero – respondeu Tom, provocando risadas dos outros líderes.

– "Processos Fundamentais documentados, simplificados e seguidos por todos"?

– Eu devo dizer "não feito" – respondeu Eileen. – Nós identificamos todos e documentamos a maior parte, mas ainda há um trabalho a fazer para serem seguidos por todos.

Alan conduziu uma rápida discussão para garantir que a equipe concordasse que a meta não havia sido devidamente concluída e entendesse as razões por trás disso.

– Apesar de a meta não estar concluída, nós estamos *quilômetros* à frente do ano passado – ressaltou Eileen. – A Sue documentou os processos de marketing e vendas, os vendedores foram treinados e a Tabela de Desempenho inclui diversos números que mostram a consistência com que esses processos estão sendo seguidos. O Tom fez grandes avanços em operações, e o Jeff está começando a lidar com os Processos Fundamentais no departamento dele também. Então, mesmo sabendo que 95% ainda não significa totalmente concluídos, estou muito satisfeita com o progresso.

– Muito bom, Eileen – comentou Alan. – Agora gostaria de dedicar um tempo a refletir sobre o último ano. O que vocês aprenderam? O que deu certo? O que não funcionou? Vamos botar todos os comentários, perguntas e confissões na mesa. Isso é o que ajuda a melhorar.

– Para mim a questão foi foco – começou Sue. – Eu ficava olhando para aqueles números de vendas da Tabela de Desempenho, pensando como ia conseguir aquilo junto com toda minha lista de tarefas. Percebi que todos na equipe de vendas deveriam estar sentindo o mesmo. A certa altura, no início do ano, decidi que nada mais era tão importante quanto atingir aqueles números e comecei a abrir espaço na agenda, dedicando tempo ao que era de fato importante e deixando o restante de lado. Ajudei a equipe a fazer o mesmo. Esse foi o segredo. Sem esse foco e disciplina não teríamos conseguido atingir nossos números.

Vic e Eileen concordaram com entusiasmo, lembrando-se muito bem da sensação de ter 23 prioridades cruciais toda semana e nunca terminar nada.

– Isso vai ser uma espécie de confissão – interveio Tom. – Tenho que admitir que, no início, eu encarava a meta de documentar os processos mais como um dever de casa ou um trabalho extra do que como uma parte essencial da gestão do departamento de operações. Em outras palavras, o importante para mim era conseguir que as pessoas fizessem o que era preciso, não escrever sobre isso. Era uma tarefa a mais, algo que precisava ser feito porque nosso processo determinava ou porque a Eileen queria, ou por qualquer outro motivo.

Jeff e Sue balançaram a cabeça, como se também tivessem se sentido assim.

– Aí eu continuava vendo os números de vendas da Sue toda semana – continuou Tom. – Nos trilhos, nos trilhos, nos trilhos... Francamente, estava ficando irritante. Quero dizer, como a equipe de vendas dela estava sempre nos trilhos? Então perguntei qual era o segredo. Ela pegou a Tabela de Desempenho e explicou como estava gerenciando o departamento com base em números diretamente ligados ao processo de vendas. A lâmpada acendeu para mim quando ela explicou que, se o Troy ou outra pessoa não estavam atingindo as metas, *eles* pediam ajuda. A equipe dela estava gerenciando a *si mesma*. Percebi então que estamos mudando a forma como o negócio opera e para melhor, incluindo os membros da equipe. Com isso, facilitamos nossa vida e transformamos excelência e consistência em lugares-comuns. Foi nesse momento que redobrei meus esforços para documentar os Processos Fundamentais, treinar minha equipe e fazer com que todos os seguissem. Sem dúvida, será uma Pedra para mim no primeiro trimestre.

Jeff ouviu atentamente a "confissão" de Tom. Sentia o mesmo em relação a muito do trabalho que a equipe vinha realizando. Ele havia sido peça fundamental em duas equipes de liderança bem-sucedidas, aprendido a ser efetivo de certa maneira e internalizado que os resultados são mais importantes do que os métodos utilizados para alcançá-los. Por tudo isso, ainda não se sentia pronto para adotar o método da Swan. Mas a fala de Tom o deixou pensativo.

Os líderes fizeram algumas outras observações antes de Alan passar para a revisão do quarto trimestre.

Alan direcionou a equipe por uma revisão das Pedras, constatando que os líderes da Swan tinham concluído 71% delas. Mais uma vez, pediu à equipe que comentasse o que havia aprendido. Durante a revisão, Jeff aprendeu uma importante lição sobre Pedras e responsabilidade. Quando Alan leu pela primeira vez sua quarta e sua quinta Pedras, ele respondeu calmamente:

– Feito.

A resposta provocou olhares surpresos da equipe, principalmente de Eileen.

– Vamos voltar a essas Pedras quando terminarmos a revisão – disse Alan antes de passar a ler as Pedras de Eileen e de Vic.

Encerrada essa etapa, ele voltou à dúvida que havia ficado no ar:

– Então, o que houve com a quarta e a quinta Pedras de Jeff?

– Se elas foram concluídas, eu não vi nenhuma evidência disso – afirmou Eileen. Os demais assentiram.

– Ah – disse Jeff. – Eu não sabia que precisava compartilhar com a equipe. Incluí meu planejamento de pessoal no orçamento do próximo ano. E sei como quero montar a estrutura à medida que admitirmos mais gente.

Seguiu-se uma discussão compenetrada que deu a Jeff melhor entendimento sobre como os líderes compartilhavam informações antes de considerar uma Pedra concluída. Eileen explicou que esperava ver um Diagrama de

Responsabilidades revisado para o departamento financeiro e que as datas de contratação propostas para qualquer aumento de pessoal precisavam ser claramente acordadas. Como isso não aconteceu, Jeff mudou aquelas Pedras para "não feito". Também prometeu trabalhar mais de perto com a equipe no futuro – pelo menos comunicando resultados de suas Pedras para obter feedback durante o trimestre – antes de dizer "feito" em uma sessão.

Alan levantou então o Plano de 1 Ano do OV/T e a Folha de Pedras para mostrar a todos.

– Isso conclui nossa revisão do passado – disse. – A única utilidade do passado é aprender com ele, depois deixá-lo para trás e seguir em frente. Agora, supostamente, somos planejadores mais inteligentes, melhores e mais ágeis. Se não houver mais comentários ou perguntas, vamos fazer uma breve pausa e dedicar o restante do dia ao futuro.

A SAÚDE

– Passamos agora para a saúde da equipe – começou Alan, sorrindo. – Esperei dez meses por este momento. Portanto, acredito que todos tenham feito o dever de casa e lido *Os 5 desafios das equipes,* de Patrick Lencioni.

Todos responderam afirmativamente, e Alan continuou:

– Eu jamais saberia explicar o que é a saúde de uma equipe como esse livro fantástico do Lencioni faz. Então vou ajudar vocês a relembrarem o que leram.

Alan passou a escrever no quadro e a explicar os cinco níveis de saúde da equipe de Lencioni: confiança, conflito, comprometimento, responsabilidade e resultados. Em seguida pediu à equipe que avaliasse a si mesma em cada nível. O exercício estimulou um diálogo intenso, trouxe à tona diferentes pontos de vista e revelou pontos específicos para melhoria.

– A chave para tudo é construir confiança. Se vocês confiarem uns nos outros, se realmente se abrirem, forem sinceros e estiverem dispostos a se mostrar vulneráveis na frente dos outros líderes, o restante não exige *esforço*. Ao construir confiança e continuar a dominar as ferramentas do sistema vocês vão começar a ver benefícios muito tangíveis. Por exemplo, vão ficar muito melhores no IDS. Vai ser mais fácil inserir problemas difíceis na Lista de Problemas. Haverá mais discussões abertas e menos politicagem. Os conflitos serão mais confortáveis e levarão a decisões rápidas com as quais todos poderão se comprometer. Vocês assumirão responsabilidade por tudo que a equipe decidir e será mais fácil criticar uns aos outros quando não obtiverem os resultados necessários para a empresa ganhar tração e realizar sua visão. Confiança é o segredo, então vamos trabalhar para construir confiança, elevando o patamar onde estavam quando entraram aqui hoje para um nível mais alto quando saírem.

Em seguida Alan apresentou um exercício que disse considerar um "construtor de confiança", por ser uma atividade capaz de ajudar equipes a aprenderem mais sobre si mesmas e umas sobre as outras, o que aumenta a confiança.

– Este exercício é chamado de Uma Coisa – explicou. – É uma oportunidade de compartilhar feedback com os colegas líderes e consta de duas partes. Na primeira vamos dar a volta na mesa e dizer a cada colega o que acreditamos ser sua característica mais admirável. Na segunda todos vamos pensar em algo que queremos que esse líder comece ou deixe de fazer para o bem maior da empresa e da equipe, já que do contrário a pessoa estará *prejudicando* a causa em vez de ajudar.

Alguns líderes pareceram inquietos, mas Alan respondeu calmamente a algumas perguntas e explicou melhor as regras básicas. Deixou claro que, ao receber o feedback, os líderes só ouviriam e tomariam nota. Recomendou que fizessem apenas perguntas esclarecedoras – sem se defender, sem discutir, sem debater.

– Podem começar por mim – ofereceu-se Vic.

– Obrigado, Vic – disse Alan. – Seus colegas líderes têm permissão para se expressar aberta e sinceramente?

– Claro – respondeu Vic.

Alan pediu aos membros da equipe que escrevessem o que mais admiravam em Vic e o que gostariam que ele começasse ou deixasse de fazer.

– Começando à esquerda de Vic, com Sue – disse Alan quando os líderes terminaram. Vamos percorrer a mesa com a parte um. Depois passamos à parte dois. Sue, o que você mais admira no Vic?

– O que eu mais admiro no Vic é... – ela começou, mas Alan a interrompeu com um gesto de mão.

– Desculpe, Sue – explicou. – Este exercício funciona melhor se você der o seu feedback olhando diretamente para o Vic. Por favor, continue.

– Tudo bem – disse Sue, virando-se para encarar Vic. – O que eu mais admiro é seu dom de fazer os outros gostarem de estar com você. Essa mistura maluca de carisma e curiosidade faz com que *prospects*, clientes, parceiros estratégicos... caramba, *todo mundo* goste de estar com você.

– Pode continuar! – respondeu Vic, sorrindo. – Obrigado, Sue.

Alan continuou contornando a mesa. Tom disse que admirava profundamente a dedicação de Vic à cultura e às pessoas da Swan, e Jeff falou sobre a óbvia paixão de Vic pelo negócio e pelos clientes.

– Sr. Hightower – disse Eileen, recorrendo ao sobrenome do sócio para exagerar na formalidade –, o que eu mais admiro em você é seu senso do que é possível. Quando meu copo está meio vazio, você nunca deixa de produzir dois ou três copos *transbordando* de possibilidades. Sem isso, a Swan não existiria.

– Nossa, sócia – exclamou Vic com sinceridade. – Acho que foram as palavras mais legais que você já me disse. Obrigado.

– De nada – disse Eileen, também um pouco emocionada.

A sala ficou em silêncio por alguns instantes.

– Vic, agora que teve a oportunidade de saborear suas qualidades admiráveis – disse Alan –, está pronto para uma pequena crítica construtiva?

– Mandem ver – respondeu Vic, olhando ao redor da sala.

– É sua chance – incentivou Alan, sorrindo. – Você está sendo poupado há semanas, meses, talvez até anos. Vamos começar a parte dois do Vic.

– Certo, aqui vai – disse Sue, respirando fundo. – Vic, quero que você pare de se oferecer para tarefas e não terminar.

Vic começou a responder, mas Alan o deteve:

– Vic, se você não se importa, vamos ouvir todos primeiro. Você pode fazer perguntas esclarecedoras no final. Tudo bem?

Vic concordou e Alan pediu para Tom fazer sua crítica construtiva.

– Bem, Vic – começou Tom cautelosamente –, eu só gostaria que parasse de aparecer nas minhas reuniões. Você é sempre bem-vindo, mas todo mundo fica um pouco assustado quando você chega sem avisar. Sei que suas intenções são boas, mas acaba sendo mais perturbador do que útil.

Vic franziu a testa ao ouvir as palavras de Tom. Foi doloroso.

– Jeff? – perguntou Alan.

– Vic, eu gostaria que você começasse a se interessar mais ativamente pelas finanças da Swan – disse Jeff.

– Eileen? – prosseguiu Alan quando achou que Vic estava pronto.

– Vic – começou ela –, eu realmente gostaria que você parasse de fazer comentários sarcásticos sobre como tenho pouca coisa para fazer agora que trouxemos o Tom e o Jeff.

– Mas eu... – Vic começou a protestar, mas se conteve.

– Vic, agora que todos já falaram, você tem a palavra – disse Alan. – Se quiser fazer uma pergunta esclarecedora para a Eileen ou qualquer outra pessoa, é a hora. Lembre-se, *apenas* perguntas esclarecedoras, sem se defender, discutir ou rebater.

– Certo – disse Vic, lutando contra a vontade de argumentar. – Eileen... você pode me dar um exemplo de quando e como eu faço você sentir que tem pouco trabalho a fazer?

Eileen pensou um pouco e seu silêncio gerou um clima de expectativa.

– Eu não acho que você tenha a intenção de questionar minha ética de trabalho – disse Eileen. – Na verdade, acho que você está tentando dar o crédito que a Sue, o Tom e o Jeff merecem, e ser engraçado no processo. Mas várias vezes nos últimos meses você disse, *em público*, vale ressaltar, frases como "Eileen, com todos esses líderes talentosos, o que *você* vai fazer todos os dias?".

Vic ficou pálido. Como de costume, sua sócia estava certa – tanto em relação a suas boas intenções quanto à sua capacidade de se meter em confusão ao tentar ser engraçado. Assim que ela citou o exemplo, Vic se lembrou de ter feito aquela afirmação na Reunião de Nível 10 da semana anterior.

– Eu sei que você não faz por mal – continuou Eileen –, mas estou começando a perceber como é importante e desgastante ser integradora. Lembro do Alan falando sobre integrar harmoniosamente as várias peças em movimento do negócio, inclusive esta equipe. Isso não é fácil, Vic. Eu adoro, mas não estou de férias! O que o Jeff e o Tom fazem me permite ser uma verdadeira integradora. Isso significa manter nós cinco alinhados, organizar reuniões, incentivar a equipe a tomar decisões e, em alguns casos, tomar eu mesma essas decisões. Estou tentando manter nossa clareza para nos comunicarmos bem com a equipe. Estou trabalhando duro para instaurar disciplina e responsabilidade em toda a organização, e também para eu mesma ser disciplinada e responsável. Estou tentando melhorar a priorização e ajudar outros líderes a fazer o mesmo. Estou gerenciando projetos especiais, removendo obstáculos e barreiras... É bastante trabalho!

– Eu entendo, Eileen – disse Vic respeitosamente.

– Além disso – continuou ela –, estou realmente *lutando* para encontrar um pouco de equilíbrio entre trabalho e vida pessoal. Não é fácil para uma workaholic como eu, mas se eu não resolver isso minha família vai sofrer muito. Seus comentários irônicos não ajudam em nada.

– Compreendo – respondeu Vic, fazendo algumas anotações. Você tem toda a razão. Me desculpe.

Vic também fez uma pergunta esclarecedora a Tom, obtendo uma visão de como ele podia atrapalhar ao "aparecer de repente" numa Reunião de Nível 10 do departamento de operações.

– Você é o *dono* da empresa – comentou Tom. – Pode não entender bem o impacto que isso tem no pessoal. Todos ficam um pouco intimidados; prejudica a qualidade da reunião. Sei que suas intenções são boas e você é sempre bem-vindo; só quero que esteja ciente desse impacto.

Assim que Vic entendeu a crítica construtiva que recebeu, Alan preparou a equipe para o feedback de Sue. Perguntando a um líder de cada vez, fez com que todos dessem feedbacks positivos e fizessem críticas construtivas. O exercício proporcionou várias surpresas, além de alguns constrangimentos e reações emocionadas. O momento mais produtivo foi relacionado à tensão que se acumulava entre Tom e Sue.

A situação se agravou quando Tom sugeriu que Sue "começasse a prever os negócios fechados com mais antecedência e mais detalhadamente". O comentário abalou Sue, mas ela conseguiu evitar a tentação de se defender. Esperou até o final da segunda parte e só então pediu calmamente a Tom que citasse um ou mais exemplos de negócios que tinham pegado sua equipe de surpresa. Enquanto ele falava, Sue anotava.

Em sua crítica construtiva a Tom alguns minutos depois, ela também foi direta:

– Tom, eu gostaria que você não ficasse tão contrariado quando menciono problemas do departamento de operações nas Reuniões de Nível 10.

O rosto de Tom ficou vermelho, mas ele anotou a observação sem dizer nada. O clima ficou tenso quando Tom fez perguntas de esclarecimento a Sue.

No fim, os dois líderes entenderam que as ocasionais surpresas, frustrações e desentendimentos dos últimos meses eram desafios muito comuns vivenciados por líderes de vendas e de operações em qualquer empresa. Na conclusão, todos, inclusive Sue e Tom, sentiram ter desabafado e recebido informações valiosas sobre pontos fortes e fracos pessoais dos colegas.

– Obrigado a todos por terem sido francos uns com os outros – disse Alan. – Só esse exercício já deve ter um impacto muito positivo na saúde da equipe. Mas se eu terminasse por aqui, com todas essas informações valiosas, não conseguiria dormir à noite. O que realmente importa é colocar tudo isso em prática, e é o que vamos fazer a seguir.

Ele instruiu os líderes a revisar as críticas construtivas da equipe e escolher "Uma Coisa" que se comprometeriam a começar ou a parar de fazer no próximo ano. Em seguida pediu que escrevessem esse compromisso usando a frase que tinha acabado de colocar no quadro:

NO ANO QUE VEM EU ME COMPROMETO A COMEÇAR/PARAR
_____

– As palavras são poderosas – disse Alan quando parou de escrever. – Portanto, por favor, declarem seu compromisso exatamente como está no quadro e em suas anotações.

– No ano que vem – começou Vic – eu me comprometo a incentivar Eileen a delegar e a crescer no papel de integradora, e a valorizar o que ela faz nesse papel.

– Obrigada, Vic – disse Eileen.

– De nada – respondeu ele. – Pretendo trabalhar em todos os outros aspectos também. Mas percebi que nosso amigo Alan é bem literal, então quando ele diz "uma coisa", é assim que entendo.

– Você está certo – confirmou Alan, rindo junto com a equipe. – Quanto mais compromissos você assumir, menos vai conseguir entregar.

Sue seguiu o exemplo de Vic e se comprometer a "começar a exigir da equipe previsões de vendas detalhadas e sempre atualizadas".

Tom sorriu e olhou para Sue para indicar como se sentia grato por suas palavras. Em seguida Tom se comprometeu a "deixar de ficar na defensiva quando surgirem problemas do departamento de operações nas Reuniões de Nível 10".

Em resposta ao feedback esclarecedor de Eileen a Jeff sobre seu comportamento nas Reuniões de Nível 10, ele se comprometeu a "se manter totalmente envolvido nas Reuniões de Nível 10 durante os noventa minutos".

Em função do feedback da maioria da equipe sobre trabalhar demais e por muito tempo, Eileen se comprometeu a "limitar as semanas a um máximo de cinquenta horas".

Quando os líderes terminaram de ler seus compromissos, Alan concluiu o exercício explicando meticulosamente os próximos passos:

– Para vocês não pensarem que basta cumprir esses compromissos, saibam que vamos verificar o progresso de cada um todos os trimestres. Nas reuniões trimestrais do ano que vem, vou pedir para lerem seus compromissos com Uma Coisa. Os colegas vão avaliar o desempenho com uma palavra: "melhor", "pior" ou "igual". A meta na próxima Sessão de Planejamento Anual é ouvir os outros líderes dizerem que cada um está "melhor" em relação a cumprir seu compromisso. Mesmo que vocês não façam nada além de honrar esses compromissos, não tenho dúvida de que a confiança vai aumentar, a saúde da equipe vai melhorar e vocês vão realizar mais no próximo ano.

Fizeram um pequeno intervalo e, na volta, Alan distribuiu o Check-up Organizacional. (Ver pp. 294-295.)

O consultor pediu a cada líder que o preenchesse com base na própria percepção do progresso da empresa e depois recolheu as respostas. Ao longo do caminho, ajudou-os com as respostas, de modo a garantir que a discussão terminasse com a concordância sobre o Estado da Empresa. Por fim, auxiliou a extrair problemas-chave do exercício – áreas em que a equipe concordava com a necessidade de melhorias. Os problemas mais relevantes foram "Foco Central", "Cada um tem um número" e "Processos Fundamentais documentados, simplificados e SPT".

Concluídas as avaliações dos problemas, Alan pediu que todos fizessem as contas e anunciassem as pontuações. Com um mínimo de 67 e um máximo de 73, a média foi de 70. Ele explicou que isso significava que a equipe se considerava "70% forte nos Seis Componentes-Chave". Em seguida mostrou como o progresso contínuo no fortalecimento desses componentes se traduziria diretamente em resultados.

CHECK-UP ORGANIZACIONAL

Para cada afirmação abaixo, avalie sua empresa numa escala de 1 a 5, em que 1 é fraco e 5 é forte.

		1	2	3	4	5
1.	Temos uma visão clara, por escrito, comunicada de modo adequado e compartilhada por todos na empresa.	☐	☐	☐	☐	☐
2.	Nossos Valores Fundamentais são claros e estamos contratando, avaliando, recompensando e demitindo de acordo com eles.	☐	☐	☐	☐	☐
3.	Nosso Foco Central™ (negócio central) é claro, e mantemos nossos colaboradores, sistemas e processos alinhados e concentrados nele.	☐	☐	☐	☐	☐
4.	Nossa Meta de 10 Anos™ (objetivo empresarial de longo prazo) é clara, comunicada regularmente e compartilhada por todos.	☐	☐	☐	☐	☐
5.	Nosso mercado-alvo (definição do nosso cliente ideal) é claro, e todos os nossos esforços de vendas e de marketing estão concentrados nele.	☐	☐	☐	☐	☐
6.	Nossas Três Singularidades™ (diferenciais) são claras e transmitidas em todos os nossos esforços de marketing e vendas.	☐	☐	☐	☐	☐
7.	Temos um processo comprovado para fazer negócios com nossos clientes. Ele foi enunciado e ilustrado visualmente, e todos os vendedores o utilizam.	☐	☐	☐	☐	☐
8.	Todos os colaboradores da nossa organização são as "pessoas certas" (se encaixam na nossa cultura e compartilham nossos Valores Fundamentais).	☐	☐	☐	☐	☐
9.	Nosso Diagrama de Responsabilidades™ (diagrama organizacional de papéis e responsabilidades) é claro, completo e atualizado constantemente.	☐	☐	☐	☐	☐
10.	Todos estão no "lugar certo" (todos "entendem, querem e têm capacidade de realizar bem o seu trabalho").	☐	☐	☐	☐	☐
11.	Nossa equipe de liderança é aberta, honesta e demonstra alto nível de confiança.	☐	☐	☐	☐	☐
12.	Todos têm Pedras (1 a 7 prioridades por trimestre) e estão focados nelas.	☐	☐	☐	☐	☐
13.	Todos participam de reuniões semanais regulares.	☐	☐	☐	☐	☐

14. Todas as reuniões ocorrem no mesmo dia e na mesma hora toda semana, têm a mesma pauta, começam e terminam pontualmente. ☐ ☐ ☐ ☐ ☐

15. Todas as equipes identificam claramente, discutem e solucionam problemas em prol do bem maior da empresa a longo prazo. ☐ ☐ ☐ ☐ ☐

16. Nossos Processos Fundamentais são documentados, simplificados e seguidos por todos para produzir de modo consistente os resultados desejados. ☐ ☐ ☐ ☐ ☐

17. Temos sistemas para obter feedback regular de clientes e colaboradores, para conhecer sempre o nível de satisfação de todos. ☐ ☐ ☐ ☐ ☐

18. Temos uma Tabela de Desempenho para acompanhar métricas e mensurações semanais. ☐ ☐ ☐ ☐ ☐

19. Todos na organização são responsáveis por pelo menos um número que deve ser mantido nos trilhos a cada semana. ☐ ☐ ☐ ☐ ☐

20. Temos um orçamento que monitoramos regularmente (mensal ou trimestralmente). ☐ ☐ ☐ ☐ ☐

Número total de cada nota. ☐ ☐ ☐ ☐ ☐

Multiplique pelo número acima do quadro.   x1 x2 x3 x4 x5
☐ ☐ ☐ ☐ ☐

Some os cinco resultados para determinar a nota percentual que reflete o estado atual da empresa: ☐ %.

RESULTADOS
Se sua pontuação estiver entre:

20% e **34%**   Este sistema e estas ferramentas vão mudar sua vida.

35% e **49%**   Vocês estão na média. Mas preferem ser apenas medianos ou excelentes?

50% e **64%**   Vocês estão acima da média, mas ainda há espaço para melhorias.

65% e **79%**   Vocês estão bem acima da média.

80% e **100%** Esta é a meta — e o resultado alcançado pela maioria das empresas que usam o sistema.

– Assim que resolvermos os problemas identificados no Check-up Organizacional – continuou Alan –, vocês vão chegar facilmente a 80% ou mais em cada componente, que é a meta. Assim estarão funcionando a pleno vapor.

Após a conclusão do exercício, Alan passou para a análise SWOT. Em quatro folhas de flipchart, anotou "Pontos Fortes", "Pontos Fracos", "Oportunidades" e "Ameaças" e então colou-as numa parede da sala. Deu aos líderes alguns minutos para pensar na organização e elaborar um conjunto de tópicos para cada folha. Depois, sempre da esquerda para a direita, compilou as respostas de cada líder. Quando as quatro folhas estavam preenchidas, dirigiu-se à equipe:

– Mais uma vez, tudo neste processo foi projetado para ser útil e prático. Já fiz muitas análises SWOT ao longo dos anos, e sempre me incomodou a forma como as percepções resultantes do exercício parecem não levar a lugar nenhum. Então vamos trabalhar em cada lista a fim de identificar *problemas relevantes* nos próximos 12 meses. Em outras palavras, quais problemas listados precisam ser abordados no ano que vem?

Alan leu cada item, perguntando à equipe se era um problema relevante. Nenhum ponto forte foi incluído na lista, o que Alan disse ser comum. Oito fraquezas foram identificadas como problemas e oito oportunidades foram acrescentadas à lista. Com seis ameaças também na lista, Alan concluiu o exercício.

Apontando para duas longas colunas de problemas, o consultor lembrou à equipe que identificar dezenas deles no primeiro dia de uma Sessão de Planejamento Anual era a meta. Pediu que cada líder repensasse e informasse ideias, obstáculos e frustrações ainda não mencionados e os adicionou à Lista de Problemas, que ficou assim:

REUNIÕES DE NÍVEL 10
TABELA DE DESEMPENHO POR DEPARTAMENTO
PROCESSO DE GERENCIAMENTO DE CONTAS
PROCESSO DE REALIZAÇÃO DE PROJETO SPT
PROCESSO CONTÁBIL SPT
OUTROS PROCESSOS DEPARTAMENTO DE OPERAÇÕES?

GERENCIAR FLUXO DE TRABALHO FLUTUANTE
AQUISIÇÃO DA SENSI-TECH
ESPAÇO PARA NOVO ESCRITÓRIO
RECRUTAMENTO TI
ESCRITÓRIO DE DESENVOLVIMENTO NO EXTERIOR
SOLUÇÕES COMUNS DE "PRODUTIVIZAÇÃO"

OUTROS PROCESSOS DEPARTAMENTO FINANCEIRO?
RESTRUTURAÇÃO DEPARTAMENTO FINANCEIRO
PLANO DE PESSOAL DEPARTAMENTO FINANCEIRO
TECNOLOGIAS DE NOVA GERAÇÃO
CONFLITOS NA EQUIPE DE LIDERANÇA
CONTINUAR ENGAJADOS NAS REUNIÕES DE NÍVEL 10
FOCO CENTRAL – SISTEMA E PROCESSOS
CADA UM TEM UM NÚMERO
PROCESSOS FUNDAMENTAIS DOCUMENTADOS, SIMPLIFICADOS E SPT
GERAÇÃO DE *PROSPECTS*
FALTA DE RECEITAS RECORRENTES
ENCONTRAR TALENTOS
INTEGRAR NOVOS CONTRATADOS
RECRUTAMENTO INTERNO EM OPERAÇÕES
GERÊNCIA DE NÍVEL MÉDIO
PREVISÃO DE RECEITA

CERTIFICAÇÃO
PERDA DE FUNCIONÁRIOS ESSENCIAIS
FORTALECIMENTO DA CONCORRÊNCIA
TECNOLOGIA DESATUALIZADA
SEGURANÇA DE DADOS
DISPONIBILIDADE DE CAPITAL (CLIENTES, NÓS)
AUMENTO CUSTO DE SEGURO-SAÚDE
SUE – TEMPO SUFICIENTE?
RAJ – PCLC
POLÍTICA DE LICENÇA REMUNERADA
TREINAMENTO TÉCNICO
PLANO DE CONTINGÊNCIA PARA DESASTRES
ART/EMPRESA – PCLC
GARANTIA
DESRESPEITO À HIERARQUIA

Após uma pausa, Alan pediu aos líderes que pegassem as cópias atualizadas do OV/T da Swan distribuídas por Eileen.

– Nosso objetivo ao revisarmos o OV/T hoje – começou ele – é garantir que todos estejam 100% alinhados com a visão da organização e definir uma nova Imagem de 3 Anos. Como este é o encontro anual, nada é sagrado. Vamos revisar cada uma das cinco seções da página de visão do OV/T; quero que vocês questionem *tudo*. Precisamos verificar se acertamos quando definimos a visão há dez meses, considerando a maior clareza que todos ganhamos.

O consultor começou revisando os Valores Fundamentais, lendo-os um de cada vez. A equipe confirmou que estavam corretos, e todos os líderes concordaram que haviam sido plenamente integrados ao processo de avaliação de desempenho da organização. Tom e Sue ainda parabenizaram Vic pelo ótimo trabalho de fazer a equipe manter os Valores Fundamentais em mente.

– O Foco Central – continuou Alan, passando para a segunda seção do OV/T – é "Construir uma grande empresa com grandes pessoas, solucionando problemas reais com a tecnologia certa". Está correto? É isso mesmo?

– Sim – respondeu Tom de imediato. – Exatamente isso. Mas ainda estamos fazendo um monte de trabalhos fora do Foco Central. Sei que esse já é um dos problemas da lista, mas, se nada é sagrado numa sessão anual, eu gostaria de discutir esse ponto.

– Certo, Tom – concordou Alan. – Se você o vê como um problema fundamental, nós devemos resolvê-lo agora.

– É hora de pararmos de fazer trabalhos de subcontratação temporária – disse Tom. – Isso é a causa de meia dúzia de problemas da nossa lista: encontrar talentos, perder funcionários essenciais, integrar novos talentos, etc. Isso está dificultando gerir uma operação eficiente, fazer contratações adequadas e realizar um trabalho de qualidade para clientes que nos querem trabalhando dentro do Foco Central.

– Todos entenderam qual é o problema? – perguntou Alan.

– Sim – respondeu Jeff. – O Tom quer que saiamos de vez de negócios com subcontratação temporária. Acredito que os dados compilados no último trimestre nos permitem tomar uma decisão bem respaldada hoje. Para concluir minha Pedra, fiz uma recomendação à equipe na Reunião de Nível 10 da semana passada. Talvez possamos empacotar a parte de subcontratação do nosso negócio e vender à parte ou formar uma parceria estratégica com uma empresa especializada nesse tipo de trabalho. Assim obteríamos algum benefício econômico dos nossos atuais clientes de subcontratação. Se estruturarmos o acordo corretamente, a equipe da Sue pode direcionar negócios para esse parceiro estratégico em troca de uma porcentagem do faturamento ou de uma remuneração pela indicação.

– Eu gosto mais dessa opção do que simplesmente dizer não aos clientes atuais e potenciais – concordou Sue. – Teríamos de confiar na capacidade do parceiro, mas a ideia do Jeff pode funcionar.

– Eu gosto porque o parceiro estratégico poderia nos ajudar com as demandas de trabalho flutuantes – completou Tom. – Mesmo que, como a Sue disse, seja preciso encontrar o parceiro certo.

– Então vamos concluir – propôs Alan. – Estamos de acordo em começar a procurar um parceiro estratégico?

– Sim – responderam todos em uníssono.

– Provavelmente vai ser uma Pedra para o primeiro trimestre – considerou Jeff.

– Muito bem – disse Alan, acrescentando "Parceiro estratégico para subcontratação Temporária" à Lista de Problemas.

– Vamos para a Meta de 10 Anos: 40 milhões com 15% de lucro líquido. Continua sendo uma meta de longo prazo energizante para a organização?

– Eu adoro essa meta – exclamou Vic. – Acho até que pode ser um pouco conservadora, agora que estamos começando a acelerar em todas as frentes.

Jeff olhou para suas anotações e se remexeu na cadeira. Havia semanas que se perguntava se deveria questionar a Meta de 10 Anos.

– Em que você está pensando, Jeff? – perguntou Alan diretamente.

– Eu vou apoiar qualquer decisão que a equipe tomar – respondeu devagar. – Só que...

– Pode falar! – disse Eileen. – Você não vai ser o primeiro líder da Swan a questionar a sanidade do Vic.

Todos riram, e Jeff decidiu ser sincero:

– Sendo franco, eu hesitei porque administrar uma empresa de tecnologia de 40 milhões não é tão divertido quanto pode parecer. Não existem muitas empresas desse tipo no mercado, provavelmente por boas razões. Vocês percebem que para um faturamento de 40 milhões nós precisaríamos ter mais de 150 funcionários? Deveríamos manter uma presença importante em pelo menos três mercados metropolitanos. Seríamos muito menos ágeis, o que é perigoso em qualquer negócio, mas fatal para uma empresa de serviços de tecnologia.

– Já lhe disseram que você é um verdadeiro desmancha-prazeres? – perguntou Vic, meio em tom de brincadeira.

– É meu trabalho – replicou Jeff, também em tom de brincadeira.

– E qual seria *sua* Meta de 10 Anos, Jeff? – perguntou Eileen.

– Para mim, não se trata tanto de receita, mas sim de lucro líquido. Acho que poderíamos facilmente aumentar nossa margem para 20% ou 25%. Precisaríamos continuar fiéis ao Foco Central, vender dentro do mercado-alvo e encontrar o parceiro certo para o negócio de subcontratação temporária. Fiz algumas projeções financeiras e acredito que é possível. Na verdade, já estamos tendo essas margens de lucro líquido com nossos melhores clientes atuais. Com uma receita de, digamos, 20 milhões, teríamos 4 ou 5 milhões de dólares de lucro. Poderíamos conseguir esses números com só uma sede e cerca de setenta funcionários. Eu gosto muito mais desses números do que dos que estão no OV/T.

– Você está sugerindo que a gente chegue ao escritório na semana que vem e diga aos colaboradores que decidimos cortar pela metade nosso objetivo de longo prazo? – perguntou Vic. – Como podemos explicar isso quando tudo está indo tão bem?

Seguiu-se um debate acalorado entre os líderes. A equipe havia se deparado com um problema complexo, e todos tinham uma opinião válida. Alan os manteve focados e, quando os argumentos começaram a se repetir, pressionou por uma conclusão.

– Estou disposto a ajustar a margem para cima – disse Vic –, mas acho que precisamos manter o número da receita em 40 milhões e descobrir como chegar lá.

Sue concordou. Estava empolgada com os planos agressivos de crescimento e sentia que era possível superar o limite que tanto preocupava Jeff. Apesar de entusiasmado com o crescimento, Tom concordou com Jeff. Uma empresa de 20 milhões mais lucrativa, com a metade dos funcionários, parecia ser um objetivo mais razoável e alcançável do que uma empresa de 40 milhões.

– Não há uma resposta certa clara – explicou Alan. – Então, a menos que alguém tenha algo novo a dizer, é hora de a integradora tomar a decisão. Eileen, pelo bem maior do negócio, qual é a Meta de 10 Anos?

– O Jeff expressou algumas preocupações muito válidas – respondeu ela em tom firme e ponderado. – À medida que crescemos, é fundamental observar atentamente o aumento de sinais de ineficiências, a queda da satisfação de clientes e colaboradores, a redução do lucro.

Fez uma pausa e continuou:

– Eu gostaria de chegar a 40 milhões, mas não consigo ver que seja possível. A empresa seria maior e menos ágil do que qualquer um de nós gostaria. Fico um pouco preocupada com o impacto da redução da Meta de 10 Anos no nosso pessoal, mas podemos explicar que aprendemos muito no último ano e avaliamos que administrar um negócio estável, sólido e lucrativo de 25 milhões será melhor para todos. Ainda é quase *quatro vezes* nosso tamanho atual. Vic, você concorda com 25 milhões e 20%?

– É um lucro líquido de 5 milhões – pontuou Vic. – Acho que concordo. Além disso, ainda tenho nove anos para convencer todos vocês de que estão estabelecendo metas muito baixas.

Eileen sorriu e a equipe terminou a discussão em um tom positivo.

Alan passou para a Estratégia de Marketing do OV/T. A equipe considerou que o mercado-alvo e as três singularidades estavam corretos. Sue explicou que o Processo Comprovado tinha funcionado muito bem com a equipe de vendas e constatou que a questão de estabelecer ou não uma garantia fora adicionada à Lista de Problemas. Ela planejava sugerir isso como um problema-chave para a equipe discutir e resolver no segundo dia.

– No início deste ano – explicou Alan após uma pausa – nós criamos a Imagem de 3 Anos que vocês têm no OV/T. Com a clareza adquirida nos últimos dez meses, vocês estão melhores, mais fortes e mais ágeis. Então vamos recomeçar do zero, adiantar um ano e traçar a imagem da organização que esta equipe quer construir nos *próximos* três anos. Primeiro vamos prever a receita, o lucro e os mensuráveis tangíveis para o ano que vem.

Alan deu à equipe algum tempo para adiantar a perspectiva por mais um ano e revisar as previsões financeiras. O exercício foi rápido; houve apenas pequenas divergências quanto a alguns números, que logo foram resolvidas.

Quando os líderes concordaram com a imagem financeira, Alan pediu que descrevessem mais detalhadamente como a organização seria dentro de três anos. Além da Imagem de 3 Anos anterior, sugeriu que considerassem a análise SWOT, a Lista de Problemas, a visão e o Diagrama de Responsabilidades como fonte de inspiração.

Em seguida, o consultor reuniu as respostas dos líderes. Com a lista completa, a equipe revisou cada item e tomou uma decisão sobre se era um componente essencial da Imagem de 3 Anos da Swan, resultando no seguinte:

IMAGEM DE 3 ANOS
DATA FUTURA: 31/12/20XX
RECEITA: US$ 12 MILHÕES
LUCRO: 12% (US$ 1,44 MILHÃO)
MENSURÁVEL: 50 PROJETOS DE US$ 100 MIL OU MAIS

- 50 PCLC
- CULTURA VIBRANTE
- NOVA SEDE
- NOVO ESCRITÓRIO DE VENDAS EM CHICAGO
- FORTE EQUIPE DE VENDAS DE 10 PESSOAS
- LUGAR RH (PCLC)
- LUGAR TI (PCLC)
- UMA DAS "MELHORES EMPRESAS PARA TRABALHAR" EM MINNESOTA
- 40% DE RECEITAS RECORRENTES
- GRANDE PARCEIRO DE SUBCONTRATAÇÃO TEMPORÁRIA
- EM BUSCA DE AQUISIÇÕES

– Com a Imagem de 3 Anos clara – disse Alan – e a equipe 100% alinhada com a visão da organização, podemos concluir por hoje. Obrigado por terem contribuído para manter esta reunião tão positiva. Espero que amanhã todos estejam dispostos para esmiuçar as questões que levantamos. Divirtam-se juntos esta noite. Vejo vocês aqui amanhã às 9 horas.

Faltavam alguns minutos para as 17h quando a equipe saiu energizada, animada com a jornada pela frente e pronta para desabafar um pouco. Sue, Jeff e Vic combinaram se encontrar na academia do hotel antes do jantar. Eileen e Tom foram para seus quartos revisar o dia, ligar para casa e tomar um banho. Às 19h a equipe tomou uns drinques no bar do hotel antes de ir jantar em um local badalado. O vinho e a conversa fluíram, a equipe se soltou e todos se divertiram.

Nas três horas que durou o jantar, Eileen conheceu sua equipe como nunca em centenas de horas no escritório. De repente se arrependeu de não ter reservado mais tempo para essas atividades antes e jurou mudar a partir de então.

SEGUNDO DIA

Alan não ficou surpreso ao ver alguns olhares sonolentos quando a equipe da Swan se reuniu na manhã seguinte, poucos minutos antes das 9 horas.

– Sejam bem-vindos ao segundo dia da Sessão de Planejamento Anual – começou, apontando para os objetivos e a agenda. – Hoje vamos arregaçar as mangas, esmiuçar os detalhes e trazer a visão para a prática.

OBJETIVOS (DIA 2)
- PLANO CLARO PARA REALIZAR VISÃO
- PLANO CLARO PARA PRIMEIRO TRIMESTRE
- RESOLVER PROBLEMAS-CHAVE

AGENDA (DIA 2)
- CHECK-IN
- REVISÃO LISTA DE PROBLEMAS/IMAGEM DE 3 ANOS
- PLANO DE 1 ANO
  - PAPÉIS E RESPONSABILIDADES
  - ORÇAMENTO
  - TABELA DE DESEMPENHO
- DEFINIR PEDRAS PRIMEIRO TRIMESTRE
- IDS
- PRÓXIMOS PASSOS
- CONCLUSÃO

Alan explicou minuciosamente cada item da agenda e perguntou se havia dúvidas. Como ninguém fez perguntas, ele passou para o check-in.

– O primeiro relato que gostaria de ouvir de vocês esta manhã é sobre os destaques de ontem – explicou. – Em seguida gostaria que analisassem suas expectativas de ontem e as reafirmassem para mim e para a equipe.

Após alguns minutos, Vic se ofereceu para começar.

– Houve muitos momentos marcantes para mim, mas o melhor foi a discussão sobre a Meta de 10 Anos – disse. – Isso pode ser uma surpresa, pois não consegui o que queria, mas tive uma verdadeira revelação durante a discussão. Talvez pela primeira vez tenha ficado claro para mim que crescimento nem sempre representa receita. Quer dizer, se estivermos adicionando 5 milhões ao lucro líquido por ano, que diferença faz se a receita for de 20 milhões ou de 40 milhões? Se todos estivermos tendo uma vida mais tranquila e administrável, e gerenciando uma operação estável e lucrativa, isso é a *definição* de não ter preocupações!

Vic releu suas expectativas do dia anterior antes de Alan se virar para ouvir o check-in de Sue.

– Sem dúvida, foi o exercício Uma Coisa – disse ela. – Gostei de ter o feedback e acho que todos foram sinceros uns com os outros e ouviram os dois lados do espectro. Acredito que vai fazer muita diferença para nós.

– Tom? – perguntou Alan depois ouvir as considerações de Sue.

– A decisão do Foco Central – respondeu ele. – Não só porque consegui o que esperava. Gostei mesmo foi da nossa capacidade de decidir. Reunimos informações, analisamos todas as opções e tomamos a decisão. Isso *nunca* aconteceu no meu trabalho anterior.

– Isso vai parecer engraçado – disse Jeff depois de Tom terminar –, mas meu destaque foi terem me chamado a atenção por não estar engajado nas Reuniões de Nível 10.

– Como assim? – perguntou Alan.

– Isso me fez valorizar ainda mais a importância do trabalho em equipe e da colaboração dentro da organização – explicou. – Todos falaram sobre esse assunto no processo de contratação, mas a discussão de ontem e o tempo que passei com a equipe à noite me fizeram refletir sobre o verdadeiro significado. Percebi que isso nunca me foi exigido em nenhum lugar em que trabalhei, por isso não sou muito bom nesse quesito. Mas vou *aprender* a fazer parte dessa equipe e me sinto ainda mais animado com o que podemos conquistar juntos.

– Isso é ótimo, Jeff – comentou Vic.

Jeff concluiu seu check-in reafirmando as expectativas do dia anterior, e todos os olhares se voltaram para Eileen.

– Houve *muitos* destaques – disse ela. – Gostei de revisar este ano e de tirar um tempo para celebrar o sucesso e aprender com os erros. O exercício de saúde da equipe foi cheio de revelações valiosas e emoção genuína. Mas sem dúvida o ponto alto foi a identificação do problema de subcontratação temporária. É assim que este negócio deveria funcionar, com um grupo de pessoas competentes coletando e analisando informações, avaliando opções e optando pelo melhor interesse de longo prazo do negócio.

Em seguida reiterou suas expectativas para a sessão.

Passando para o item seguinte da pauta, Alan direcionou a atenção da equipe para a Lista de Problemas e a Imagem de 3 Anos.

– É hora de revisar o trabalho de ontem sob uma nova perspectiva – explicou.

Passou por todos os problemas e leu os itens da Imagem de 3 Anos, assegurando que tivessem ficado claros e que os líderes estivessem alinhados.

– Agora que a Lista de Problemas e a Imagem de 3 Anos estão claras – prosseguiu –, podemos elaborar um Plano de 1 Ano mais sólido. Vamos começar prevendo a receita.

– Nove milhões – disse Vic.

– Eu anotei 8,5 – seguiu Sue.

– Também 8,5 – afirmou Tom.

– Eu calculei oito milhões – disse Jeff, olhando para uma planilha. – Isso representa apenas cerca de 10% de crescimento, mas estou estimando que não vamos gerar receita com subcontratações temporárias o ano inteiro. Na verdade, está mais perto de um crescimento real de 15% e nos leva a um bom começo em direção a 12 milhões em três anos.

– Sue? – perguntou Eileen. – Você e sua equipe podem chegar a 8 milhões sem nenhum novo negócio de subcontratação temporária?

– Acredito que sim – respondeu Sue. – Talvez eu queira acelerar meu plano de contratação, mas acho que podemos chegar lá.

– Tom, você e sua equipe podem entregar isso? – perguntou Eileen.

– Sim – respondeu ele, confiante.

– Então eu digo 8 milhões – concluiu Eileen. – Vic, você concorda?

– Normalmente sou muito rigoroso com os detalhes – disse em tom de brincadeira. – Eu não considerei o impacto que sair do negócio de subcontratação teria na receita. Concordo.

Alan escreveu 8 milhões no quadro e pediu a todos a previsão de lucro. A equipe logo concordou com 10%, ou seja, 800 mil dólares. O debate sobre o número de projetos de 100 mil dólares foi mais acalorado. No final a equipe chegou às seguintes previsões financeiras:

PLANO DE 1 ANO
DATA FUTURA 31/12/20XX
RECEITA: US$ 8 MILHÕES
LUCRO: 10% (US$ 800 MIL)
MENSURÁVEL: 30 PROJETOS DE US$ 100 MIL OU MAIS

– Em seguida precisamos identificar as três a sete *coisas mais importantes* a fazer no próximo ano para garantir que se manterão nos trilhos e alcançarão a Imagem de 3 Anos – continuou Alan.

Os líderes começaram a escrever. Alguns se levantaram para revisar a Imagem de 3 Anos e a Lista de Problemas, e consultaram suas anotações e ferramentas fundamentais em busca de ideias. Quando todos concluíram suas listas, Alan lembrou que eles adotariam a mesma abordagem "uma de cada vez" para definir as metas para um ano, como tinham feito nove meses antes.

– Todos os Processos Fundamentais documentados, simplificados e seguidos por todos – afirmou Tom. – Essa é a única maneira de crescer rapidamente *e* aumentar a margem de lucro líquido.

– De acordo – afiançou Jeff.

Eileen assentiu, e tanto Sue como Vic disseram que aquilo estava em suas listas. Alan anotou a meta e pediu outro voluntário.

– Eu escrevi "Aumentar a equipe de vendas e marketing" – complementou Sue. – Passei o último ano colocando pessoas certas nos lugares certos, mas, enquanto estava trabalhando no orçamento com o Jeff e me preparando para esta sessão, percebi que nunca vamos ultrapassar 7 ou 8 milhões em receita sem aumentar os recursos. Gostaria de contratar um novo assistente de vendas no primeiro trimestre e outro no terceiro. Também gostaria de internalizar o marketing no primeiro trimestre, mas esse custo vai ser compensado. Vou gastar cerca de dois terços do que pagamos à empresa do Art por ano para ter alguém responsável por todos os processos da área. Só vou usar o Art e sua equipe para pesquisas e estratégias.

Como todos concordaram, Alan anotou a meta e pediu outras sugestões.

– Reestruturar o financeiro – disse Jeff. – Ainda não defini o modelo ideal, mas estou pensando que, no mínimo, devemos terceirizar a TI e contratar uma pessoa de RH este ano.

– Eu também escrevi "lugar de RH" – acrescentou Eileen. – Quero dizer, pelo menos alguém em meio período. Existem muitos problemas relacionados a RH na Lista de Problemas que não vão desaparecer até termos a pessoa certa no lugar certo de RH para cuidar disso. O Jeff está lidando com tantos problemas de pessoas no dia a dia que está se tornando o responsável pelo RH.

Isso desencadeou outro debate. Tom concordou, mas nem Vic nem Sue estavam convencidos. No final, a equipe manteve a meta e adicionou outras duas.

PLANO DE 1 ANO

DATA FUTURA 31/12/20XX
RECEITA: US$ 8 MILHÕES
LUCRO: 10% (US$ 800 MIL)
MENSURÁVEL: 30 PROJETOS DE US$ 100 MIL OU MAIS

1. TODOS OS PROCESSOS FUNDAMENTAIS DOCUMENTADOS, SIMPLIFICADOS E SPT
2. NOVA GERAÇÃO NO DEPARTAMENTO DE MKT/VENDAS (2 NOVOS EXECUTIVOS DE VENDAS, MARKETING INTERNO)
3. REESTRUTURAÇÃO DO DEPARTAMENTO FINANCEIRO (INCLUINDO RH E TI)
4. TABELA DE DESEMPENHO EM TODOS OS DEPARTAMENTOS E TODOS COM UM NÚMERO
5. INTEGRAÇÃO DO PARCEIRO CERTO EM SUBCONTRATAÇÃO TEMPORÁRIA

– Agora que desenvolvemos metas sólidas para o próximo ano – disse Alan quando a equipe concluiu a discussão –, existem três itens da pauta a serem resolvidos antes do Plano de 1 Ano ser finalizado. O primeiro é responder à seguinte pergunta: seus papéis e responsabilidades estão claros? Em outras palavras, ao consultar o Diagrama de Responsabilidades, vocês têm todas as informações de que precisam para cumprir o Plano de 1 Ano? Cada um tem absoluta clareza sobre seu papel na execução desse plano?

Alan pediu a Eileen que distribuísse o Diagrama de Responsabilidades e trabalhou com a equipe nele. Mais uma vez, os líderes se concentraram primeiro na estrutura e depois nas pessoas. Sue definiu seus planos para o departamento de marketing e vendas, enquanto Alan registrava essas mudanças no quadro. O restante da equipe fez perguntas, deu algumas sugestões e concordou em apoiar o plano de Sue. Tom detalhou planos de adicionar recursos-chave ao departamento de operações no decorrer do ano, e Jeff apresentou seu plano preliminar para expandir o financeiro.

Quando concordaram que tinham a estrutura adequada para apoiar o Plano de 1 Ano da Swan, os líderes se concentraram em identificar problemas relacionados a pessoas. Alan acrescentou várias questões de "lugar vago" à Lista de Problemas, bem como algumas pessoas que um ou mais membros da equipe achavam que não atendiam ao padrão necessário.

– O segundo item da pauta é o orçamento – explicou Alan. – Jeff, você tem tudo de que precisa para concluir o orçamento para o próximo ano?

– Sim – respondeu Jeff. – Eu já estou com um esboço pronto. As decisões que tomamos hoje e alguns detalhes do Diagrama de Responsabilidades que acabamos de revisar vão me ajudar a concluí-lo antes do fim do ano.

– Ótimo – disse Alan. – Vamos para o terceiro item: a Tabela de Desempenho. Eileen, você pode distribuir cópias da Tabela de Desempenho da equipe de liderança para podermos revisá-la de acordo com o Plano de 1 Ano?

Alan reviu com a equipe a Tabela de Desempenho, uma métrica de cada vez. Os líderes atualizaram as metas que manteriam a Swan nos trilhos para executar o plano para o ano. Quando o exercício foi concluído,

Jeff concordou em fazer alterações na Tabela de Desempenho e levar cópias atualizadas para a próxima Reunião de Nível 10 da equipe. Alan dispensou o grupo para um intervalo e preparou a sala para a definição das Pedras.

– Com o Plano de 1 Ano completo – prosseguiu Alan quando a sessão foi retomada –, chegou o momento de definir as Pedras do primeiro trimestre. Por favor, revejam o Plano de 1 Ano e sua Lista de Problemas, e registrem as três a sete prioridades que vocês acham que a empresa deve concluir nos próximos noventa dias para estabelecer as bases para alcançar o Plano de 1 Ano.

Com a equipe já começando a dominar o processo, a definição das Pedras foi mais rápida do que nas sessões anteriores. A lista de Pedras potenciais da empresa foi bem menor do que antes, e o processo de priorização usando Manter, Eliminar e Combinar se mostrou um pouco mais ágil. A equipe logo definiu as métricas financeiras e cinco Pedras da empresa. Alan então convidou os líderes a selecionar suas Pedras individuais. Quando tudo estava concluído, a Folha de Pedras do primeiro trimestre da Swan se parecia com o documento da p. 310.

– Ótimo trabalho – disse Alan quando o exercício de definição das Pedras foi concluído. – Vamos passar o resto do dia resolvendo problemas. Sei que a lista aumentou e que vocês estão ansiosos para começar a resolvê-los.

– Você está *totalmente* certo, Alan – exclamou Vic. – Quase voltei para a sala escondido ontem à noite para jogar fora todas as suas canetas verdes!

– A boa notícia – continuou Alan, rindo – é que, com o planejamento das Metas de 1 Ano e as Pedras do primeiro trimestre, vocês estabeleceram planos que farão com que alguns desses problemas desapareçam para sempre. Então, antes de começarmos a resolvê-los, vamos passar por eles e limpar a lista. Vou ler cada problema e, se vocês forem resolver com uma meta ou uma Pedra, ou se já resolvemos durante a sessão, basta dizer "fora". "Pendente" significa que ainda não foi resolvido e precisamos deixá-lo na lista.

FOLHA DE PEDRAS DA SWAN SERVICES PRIMEIRO TRIMESTRE DE 20XX

Data futura: 27 de março de 20XX   Receita: US$ 2 milhões   Lucro: 7,5%   Mensuráveis: 4 projetos de US$ 100 mil ou mais

PEDRAS DA EMPRESA	QUEM	
1) Começar busca de subcontratação temporária	Eileen	
2) Contratar novo colaborador de vendas e coordenador de marketing	Sue	
3) Estruturar o departamento financeiro e definir lugar de RH	Jeff	
4) Contratar AN, GP e desenvolvedor	Tom	
5) Tomar decisão sobre tecnologia de nova geração	Tom	
6)		
7)		

SUE		TOM	JEFF	
1) Contratar novo colaborador de vendas e coordenador de marketing		1) Contratar AN, GP e desenvolvedor	1) Estruturar o departamento financeiro e definir cargo de RH	
2) Definir Tabela de Desempenho do departamento de Vendas e mensuráveis individuais		2) Tomar decisão sobre tecnologia de nova geração	2) Tornar processo de contabilidade (incluindo prazos e faturamento) seguido por todos	
3) Tornar o processo de vendas seguido por todos		3) Tornar processo de execução de projeto seguido por todos	3) Concluir orçamento de 20XX e fazer revisões financeiras com a equipe de liderança duas semanas antes do fim do mês	
4)		4) Redefinir Tabela de Desempenho de operações e desenvolvimento	4)	
5)		5)	5)	
6)		6)	6)	
7)		7)	7)	

EILEEN		VIC	
1) Começar busca de subcontratação temporária		1) Avaliar opções para aumentar as receitas recorrentes e recomendar perseguir pelo menos uma	
2) Avaliar oportunidade de aquisição da Sensi-Tech		2) Conduzir pelo menos um exercício de criação de confiança	
3) Implementar processo de RH e torná-lo seguido por todos		3)	
4)		4)	
5)		5)	
6)		6)	
7)		7)	

Após alguns minutos, a extensa Lista de Problemas foi reduzida a um tamanho mais administrável.

REUNIÕES DE NÍVEL 10	FORTALECIMENTO DA CONCORRÊNCIA
GERAÇÃO DE PROSPECTS	TECNOLOGIA DESATUALIZADA
ENCONTRAR TALENTOS	SEGURANÇA DE DADOS
INTEGRAR NOVOS CONTRATADOS	DISPONIBILIDADE DE CAPITAL (CLIENTES, NÓS)
RECRUTAMENTO INTERNO EM OPERAÇÕES	AUMENTO CUSTO DE SEGURO-SAÚDE
GERÊNCIA DE NÍVEL MÉDIO	SUE – TEMPO SUFICIENTE?
PREVISÃO DE RECEITA	RAJ – PCLC
GERENCIAMENTO DE CARGA DE TRABALHO FLUTUANTE	POLÍTICA DE LICENÇA REMUNERADA
NOVA SEDE	TREINAMENTO TÉCNICO
RECRUTAMENTO TI	PLANO DE CONTINGÊNCIA PARA DESASTRES
ESCRITÓRIO DE DESENVOLVIMENTO NO EXTERIOR	GARANTIA
NOVO ESPAÇO PARA ESCRITÓRIO	DESRESPEITO À HIERARQUIA
SOLUÇÕES COMUNS DE "PRODUTIVIZAÇÃO"	LGR
CERTIFICAÇÃO	LUGAR DE VENDAS EM ABERTO (~~2~~)
PERDA DE FUNCIONÁRIOS ESSENCIAIS	

– Agora ficou *bacana* – disse Vic quando a lista foi enxugada. – Além disso, vejo um monte desses problemas eliminados quando tivermos alguém para cuidar de RH.

– Exatamente – concordou Jeff.

Mais uma vez Alan aplicou com a equipe a disciplina do IDS, ajudando a priorizar "três problemas mais importantes para resolvermos aqui hoje".

– Desrespeito à hierarquia – disse Tom primeiro.

Eileen sugeriu "Raj – PCLC" e Sue falou em "Previsão de receita". Alan escreveu os números 1, 2 e 3 ao lado de cada problema e voltou-se para a equipe.

– Vamos usar o IDS no desrespeito à hierarquia – começou Alan. – Tom, você enunciaria o problema que precisamos discutir e resolver hoje?

– Claro – respondeu Tom, meio constrangido. – Um desrespeito à hierarquia acontece quando um líder vai reportar um problema para um subordinado direto de outro líder, ou vice-versa, em vez de respeitar a cadeia de comando apropriada. Isso acontece com frequência na empresa.

– Você pode nos dar um exemplo? – questionou Eileen.

– Claro – disse Tom, já preparado para a pergunta. – Vic, você não faz muito isso, mas na semana passada eu o vi falando durante uns 25 minutos com o Matt, o gerente de projetos do negócio da Radiation Therapies, e tive a impressão de que o clima ficou um pouco tenso entre vocês. Então, quando a conversa acabou, perguntei informalmente a ele o que estava acontecendo. Matt explicou que o Troy tinha dado um alerta vermelho a você sobre o projeto.

– Ele ficou chateado com a conversa? – perguntou Vic.

– Antes de começarmos a debater – interveio Alan –, todos estão entendendo o problema?

A equipe disse que sim, e Alan fez um gesto para Vic e Tom continuarem.

– Respondendo a sua pergunta – disse Tom – ele não ficou exatamente chateado.

– Então eu não vejo como um problema – retrucou Vic. – Passei pela mesa do Troy para perguntar como estava tudo. Ele disse que estava preocupado com o projeto, mas ocupado com outra proposta e não podia cuidar daquilo, então me ofereci para ajudar. Sabia que seria uma conversa rápida e não quis incomodar você, por isso fui falar com o Matt. Por que seria um problema?

Tom ficou desconcertado. Sempre ficava hesitante ao questionar uma autoridade.

– Tom? – perguntou Alan calmamente. – Que problemas podem ser causados por uma situação de desrespeito à hierarquia?

– O Matt não ficou chateado, mas sim um pouco abalado. Você é um dos donos da empresa, Vic, por mais amigável e acessível que seja. Quando aparece na mesa de alguém para perguntar sobre um problema, é intimidador. Quando você saiu, o Matt achou que tinha pisado na bola e queria largar tudo para se concentrar no projeto da Radiation Therapies.

– Mas eu não falei que ele tinha pisado na bola! – exclamou Vic.

– Eu sei que não, Vic – respondeu Tom. – Entendi que você só tinha feito algumas perguntas para saber como resolver as preocupações do cliente. Mas o Matt não entendeu assim. É por isso que prefiro que nós dois conversemos sobre problemas como esse antes de você falar com os membros da minha equipe.

– Olha, Tom, isso parece um pouco corporativo demais para mim – disse Vic sinceramente. – Essa não é nossa cultura! "Ajudar em primeiro lugar" é um dos Valores Fundamentais porque sempre tivemos uma mentalidade de "custe o que custar, contribuir e ajudar". Parece que estou sendo atacado por tentar ajudar.

– Um momento, Vic – interrompeu Eileen. – Eu ouvi com atenção e na verdade o Tom não está te *atacando*. Ele só levantou um problema válido e deu um exemplo recente para ilustrar. Disse que *sabe* que você só tentava ajudar.

– Exatamente – concordou Tom. – Eu só gostaria que você ajudasse *passando por mim* sempre que possível. Queria que seguíssemos as linhas de comunicação estabelecidas no Diagrama de Responsabilidades. Senão isso perturba a noção de prioridades da equipe e envia sinais contraditórios sobre quem é responsável pelo quê.

– Sabe, Vic – interveio Alan –, esse é um problema que muitos clientes têm com o crescimento da empresa. O desrespeito à hierarquia pode enfraquecer os gerentes. Alguém acaba se tornando o "departamento de reclamações" e cria uma praga. Mas o que estou ouvindo você dizer é que deseja continuar acessível e engajado com todos os funcionários e preservar a cultura empreendedora. Certo?

– Certo – respondeu Vic, curioso com a direção que Alan daria ao caso.

– Já vi outros clientes atingirem essas metas seguindo duas regras básicas – explicou. – Em primeiro lugar, embora seja aceitável e saudável interagir e conversar com os funcionários, você não pode resolver os problemas por eles. Se quer construir uma organização com equipes saudáveis e produtivas, o líder de cada equipe precisa ser visto como a pessoa com o conhecimento e a autoridade para ajudar a resolver os problemas.

Vic concordou.

– A segunda regra – continuou Alan – é que *você* também precisa falar com esse gerente para resolver problemas. Quando conversar com um funcionário e ele apontar um problema, manifestar uma insatisfação ou simplesmente desabafar, é bom ouvir e tranquilizar. Porém, antes de concluir, você precisa levar o problema ao gerente. Uma ótima maneira de fazer isso é concluir com a pergunta: "Então, você vai falar com ele ou eu falo?" Você precisa deixar claro que um de vocês precisa falar com o gerente. Assim você se envolveu, ouviu e direcionou o colaborador para o lugar certo em busca de ajuda: o gerente do departamento em questão.

Durante toda sua carreira, Vic nunca fechou a porta da sala e raramente permitiu que uma porta fechada na sala de alguém o impedisse de entrar. Não gostava da ideia de uma cadeia de comando. Ao mesmo tempo, entendia o ponto de vista de Tom sobre como suas boas intenções poderiam, sem querer, desviar as equipes do caminho certo.

– Então, em resumo, você está dizendo que é preciso respeitar os papéis uns dos outros como líderes e deixar os gerentes gerenciarem? – perguntou Vic.

– Exatamente – respondeu Tom, aliviado.

– Tudo bem – admitiu Vic.

– Todos estão de acordo? – perguntou Alan.

– Sim – respondeu Eileen, enquanto Jeff assentia. – Eu também preciso melhorar em termos de respeito à hierarquia.

– Partindo para o segundo problema – continuou Alan após a equipe considerar o problema de desrespeito à hierarquia resolvido. – Raj é a pessoa certa no lugar certo? Tom, esse é seu problema, certo?

– Certo – concordou ele.

– O Raj está na Lista de Problemas desde antes de você chegar aqui! – comentou Eileen.

– Eu sei – disse Tom. – O Evan ainda acredita que pode fazer com que ele supere a linha de corte.

– Tudo bem – disse Alan. – Para identificar um problema relacionado a pessoas sempre recorremos ao Analisador de Pessoas.

Alan pediu aos líderes que criassem um modelo de Analisador de Pessoas. Os resultados mostraram que Raj estava abaixo da linha de corte.

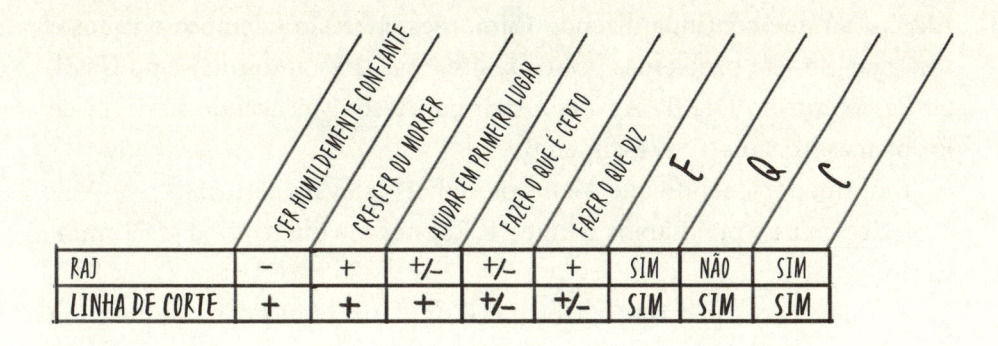

	SER HUMILDEMENTE CONFIANTE	CRESCER OU MORRER	AJUDAR EM PRIMEIRO LUGAR	FAZER O QUE É CERTO	FAZER O QUE DIZ	E	Q	C
RAJ	−	+	+/−	+/−	+	SIM	NÃO	SIM
LINHA DE CORTE	+	+	+	+/−	+/−	SIM	SIM	SIM

— O Raj é a pessoa errada no lugar errado — explicou Alan. — Vamos analisar.

— Acho que não há muito que analisar — disse Eileen. — Com todo o respeito ao Evan, o Raj está abaixo da linha de corte há tanto tempo que deverá ser substituído.

— Então qual é o problema? — perguntou Alan. — Vocês começaram a usar a regra dos três golpes no processo de RH? Você ou o Evan tiveram uma ou duas conversas difíceis com o Raj?

— Duas — respondeu Tom. — Depois de cada uma ele melhorou por um curto período, mas então voltou a alguns antigos hábitos ruins.

— Ele é uma prima-dona — explicou Sue. — Superinteligente, sempre atualizado em tecnologia de ponta, mas é um incômodo. Na minha opinião, o Evan tolera o "desencaixe" dos Valores Fundamentais e a questão do "querer" porque teria muita dificuldade para substituir o poder de fogo do Raj na equipe.

— É assim, Tom? — perguntou Alan.

— É — admitiu ele. — Além disso, o Raj tem alguns problemas pessoais que sempre surgem quando começamos a pensar que algo é a gota d'água. Primeiro um dos pais dele ficou doente, depois teve problemas conjugais, e assim por diante. Então resolvemos esperar um pouco mais e continuar tentando fazer com que ele melhore.

— Aaaah — disse Alan, pensativo. — O Evan está sofrendo com o "sim, mas", não é?

— "Sim, mas"? — perguntou Tom.

— Isso acontece quando alguém tem um problema claro com um colaborador e todos acham que é preciso aplicar a regra dos três golpes — explicou

Alan. – Só que continua dizendo "Sim, mas ele é tão talentoso e valioso; sim, mas ele tem problemas pessoais; sim, mas já estamos quase no Natal, na Páscoa ou no Dia da Árvore". Assim a pessoa vai ficando na Lista de Problemas, travando o crescimento.

Tom riu, percebendo que Alan e os demais estavam certos.

– Nesse caso, precisamos demitir o Raj neste trimestre – disse Tom. – Certo?

– O que vocês precisam fazer é elaborar um plano consistente para fazer esse problema constante de pessoas desaparecer para sempre – respondeu Alan. – Às vezes algumas circunstâncias justificam adiar uma demissão. Talvez ele seja vital para um projeto importante ou esteja desenvolvendo um plano para conquistar um novo cliente "A". Se for o caso, só peço que você e a equipe concordem sobre como e quando vão começar os preparativos para a saída definitiva dele. Vocês vão contratar outro desenvolvedor de alto nível? Vão começar a treinar outros desenvolvedores nos projetos em andamento para amenizar o impacto da demissão?

A equipe se envolveu numa discussão saudável e produtiva sobre as opções. Tom ajustou sua Pedra de contratação para incluir um segundo desenvolvedor com as competências necessárias para o lugar de Raj. Assumiu a tarefa de agendar uma reunião com Evan para discutir o cronograma e comunicar a decisão à equipe. Prometeu que Raj não estaria mais na Lista de Problemas na Sessão Trimestral de março.

Em seguida Alan ajudou a equipe a resolver o terceiro problema: a previsão de receita. Havia alguma confusão e certos conflitos quanto à qualidade e à consistência do relatório do pipeline de vendas, que servia de base para Tom fazer suas estimativas de contratação. Em um diálogo acirrado, mas profissional, a equipe conseguiu concordar com algumas mudanças no processo de vendas, no próprio relatório do pipeline e nos números da Tabela de Desempenho. Sue se sentiu bem por resolver o problema, já que isso facilitava o compromisso com Uma Coisa que havia assumido no dia anterior.

Com o assunto resolvido, Alan pediu aos líderes que priorizassem os três próximos problemas mais importantes da lista. Sue se manifestou prontamente, propondo "garantia?" como o número um. Eileen sugeriu

"Reuniões de Nível 10" como número dois, e Jeff indicou "segurança de dados" como número três.

– Eu gostaria que a equipe aprovasse uma garantia que possa ser inserida no processo de vendas – disse Sue quando Alan pediu que ela identificasse o problema. – Acho que vai reverberar no mercado-alvo, ser coerente com o Foco Central e aceitável em termos de risco.

Sue sugeriu que a garantia da Swan focasse não na *entrega*, mas na agilidade da proposta de uma solução para "resolver problemas reais do cliente com a tecnologia certa". Falou com muita convicção sobre o fato de os clientes em potencial ficarem muito insatisfeitos por duas razões: a lentidão do tempo de resposta e a tendência a propor soluções padronizadas que não resolvem a questão real.

– Além de nos diferenciarmos com essa garantia, podemos superar a concorrência – explicou. – Seremos convidados para mais licitações. Vamos apresentar propostas aos clientes em potencial dias antes dos concorrentes, talvez até *semanas*. Seremos melhores do que qualquer concorrente em identificar e solucionar o problema real dos clientes em potencial.

Sue respondeu a uma série de perguntas sobre as especificidades da ideia. Defendia que a Swan deveria garantir a entrega de uma proposta de alto nível até cinco dias úteis após uma reunião de análise das necessidades. Diante de um projeto fora do Foco Central ou das competências da empresa, ela e sua equipe de vendas estavam totalmente preparadas para identificar a situação e recomendar uma ou mais alternativas ao cliente em potencial.

– O que acontece se nós *não* apresentarmos uma proposta no prazo? – perguntou Jeff.

– Nesse caso – respondeu Sue –, se não entregarmos uma proposta de alto nível em cinco dias e mesmo assim eles nos escolherem para fazer o trabalho, proponho preparar o plano *detalhado* do projeto sem custo. Ou pelo menos com um valor bem reduzido.

Os líderes debateram acirradamente a proposta. Por fim concordaram em que esse tipo de garantia geraria mais *prospects* e aumentaria muito a porcentagem de licitações vencidas pela Swan. Jeff, Tom e Eileen se mostraram preocupados com os riscos, mas concordaram em endossar a garantia desde que Sue só a implantasse *depois* de ela e Tom revisarem o processo de vendas para minimizar custos e riscos. Sue adicionou uma Pedra individual para esse efeito, e Eileen anotou o seguinte na seção Estratégia de Marketing do OV/T: "A Swan Services apresentará a solução tecnológica certa para o problema real do seu negócio em cinco dias úteis."

Alan passou a trabalhar com a equipe nos outros dois problemas. No decorrer da tarde, a equipe priorizou e resolveu diversas questões usando o IDS. Às 16h15 Vic fez uma sugestão.

– Alan, posso sugerir priorizar os próximos passos? – perguntou, acenando com uma folha de caderno como se fosse uma bandeira branca, fingindo estar sem fôlego. – Não consigo mais me recuperar de uma noitada como antes! Alguém mais acha que já resolvemos problemas suficientes para um dia?

– Totalmente de acordo – disse Eileen, rindo. – Na verdade, eu estava prestes a fazer a mesma sugestão, Vic, mas sem o seu toque dramático.

Os outros concordaram logo, e Alan os ajudou a esclarecer os passos seguintes. Começou compartimentando a Lista de Problemas, eliminando os resolvidos durante a sessão e deixando os restantes na agenda do OV/T ou da Reunião de Nível 10.

GERÊNCIA DE NÍVEL MÉDIO	OV/T	DISPONIBILIDADE DE CAPITAL (CLIENTES, NÓS)	OV/T
GERENCIAMENTO DE CARGA DE TRABALHO FLUTUANTE	N10	AUMENTO DE CUSTOS DE SEGURO-SAÚDE	N10
NOVO ESPAÇO PARA ESCRITÓRIO	OV/T	SUE – TEMPO SUFICIENTE?	N10
RECRUTAMENTO TI	OV/T	POLÍTICA DE LICENÇA REMUNERADA	N10
ESCRITÓRIO DE DESENVOLVIMENTO NO EXTERIOR	OV/T	TREINAMENTO TÉCNICO	N10
TRANSFORMAR SOLUÇÕES COMUNS EM PRODUTOS COMERCIALIZÁVEIS	OV/T	PLANO DE CONTINGÊNCIA PARA DESASTRES	OV/T
CERTIFICAÇÃO	OV/T	LGR	OV/T
		LUGAR DE VENDAS EM ABERTO (-Z-)	OV/T

Depois de percorrer os passos e esclarecer os deveres de casa, Alan encerrou a reunião.

– Obrigado a todos por dois dias intensos – disse. – Na minha opinião, vocês estão saindo daqui mais saudáveis como equipe, alinhados e comprometidos com realizar a visão. Têm um plano claro para o próximo ano e o próximo trimestre, e resolveram literalmente *dezenas* de problemas-chave. Obrigado pelo excelente trabalho de hoje e por tudo que fizeram ao longo do ano para implementar este sistema. Antes de sairmos, gostaria de concluir com quatro itens. Primeiro, um feedback: Onde está a cabeça de vocês? Como estão se sentindo? Depois me digam se suas expectativas para esses dois dias foram atendidas. Em terceiro lugar, estejam preparados para reafirmar seus compromissos com Uma Coisa para o próximo ano. Por último, por favor, avaliem a reunião. Como nos saímos nestes dois dias?

– Eu começo – disse Sue quando todos estavam prontos:

– Foram dois dias fantásticos. Para ser franca, eu estava cética: não foi fácil imaginar passar dois dias fora do escritório com todos os negócios que estamos tentando fechar e as metas que precisamos cumprir. Mas fiquei muito feliz por termos feito isso. Minhas expectativas foram amplamente superadas.

Sue então reafirmou seu compromisso com Uma Coisa e deu um dez à reunião.

A resposta de Tom foi quase igual. Agradeceu ao grupo – sobretudo a Vic – por permitir que ele fosse sincero sobre questões que vinha ruminando havia algum tempo. Reiterou ser muito bom fazer parte de uma equipe voltada para o crescimento e trabalhando em conjunto para construir algo especial. Depois de reler seu compromisso com Uma Coisa, também deu nota dez.

– Eu estou com a Sue – disse Jeff. – Depois de apenas quatro meses no emprego, não estava entusiasmado com passar dois dias fora do escritório. Mas, apesar de estes dois dias terem me obrigado a trabalhar bem fora do que é confortável para mim, estou empolgado com tudo que aconteceu aqui. Conheço todos vocês muito melhor agora do que quando entrei, e espero que sintam o mesmo com relação a mim.

Os outros líderes sorriram, também contentes por terem se aproximado mais de Jeff.

– Minhas expectativas foram todas atendidas – continuou. – Vou dar um nove, que me disseram que é um dez quando vem do diretor financeiro.

Alan riu, lembrou Jeff de reler seu compromisso com Uma Coisa e pediu o feedback de Eileen.

– Quanta diferença em um ano – começou Eileen. – Depois de dois dias com vocês, posso dizer que nunca tive tanto orgulho de fazer parte de um time como agora. Obrigada por nos unir e nos ajudar a transformar esse empreendimento na empresa que o Vic e eu imaginamos quando tivemos essa ideia maluca.

Explicou ainda que a reunião tinha atendido a suas expectativas, reafirmou seu compromisso com Uma Coisa e deu nota dez.

– Vou começar avaliando a reunião como dez – disse Vic. – Minhas expectativas foram atendidas. Prometo que no ano que vem começarei a ajudar a Eileen a delegar e a crescer em sua função como integradora. Também quero agradecer o valor que ela agrega a essa função. Quanto ao feedback, devo dizer de coração que nunca me senti mais próximo de minha sócia. Não foi uma jornada fácil para nenhum de nós. Mesmo depois de começarmos a trabalhar com você, Alan, às vezes queríamos nos matar. O seu sistema ajudou muito, mas não conseguiríamos ter dado a volta por cima sem as pessoas presentes nesta sala. Obrigado a todos. Estou saindo de férias mais feliz do que nunca, com a esperança de que o próximo ano seja ainda melhor.

ORGANIZADOR DE VISÃO/TRAÇÃO

Swan Services — TRI 01 20XX

VISÃO

VALORES FUNDAMENTAIS	1. Ser humildemente confiante 2. Crescer ou morrer 3. Ajudar em primeiro lugar 4. Fazer o que é certo 5. Fazer o que diz	**IMAGEM DE 3 ANOS** **Data futura:** 31 de dezembro de 20XX **Receita:** US$ 12 milhões **Margem de lucro:** 12% (US$ 1,44 milhão) **Mensurável:** 50 projetos de US$ 100 mil ou mais **Como vai ser?** • 50 PCLC • Cultura vibrante • Nova sede da empresa • Novo escritório de vendas em Chicago • Forte equipe de vendas de dez pessoas • Lugar PCLC interno em TI • Lugar PCLC em RH • Uma das "Melhores Empresas para Trabalhar" em Minnesota • 40% de receitas recorrentes • Parceiro para subcontratações temporárias • Em busca de aquisições
FOCO CENTRAL	**Paixão:** Construir uma grande empresa com grandes pessoas **Nicho:** Solucionar problemas reais com a tecnologia certa	
META DE 10 ANOS	US$ 25 milhões de receita com 20% de lucro líquido	
ESTRATÉGIA DE MARKETING	**Mercado-Alvo: "A Lista"** Diretores de TI ou CFOs de grandes empresas dependentes de tecnologia (saúde, serviços financeiros, educação) com mais de US$ 100 milhões em receita que atendam às seguintes características: • Sede acima do Meio-Oeste • Dispostas a buscar soluções de problemas tecnológicos fora da empresa • Queiram uma relação de longo prazo com um parceiro estratégico, não com um fornecedor de baixo custo **Três singularidades:** 1. Somos gente de verdade e nos importamos com o cliente 2. Somos especialistas no uso de tecnologia para resolver problemas de empresas 3. Fazemos o que dizemos **Processo comprovado:** ver anexo **Garantia:** A Swan apresentará a solução tecnológica certa para o verdadeiro problema de seu negócio em até cinco dias úteis	

ORGANIZADOR DE VISÃO/TRAÇÃO

Swan Services – TRI 01 20XX

TRAÇÃO

PLANO DE 1 ANO	PEDRAS		LISTA DE PROBLEMAS	
Data futura: 31 de dezembro de 20XX **Receita:** US$ 8 milhões **Lucro:** 10% (US$ 800 mil) **Mensuráveis:** 30 projetos de US$ 100 mil ou mais	**Data futura:** 27 de março de 20XX **Receita:** US$ 1,75 milhão **Lucro:** 10% **Mensuráveis:** 4 projetos de US$100 mil ou mais		1.	Gerência de nível médio
			2.	Novo espaço para escritório
			3.	Recrutamento TI
			4.	Escritório de desenvolvimento no exterior
Metas para o Ano:	**Pedras para o Trimestre:**	**Quem**		
1. Todos os Processos Fundamentais documentados, simplificados e seguidos por todos	1. Iniciar busca de parceiro para subcontratações temporárias	Eileen	5.	Transformar soluções comuns em produtos comercializáveis
	2. Contratar um executivo de vendas e um coordenador de marketing	Sue	6.	Disponibilidade de capital (clientes, nós)
2. 2. Nova geração em marketing/vendas			7.	Plano de contingência para desastres
3. 3. Reestruturar departamento financeiro (incluindo RH e TI)			8.	LGR
	3. Reestruturar departamento financeiro e definir lugar de RH	Jeff	9.	Posição de vendas em aberto
4. 4. Tabela de Desempenho em todos os departamentos e todos com um número			10.	
			11.	
	4. Contratar AN, GP e dois desenvolvedores	Tom	12.	
5. 5. Encontrar parceiro certo para subcontratação temporária	5. Tomar decisão sobre tecnologia de nova geração	Tom		
6.	6.			
7.	7.			

CAPÍTULO 8

TRAÇÃO

O ano novo começou com a equipe de liderança da Swan ganhando cada vez mais tração. Alan conduziu Sessões Trimestrais em março, junho e setembro, e gostou de ver o progresso da empresa. Eles continuavam encontrando obstáculos, mas as ferramentas que cada líder usava agora para administrar todos os níveis da organização ajudaram a superar até os maiores desafios.

A receita e o lucro aumentaram de modo constante. Um processo aprimorado de contratação e recrutamento interno (parabéns ao novo titular do RH) ajudou Tom e sua equipe a gerenciar a carteira de pedidos e a entregar projetos no prazo e dentro do orçamento para um número crescente de clientes satisfeitos.

Vic se acomodou confortavelmente em seu papel de visionário, ajudando Sue e a equipe a abrir portas, fechar negócios e fortalecer relacionamentos importantes sempre que era chamado. Continuou a desenvolver novas maneiras de fortalecer a cultura da Swan e a contribuir para a saúde de todos. Pelo menos uma vez por mês, levava alguma nova ideia ou solução criativa para a Reunião de Nível 10 da equipe de liderança, e na maioria das vezes algo de real valor resultava de seu talento para imaginar o que poderia ser possível.

O conflito entre Sue, Tom e Jeff manifestado na Sessão de Planejamento Anual diminuiu com o tempo. A equipe às vezes se envolvia em debates acalorados, mas sem segundos interesses nem ataques pessoais, com todos concentrados no bem maior do negócio. Graças a isso, Eileen continuou a delegar responsabilidades do dia a dia e se concentrou cada vez mais em iniciativas estratégicas importantes.

Jeff conseguiu encontrar um parceiro ideal para subcontratações temporárias, e as duas empresas passaram o ano compartilhando negócios informalmente, antes de se comprometerem com um acordo formal. A Swan começou a colher os benefícios dessa aliança, e como resultado ambas as organizações cresceram.

Quando os clientes de subcontratação temporária começaram a migrar para o novo parceiro de negócios, Tom e a equipe de operações passaram a lidar melhor com os problemas de clientes que pareciam ser mais difíceis de agradar e menos lucrativos. Depois de dedicar tempo a esses problemas com clientes por dois trimestres sucessivos, Alan apresentou uma ferramenta usada com sucesso em outras organizações. Uma dessas empresas apelidou o processo de "Os doze condenados".

– O primeiro passo é classificar os clientes pela lucratividade – explicou o consultor. – No topo da lista ficam aqueles que ajudam vocês a definir o que estão procurando, dão acesso ao pessoal e às informações necessárias para o projeto funcionar bem, pagam no prazo, apreciam o trabalho e se tornam fontes de receita recorrente. No final da lista estão os clientes que mudam de escopo com frequência, não se envolvem no projeto como vocês precisam, atrasam o pagamento etc. São clientes com projetos menos lucrativos e menos agradáveis.

Alan explicou como outras empresas criaram o hábito de identificar os clientes menos valiosos a cada ano e como procediam com os que ficavam na lanterna.

– A *primeira* medida é trabalhar com os clientes para que eles aprendam como jogar bem – explicou. – Se eles não conseguirem ou não quiserem mudar, a *segunda* é aumentar os preços para torná-los mais lucrativos. Se nada disso funcionar, a *terceira* é dispensá-los e substituí-los por outros mais lucrativos e agradáveis.

A equipe de liderança da Swan adotou essa abordagem para aumentar constantemente os lucros, bem como a satisfação dos clientes e colaboradores.

Em setembro Alan começou a falar com Eileen e o restante da equipe sobre "se diplomar" no processo e conduzir as próprias sessões. Via a equipe dominando a maioria das ferramentas e administrando os negócios com o sistema. Tudo parecia sólido e estável. Ele expressou sua confiança na capacidade de Eileen de administrar as reuniões trimestrais e anuais, e prometeu ajudá-la a fazer a transição com sucesso.

Na sessão anual seguinte, a Swan superou em muito suas metas de receita e lucro para o ano, e alcançou todas as cinco metas do Plano de 1 Ano. Atingiu uma pontuação de 81 no Check-up Organizacional e os dois dias se encerraram com uma visão cristalina; todos focados, disciplinados e responsáveis por executar a visão; e mais saudáveis como equipe de liderança.

Conforme planejado, Eileen realizou a primeira Trimestral da Swan no ano seguinte. Foi uma sessão com ótima avaliação, embora não exatamente azeitada. Depois ela procurou Alan para dar informações.

– Como vai a família? – perguntou Alan depois de os dois analisarem a reunião e os negócios.

– Pela primeira vez na vida eu posso dar uma resposta genuína e embasada a essa pergunta! – respondeu Eileen. – O Dan está ótimo, e no fim de semana passado me disse que sente que somos um time novamente. Você não faz *ideia* de quanto isso significa para mim, Alan.

– Isso é música para meus ouvidos, Eileen – comentou Alan. – E os filhos?

– O Henry está tirando dez na oitava série – respondeu ela –, e o Charlie é um atleta estelar, mas só entre os garotos de 11 anos. Tenho orgulho de dizer que fui a quase todos os jogos de futebol, atividades escolares e exposições de arte deste ano. Além disso, fizemos uma viagem de duas semanas nas férias. Foi a primeira vez. Em geral, trabalho menos de cinquenta horas por semana, saio do escritório às 17 horas e durmo *muito* melhor. Como resultado, voltei a gostar do trabalho. Sinto como se tivesse nascido para ser uma integradora.

– Que bom, Eileen – comentou Alan, sorrindo. – Nada poderia me deixar mais feliz do que o progresso que você e sua equipe fizeram.

Os dois conversaram mais um pouco e prometeram se manter em contato. De fato, continuaram conversando ou trocando e-mails ocasionalmente. Vários meses depois, quando já havia realizado mais duas Sessões Trimestrais, Eileen pensou novamente em Alan e percebeu quanto ela e sua equipe tinham evoluído.

A integradora da Swan saiu do escritório no início da tarde para colaborar em um evento social do grupo do Business Roundtable. Por volta de 17h15 os convidados começaram a chegar. Enquanto ajudava Bill Pullian no credenciamento dos participantes, viu seu amigo e colega John Fredrickson. Ele não parecia muito bem.

– Oi, John – disse, dirigindo-se a ele para abraçá-lo. – Tudo bem?

O rosto de John ficou vermelho e uma veia pulsava na sua têmpora.

– Oi, Eileen – respondeu em voz baixa, aproximando-se para um abraço morno. – Para ser sincero, já estive melhor.

Tomada por uma sensação de *déjà vu*, Eileen segurou John pela mão e o levou ao bar. Ele tinha uma empresa de construção muito bem-sucedida, muito maior do que a Swan. Eileen ficou surpresa ao vê-lo tão chateado.

– Vamos tomar um drinque – disse –, e você me conta o que está acontecendo.

Com as bebidas nas mãos, Eileen levou John para um local mais silencioso do saguão, sentou-se com ele e perguntou:

– O que houve?

– A mesma situação de sempre – começou John. – Nós estamos bem, mas trabalho demais, e parece que passo a maior parte do dia irritado com *alguém* ou com *alguma coisa*.

– Com quê? – perguntou Eileen. – Ou com quem?

– Ah, você sabe – disse John, fazendo um gesto vago. – Eu fico irritado com meu pessoal. Ninguém parece entender ou se importar. Paramos de crescer e estamos bem longe do faturamento necessário para uma empresa de nosso tamanho. Sinto que perdi o controle do negócio e por mais que eu tente nada parece funcionar. Blá-blá-blá.

– Não pense assim, John – disse Eileen. – Eu já passei por isso e acho que posso ajudar, mesmo que você só precise de alguém para ouvir.

John pôde ver pelo olhar de Eileen que era verdade e se abriu com ela. Nos últimos 11 anos ele tinha montado um negócio de sucesso a partir do zero, contando basicamente com sua força de vontade e determinação. Não teve muito lazer nos primeiros oito anos, mas os últimos três foram de fato difíceis. Trabalhava em média setenta horas por semana na empresa e não conseguia dormir, preocupado com o que não tivera tempo de resolver no dia.

Quando Eileen perguntou sobre sua equipe de liderança, John deu uma risada sarcástica. Tinha passado os últimos dois anos em meio em uma série de promoções internas, contratações externas e consultorias malsucedidas.

– Eu não diria que sou um verdadeiro líder – lamentou. – Nunca chegamos nem perto de funcionar como equipe! Sei que a culpa é minha. Do jeito que estou, não devo ser um cara fácil para trabalhar. Eileen, se eu não conseguir resolver isso, vou vender a empresa e começar de novo.

– Acredite ou não – disse Eileen, sorrindo –, sei *exatamente* o que é isso. Há três anos, num evento como o de hoje, um grande amigo fez algo por mim que nunca vou esquecer.

Ela enfiou a mão na bolsa, tirou um cartão de visita e escreveu algo antes de deslizar o cartão na direção de John.

– Quando estiver voltando para casa esta noite, ligue para meu amigo Alan Roth – disse enfaticamente. – Se você quer mesmo começar a obter tudo que deseja do seu negócio, eu *garanto* que ele pode ajudar.

Antes de John entender bem o que havia acontecido, Eileen já tinha ido embora para encontrar seu marido, Dan.

John examinou o cartão de visita de Alan Roth em busca de pistas para explicar a confiança de Eileen na capacidade desse homem de ajudar a consertar um negócio que ele considerava perdido. Virou o cartão para ler o que Eileen tinha escrito:

TRAÇÃO!

SOBRE OS AUTORES E O SOE

Gino Wickman e Mike Paton compartilham sua paixão por ajudar pessoas a conseguir o que querem de seus negócios. Para isso, acompanham empresas na implementação do Sistema Organizacional Empresarial (SOE), criado por Gino e descrito em seu livro *Ganhando tração*. Esse sistema contribui para que os líderes administrem melhor os negócios, tenham mais controle, levem uma vida mais equilibrada e ganhem mais tração, com toda a organização avançando junto como uma equipe saudável, funcional e coesa.

Gino e Mike têm longa experiência em trabalhar diretamente com equipes de liderança na implementação do SOE. Eles contam com o apoio de implementadores profissionais de SOE (EOS em inglês) da EOS Worldwide, uma equipe de empreendedores bem-sucedidos de diversas formações dedicados a ajudar líderes do mundo inteiro a vivenciar os benefícios pessoais e organizacionais da adoção do método.

PARA AJUDA E MAIS INFORMAÇÕES

Nosso objetivo é ajudar você a obter tudo que desejar de seu negócio apresentando três maneiras de implementar o SOE na sua organização:

Autoimplementação – Selecione um de seus líderes mais capazes e dedicados para ensinar, orientar e treinar sua equipe de liderança no SOE, usando ferramentas gratuitas para download em nosso site e este livro como guia. Você também pode utilizar o premiado livro *Ganhando tração* como recurso complementar de *Assumindo o controle*. Escrito como um guia prático, está disponível nas livrarias.

Autoimplementação com suporte – Inscreva-se no Base Camp EOS Implementer on-line pagando uma pequena taxa mensal. O líder encarregado da implementação receberá treinamento e suporte integral para se tornar um especialista em SOE em sua organização.

Implementação profissional – Contrate um de nossos implementadores profissionais de SOE para conduzi-lo pelo processo.

Acesse www.eosworldwide.com [em inglês] para saber mais sobre essas três possibilidades, baixar ferramentas gratuitas, inscrever-se no blog para receber dicas, descobrir como se tornar um implementador profissional certificado e participar de palestras e workshops interativos.

AGRADECIMENTOS

Este livro não teria sido possível sem a ajuda e a orientação das pessoas a seguir mencionadas. Nunca conseguiremos agradecer o suficiente seu impacto em nossa vida, nosso trabalho e neste livro.

FAMÍLIA E AMIGOS DO GINO

Kathy, minha forte e linda mulher, por seu amor nos momentos bons e nos difíceis. Obrigado por me dar a liberdade de ser empreendedor e por sempre acreditar em mim. Sou o marido mais sortudo do mundo. Eu te amo.

Alexis, minha sábia e bela filha, e Gino, meu filho de raciocínio rápido e bom senso – vocês dois me mantêm humilde, me fazem rir e me ensinam o que a vida realmente é. Vocês são a luz da minha vida. São pessoas incríveis e é uma alegria ver vocês amadurecerem e se tornarem adultos. Eu amo muito vocês dois.

Linda Wickman, minha mãe, por me ensinar a ser independente, por sua incrível força silenciosa e sabedoria, e por ser uma grande mentora espiritual nesta fase de minha vida.

Floyd Wickman, meu pai e mentor de vida. Este livro não existiria sem você. Você me ensinou tudo que sei sobre como me comunicar com as pessoas, sejam elas uma ou mil. Você é um exemplo de todos os princípios deste livro.

Neil Pardun, meu sogro, por me ensinar que é possível ter dinheiro e continuar humilde. Você é uma pessoa rara e especial. Seu exemplo mudou minha vida para sempre.

Karen Grooms, a maior assistente do mundo. Obrigado por 17 anos mantendo todas as peças juntas e me protegendo de distrações para eu continuar na minha Capacidade Singular®. Sem você eu estaria perdido.

Mike Pallin, que eu acredito ser meu anjo da guarda. Você sempre coloca diante de mim exatamente aquilo de que preciso em cada momento da vida. Este livro não teria acontecido sem você.

O "Book Club", também conhecido como Curt Rager e Bob Shenefelt, por serem amigos incríveis, uma caixa de ressonância espetacular e por sempre me desafiarem. Nossa viagem anual às montanhas me propicia uma clareza tremenda. Vocês são para a vida toda.

Pat Tierney, Rob Tamblyn e Kevin Brady, meus primeiros clientes, por me deixarem praticar com vocês. Vocês me deram confiança para seguir em frente.

Tyler Smith, por sempre me questionar e não se deixar levar pela propaganda. Você é sábio demais para sua idade. Obrigado por sua amizade, orientação e honestidade.

John Anderson, um dos maiores "conectores" do mundo, por me apresentar a seis pessoas que tiveram grande impacto em meu sucesso: Verne Harnish, Pat Lencioni, Dan Sullivan, Craig Erlich, Bill Gitre e John Gallant. Você é uma das pessoas mais altruístas que conheço.

Rob Dube, por sua amizade. Você teve grande impacto em minha vida. Foi um prazer passar de seu mentor a seu protegido. Você é uma inspiração.

Dan Israel, por se interessar tanto por meu negócio. Você me ajudou de numerosas maneiras. Foi um grande prazer passar de seu mentor para seu protegido. Você é o segredo mais bem guardado do sudeste de Michigan.

Mike Paton, coautor deste livro, você é um sonho que se tornou realidade. É um implementador de SOE, escritor, parceiro, amigo e confidente extraordinário.

Sam Cupp, meu mentor empresarial, por me ensinar tudo que sei sobre negócios. Eu não estaria onde estou sem sua orientação. Espero que se orgulhe de mim.

Dan Sullivan, por me ensinar como viver em minha Capacidade Singular®; Verne Harnish, por sua inspiração; Pat Lencioni, por seus conselhos e ensinamentos; e Jim Collins, por suas incríveis pesquisas e descobertas. Vocês são quatro líderes que tiveram enorme influência em meus ensinamentos. O mundo é um lugar melhor por causa do trabalho incrível que vocês fazem.

FAMÍLIA E AMIGOS DO MIKE

Arthur E. Pfeil, meu "Pop", um professor sábio e generoso amado por milhares de crianças (inclusive eu) que não seriam as pessoas que são hoje sem sua orientação paciente e seu amor ilimitado. Você sempre quis que eu escrevesse este livro – e eu nunca conseguiria ter feito isso sem você me incutir o amor por aprender, ensinar e contar histórias. Descanse em paz, Pop.

Mary Paton, minha mãe. Seu amor, apoio e confiança em mim nunca vacilaram, mesmo quando eu não os merecia. Não digo com frequência quanto te amo e valorizo tudo que fez por mim.

Jon, Henry e Charlie – meus meninos. Seus sorrisos e gargalhadas definem a alegria para mim. Jon, estou muito orgulhoso pelo homem que você se tornou e ansioso para ver tudo que vai realizar. Henry, seus "abraços de nível internacional" me apoiaram em muitos momentos difíceis. Charlie, sua felicidade aparentemente constante é um dos maiores presentes que já recebi. Cada um de vocês me inspira – amo muito todos vocês.

Meu irmão, Ozzie, você tem sido um grande amigo em muitas das reviravoltas da vida. Minha irmã, Lisa, está sempre no meu coração – sinto saudades de vocês todos os dias.

Vovó Jean, obrigado por me ajudar a ver com clareza o verdadeiro amor – só espero ter a mesma sorte que você e Pop tiveram. E Cute Nan (Hester Pfeil), sei que você está sorrindo em algum lugar e espero que esteja orgulhosa do homem que me tornei.

Gino Wickman, meu mentor, coautor deste livro e amigo querido, você me ajudou a descobrir o trabalho de minha vida e a dar meu melhor todos os dias. Este projeto foi uma alegria, e sua amizade e seus conselhos significaram mais para mim nestes últimos quatro anos do que você pode imaginar.

Aos amigos e professores mais próximos, sou muito grato pelos presentes que me deram e pelo amor que compartilhamos: Steve e Mark Hatch,

Laura Casale Martin, Kay Shutler, Diane Cresbaugh, David Anderson, Phil Martin, David Radanovich, Jack Thomas, Chip Letzgus, Lisa Phillips, Amy Eddings, Carl Phillips, David Gibbs, Barbara Rigney, Ann Thomas Paton, Brad Smith, Rick Simonton, Betsy Lloyd, Andy Johnson, Bill e Ann Roth, Kerry Roth Paton, Jeff Scholes, Brett e Katie Kaufman, Gino Wickman, Don Tinney, Duane Marshall, CJ DuBe', Billy e Sue McCarthy, Lara Miklasevics, Jon Meyer, Dodd Clasen, Chris Eilers, Jeff Fritz, Susan Broadwell e Kate Grussing, uma adorável surpresa e um lindo presente na hora certa.

Agradecimentos especiais a Kristen McLinden – grande amiga e melhor assistente. Em síntese, eu não estaria aqui sem vocês.

NOSSA FAMÍLIA SOE

Don Tinney, um grande parceiro, mentor e amigo. Sua determinação calma é uma inspiração e um lembrete para nós dois. Sua amizade e seus sábios conselhos fizeram de cada um de nós homens melhores. Obrigado.

Amber Baird, Lisa Hofmann e Tyler Smith, por seu incrível compromisso com a causa do EOS Worldwide. Não poderíamos fazer isso sem vocês.

René Boer, Duane Marshall, Ed Callahan e Steve Smolinski – seus comentários sobre o texto foram inestimáveis e temos orgulho de chamá-los de amigos.

Nossa equipe de Implementadores SOE de alto nível – obrigado pelo compromisso com o "EOS Pure", por nos inspirar a dar o melhor de nós e pelo excelente trabalho que vocês fazem todos os dias ajudando os empreendedores a obter o que desejam de seus negócios.

COLABORADORES

Leitores do texto: Rob Dube, Dave Kolb, Stephen Daas, Stephanie Laitala, Karen Feagler, Brett Kaufmann, Chris Nagle, Karen Andrews, Dan Israel, Curt Rager, Bob Shenefelt, Matt Bergstrom e Adam Wilberding. Obrigado por todo o tempo valioso e pelo incrível feedback. Voces são parte deste livro para sempre.

Anne DuBuisson Anderson da Anne Consults; Bethany Brown e Amy Collins do The Cadence Group; Matthew Carnicelli do Carnicelli Literary Services; John Paine do John Paine Editorial Services; Drew Robinson do Spork Design; Ross Slater e Jennifer Tribe da Highspot, Inc.; Glenn Yeffeth e a equipe da BenBella Books, obrigado por toda a ajuda para contar esta história e transmiti-la para o mundo.

A todos os clientes: temos muita sorte por vocês nos darem a oportunidade de viver nosso sonho e trabalhar com pessoas que amamos todos os dias. Este livro é um subproduto de nosso trabalho em conjunto, e a maior parte do conteúdo aqui reunido vem de vocês. Obrigado por sua paixão, por serem verdadeiros, puros e abertos, e por quererem mais do negócio. Sem vocês, este livro não existiria.

CONHEÇA OS LIVROS DE GINO WICKMAN

Ganhando tração

O visionário e o integrador

Assumindo o controle

Para saber mais sobre os títulos e autores da Editora Sextante,
visite o nosso site e siga as nossas redes sociais.
Além de informações sobre os próximos lançamentos,
você terá acesso a conteúdos exclusivos
e poderá participar de promoções e sorteios.

sextante.com.br